Diogenes Taschenbuch 22668

de
te
be

Friedrich Dürrenmatt

Labyrinth

Stoffe I–III

Der Winterkrieg in Tibet

Mondfinsternis

Der Rebell

Diogenes

Labyrinth erschien erstmals 1981
unter dem Titel *Stoffe* im Diogenes Verlag
Die vom Autor revidierte Neuausgabe *Labyrinth*
erschien erstmals 1990 im Diogenes Verlag
Umschlagillustration:
Friedrich Dürrenmatt, ›Labyrinth I,
Der entwürdigte Minotaurus‹,
1958 (Ausschnitt)

Veröffentlicht als Diogenes Taschenbuch, 1994

60/94/8/1
ISBN 3 257 22668 3

Inhalt

Der Leser hat das Buch für baares Geld gekauft und frägt, was ihn schadlos hält? Meine letzte Zuflucht ist jetzt, ihn zu erinnern, daß er ein Buch, auch ohne es gerade zu lesen, doch auf mancherlei Art zu benutzen weiß. Es kann, so gut wie viele andere, ein Lücke seiner Bibliothek ausfüllen, wo es sich, sauber gebunden, gewiß gut ausnehmen wird. Oder auch er kann es seiner gelehrten Freundin auf die Toilette, oder den Theetisch legen. Oder endlich er kann ja, was gewiß das Beste von Allem ist und ich besonders rathe, es recensiren.

Schopenhauer

Der Winterkrieg in Tibet

Es ist immer wieder von irgend jemandem versucht worden, sein eigenes Leben zu beschreiben. Ich halte das Unterfangen für unmöglich, wenn auch für verständlich. Je älter man wird, desto stärker wird der Wunsch, Bilanz zu ziehen. Der Tod rückt näher, das Leben verflüchtigt sich. Indem es sich verflüchtigt, will man es gestalten; indem man es gestaltet, verfälscht man es: So kommen die falschen Bilanzen zustande, die wir Lebensbeschreibungen nennen, manchmal große Dichtungen – die Weltliteratur beweist es –, leider oft für bare statt für kostbare Münze genommen. Was nun mein Leben betrifft, so halte ich, es näher zu beschreiben, auch noch aus einem anderen Grunde für überflüssig. Gemessen am Schicksal von Millionen und Abermillionen, die lebten, leben, während ich lebe, und noch leben werden, wenn ich nicht mehr lebe, kommt mir mein Leben so privilegiert vor, daß ich mich schäme, es auch noch schriftstellerisch zu verklären. Wenn ich trotzdem über mich schreibe, so nicht über die Geschichte meines Lebens, sondern über die Geschichte meiner Stoffe; denn in meinen Stoffen drückt sich, da ich Schriftsteller bin, mein Denken aus, auch wenn ich natürlich nicht nur in Stoffen denke. Aber die Stoffe sind die Resultate meines Denkens, die Spiegel, in denen, je nach ihrem Schliff, mein Denken und damit auch mein Leben reflektiert werden. Doch gehören zu diesen Stoffen nicht nur die Stoffe, die ich geschrieben, sondern auch jene, die ich nicht vollendet oder nicht geschrieben habe. Indem ich vor allem diese skizziere, taste ich in der Entwicklung meines Denkens zurück wie einer Spur, der ich folge, und was ich aufscheuche, ist mein Leben. Gehe ich aber von meinem Leben aus, tauchen hinter meinen geschriebenen Stoffen die ungeschriebenen auf. Sie ruhen in meinem Gedächtnis, durch die Zeit mehr oder weniger undeutlich geworden, wie versunkene Gegenstände. Oft sind nur Bruchstücke ahnbar, kaum je das Ganze, um so mehr wuchern gerade sie oft weiter, klagen mich an als ungenutzte oder verspielte Gelegenheiten. Gewiß, die geschriebenen Stoffe sind die Ergebnisse meines Lebens: Doch ist Leben nicht nur Handeln, es ist vorerst Erleben, und wie Handeln Erleben voraussetzt, setzt auch Nichthandeln, Träumen und Tagträumen, Erleben voraus, Leben endlich. Wer schreibt, handelt, setzt Erlebtes und Leben um, unmittelbar oder mittelbar, den Beweggründen entsprechend, die einen zum Schreiben bringen, oft überlisten, je nach der Beschaffenheit dessen, der da schreibt: mittelbar, was mich betrifft. Ich gehöre weder zu den Exhibitionisten unter den Schriftstellern – nicht zu den schamlosen, die sich ohne Hosen präsentieren, nicht zu den schamvollen, die ihr Leben ummontieren, umdichten, umschachteln –, noch zu jenen, in deren Kübeln voller Esprit wir unversehens ertrinken. Ich zähle zu den Gedankenschlossern und -konstrukteuren, die Mühe haben, mit ihren Einfällen fertig zu werden, deren Einfälle ihre Konzepte, aber auch ihre Bekenntnisse immer wieder durchkreuzen; zu jenen Schriftstellern, die nicht von der Sprache her kommen, die sich vielmehr mühsam zur Sprache bringen müssen. Nicht weil ihre Sprache ihren Stoffen nicht gewachsen wäre: ihre Stoffe sind der Sprache nicht gewachsen, außerhalb von ihr angesiedelt, im Vorsprachlichen, noch nicht genau Gedachten, im Bildhaften, Visionären. Nicht meine Gedanken erzwingen meine Bilder, meine Bilder erzwingen meine Gedanken. So zielt meine Schriftstellerei von mir weg, wenn ich auch nichts geschrieben habe, das nicht in irgendeiner Beziehung zu etwas von mir Erlebtem steht, auch zu teils verdrängten, teils längst vergessenen Erlebnissen, Gefühlen und Gedanken. Dabei verhalten sich die ungeschriebenen oder nicht vollendeten Stoffe unmittelbarer zu meiner Welt, zur Welt, wie ich sie erlebte und erlebe, als die geschriebenen Stoffe, die gefiltert, umgeformt, verformt, zwar immer wieder neu gestaltet, aber doch schließlich abgeschlossen, zur Sprache gebracht, damit der Sprache angepaßt, angenähert sind. Darum sind die ungeschriebenen und die unvollendeten Stoffe wichtig. Sie sind entweder noch nicht geschrieben, noch nicht zur Sprache gebracht, noch nicht Sprache, oder sie sind noch Versuch, noch nicht Abschluß, der immer nur zweifelhaft sein kann: Enden ist stets willkürlich, ein Aus-der-Hand-Geben, ein Verlieren schließlich, ein Vergessen, resignierend wie jedes Vergessen. Das noch nicht Geschriebene und das Unvollendete dagegen gehören mir. Es ist bloß gedacht, nur Phantasie oder etwas Angefangenes, dann auf die Seite Geschobenes, immer noch Mögliches, darum auch quälend. Indem ich diese ungeschriebenen oder unfertigen Stoffe, diese Phantasiefetzen und die Erlebnisse, ja die Zeit, durch die sie herbeigeführt wurden, zu rekonstruieren oder doch wenigstens zu skizzieren unternehme, versuche ich, sie zu vergessen, mich zu befreien, einen Ballast abzuwerfen, der mit den Jahren immer größer wird.

Zuerst sind Eindrücke: Das Dorf entstand, wo die Straßen Bern–Luzern und Burgdorf–Thun sich kreuzen, auf einer Hochebene, am Fuße des großen Hügels Ballenbühl und nicht weit vom Galgenhubel, wohin die vom Amtsgericht Schloßwil einst die Mörder und Aufwiegler gekarrt haben sollen. Durch die Hochebene fließt ein Bach, und die kleinen Bauerndörfer und Weiler dort brauchten einen Mittelpunkt, die Aristokraten ringsherum waren heruntergekommen, einer ihrer letzten erfror betrunken vor der Haustüre seines Schlößchens. Ihre Sitze wandelten sich in Alters- oder Erholungsheime um. Zuerst war an der Straßenkreuzung wohl nur ein Wirtshaus, dann fand sich ihm schräg gegenüber die Schmiede ein, später wurden die beiden anderen Felder des Koordinatenkreuzes von Konsum und Theatersaal belegt, letzterer nicht unwichtig, wies doch das Dorf einen Jodlerkönig, der Schmalz hieß, und sogar einen Dramatiker auf, den Lehrer Gribi, dessen Stücke von den dramatischen Vereinen des ganzen Emmentals gespielt wurden, vor allem *Die Blümlisalp*, ein ›Berndeutsches Sagenspiel in fünf Akten‹, an das ich mich nur noch schattenhaft erinnere: als der Vorhang fiel, polterte es hinterher gewaltig auf der Bühne, der Bergsturz begrub die reiche Alp mit seinen Fels- und Eismassen. Der Thunstraße entlang siedelten sich der Drucker, der Textilhändler, der Metzger, der Bäcker und die Schule an, die freilich schon gegen das nächste Bauerndorf zu, dessen Burschen mich auf dem Schulweg verprügelten und dessen Hunde wir fürchteten, während die Ersparniskasse, das Pfarrhaus, die Kirche und der Friedhof auf eine kleine Anhöhe zwischen der Thun- und der Bernstraße zu liegen kamen. Doch erst die große Milchsiederei, damals noch die Stalden AG, neben der steil ansteigenden Burgdorfstraße errichtet, machte das Dorf zu einem ländlichen Zentrum: Die Milch der ganzen Umgebung wurde in Kesseln hergefahren, von den Kleinbauern mit Leiterwagen, die von großen Hunden gezogen wurden, von den Großbauern mit Pferdefuhrwerken und von den entfernteren Dörfern her mit Lastwagen, die wir in Gruppen erwarteten, als wir später nach Großhöchstetten in die Sekundarschule mußten. Wir hängten uns an die schweren Fahrzeuge, wenn sie die Siederei wieder verließen, um so auf unseren Velos die Burgdorfstraße hinaufgezogen zu werden, voller Furcht, jedoch nicht vor der Polizei – dem dicken Dorfpolizisten fühlten sich alle gewachsen –, sondern vor dem Französisch- und Schreiblehrer, den wir Baggel oder Hegu nannten, vor dessen Lektionen wir zitterten, denn er war ein bösartiger Prügler, Klemmer und Haarzieher, der uns zwang, einander die Hände zu schütteln: »Grüß Gott, gelehrter Europäer«; und aneinandergehängt hinter dem rasselnden Lastwagen mit den tanzenden, nun leeren Milchkesseln malten wir uns den Lehrer als einen riesigen Berg aus, den wir zu besteigen hatten, mit grotesken Ortsbezeichnungen und entsprechend schwierigen Kletterpartien. Doch ist in meiner Erinnerung der Bahnhof wichtiger als die Milchsiederei mit ihrem Hochkamin, der mehr als der Kirchturm Wahrzeichen des Dorfes war. Der Bahnhof hatte das Recht, sich Bahnhof zu nennen – und nicht bloß Station, wie sich die Bahnhöfe in den anderen Dörfern ringsherum eigentlich hätten nennen müssen –, weil er ein Eisenbahnknotenpunkt war, und wir vom Dorf waren stolz darauf: Nur wenige Züge hatten den Mut, nicht anzuhalten, brausten vorbei nach dem fernen Luzern, nach dem näheren Bern. Auf einer Bank vor dem Bahnhof sitzend, sah ich ihnen mit einer Mischung von Sehnsucht und Abscheu entgegen, dann dampften die Lokomotiven, urweltliche Kolosse, vorüber und davon, hinter ihnen, durch die Scheiben der Wagenfenster sichtbar, Reisende, die nicht einmal den Bahnhof bemerkten, an welchem sie vorüberschossen. Und noch weiter zurück gleitet die Erinnerung, in die Unterführung, dank der die Bahngeleise die Burgdorfstraße überbrücken, und von der aus man auf einer Treppe geradewegs zum Bahnhof gelangt. Sie stellt sich mir als eine dunkle Höhle dar, in die ich als Dreijähriger mitten auf der Straße geraten war, von zu Hause ins Dorf entwichen, am Ende der Höhle war Sonnenlicht, aus dem die dunklen Schatten der Lastwagen und Fuhrwerke heranwuchsen. Doch ist nicht mehr auszumachen, wohin ich eigentlich wollte, denn durch die Unterführung gelangte man nicht nur zur Milchsiederei und zum Bahnhof, auch die besseren Leute wohnten am Steilhang des Ballenbühls, so meine Gotte, die Gattin des Dorfarztes, der ich später meine nie befriedigenden Schulzeugnisse zur Einsicht bringen mußte, auch der Kirchgemeindepräsident, die Prokuristen der Siederei, der Jodlerkönig, ferner behaglich dahinlebende Rentner, hergezogen der sonnigen Lage wegen, und außerdem der Zahnarzt und der Zahntechniker. Die beiden betrieben das Zahnärztliche Institut, das noch heute weite Teile des Landes malträtiert und den Ort berühmt gemacht hat. Beide besaßen Automobile und waren schon deshalb privilegiert, und des Abends schütteten sie das mit Plombieren, Zahnziehen und Gebißanfertigen gewonnene Geld zusammen, um es mit bloßer Hand zu teilen, ohne noch genauer abzuzählen. Der Zahntechniker war klein und dick; mit Fragen der Volksgesundheit beschäftigt, ließ er ein Volksbrot verfertigen, bei dem einen das kalte Grausen überkam. Der Zahnarzt jedoch war ein stattlicher Mann, dazu Welschschweizer, wohl Neuenburger, er galt als der reichste Mann im ganzen Amtsbezirk – später sollte sich diese Meinung als Irrtum erweisen. Aber sicher war er der frömmste, noch während des Bohrens redete er vom Heiland. Im Glaubenseifer wurde er nur noch von einer hageren Frau unbestimmten Alters erreicht, die sich stets schwarz kleidete. Zu ihr stiegen – nach ihrer Behauptung – die Engel nieder, um ihr den baldigen Tod eines Dorfbewohners anzuzeigen, ein Wissen, das sie meinem Vater freilich erst nach der Beerdigung anvertraute. Sie las während des Melkens die Bibel, und ich mußte nach dem Abendessen die Hausierer und Vaganten vom Pfarrhaus über die Ebene zwischen dem Dorf und Zäziwil zu ihr in die Hütte führen, wo sie übernachten konnten. Meine Eltern waren gastliche Pfarrsleute, sie wiesen niemanden ab und ließen mitessen, wer mitessen wollte, so die Kinder eines Zirkusunternehmens, welches das Dorf jährlich besuchte, und einmal fand sich auch ein Neger ein. Er war tiefschwarz und hieß Modidihn. Er saß am Familientisch links neben meinem Vater und aß Reis mit Tomatensoße. Er war bekehrt, dennoch fürchtete ich mich vor ihm. Überhaupt wurde im Dorfe viel bekehrt. Es wurden Zeltmissionen abgehalten, die Heilsarmee rückte auf, Evangelisten predigten, aber am berühmtesten in dieser Hinsicht wurde der Ort durch die Mohammedaner-Mission, die in einem feudalen Chalet hoch über dem Dorf residierte: sie gab eine Weltkarte heraus, auf der in Europa nur ein Ort zu finden war, unser Dorf, eine missionarische Wichtigtuerei, die den Wahn erzeugte, einen Augenblick lang, man befinde sich im Mittelpunkt der Welt und nicht in einem Emmentaler Kaff. Der Ausdruck ist nicht übertrieben. Das Dorf war häßlich, eine Anhäufung von Gebäuden im Kleinbürgerstil, wie man das überall im Mittelland findet, aber schön waren die umliegenden Bauerndörfer mit den großen Dächern und den sorgfältig geschichteten Misthaufen, geheimnisvoll die dunklen Tannenwälder ringsumher, und voller Abenteuer war die Ebene mit dem sauren Klee in den Wiesen und mit den gelben Kornfeldern, in denen wir umherschlichen, tief innen unsere Nester bauend, während die Bauern an den Rändern standen und fluchend hineinspähten. Noch geheimnisvoller waren die dunklen Gänge im

Heu, das die Bauern in ihren Tenns aufgeschichtet hatten; stundenlang krochen wir in der warmen staubigen Finsternis umher und spähten von den Ausgängen in den Stall hinunter, wo in langen Reihen die Kühe standen. Der unheimlichste Ort war für mich der fensterlose obere Estrich im Elternhaus. Er war voll alter Zeitungen und Bücher, die weißlich schimmerten im Dunkel. Auch erschrak ich einmal in der Waschküche, ein unheimliches Tier lag dort, ein Molch vielleicht, das Grausen blieb, das mich erfaßte, wenn der Gemüsemann in seinem Laden unter dem Theatersaal mit seinem handlosen Arm einen Salatkopf auseinanderschob, auch der Schrecken über das Lebendig-Schlüpfrige der ersten Forelle, die ich im Bach fing: ich ließ sie wieder aus den Händen gleiten, sie schnellte hoch, dann fing ich sie wieder und schlug sie tot. Der Friedhof dagegen war ohne Schrecken. Meine Eltern gingen den Weg zwischen den Gräbern auf und ab, wenn sie etwas zu besprechen hatten, und meine Schwester und ich spielten dort Verstecken, oft um das Grab eines Schwesterchens herum, an dessen Geburt und Tod ich mich nicht erinnere, ich sehe nur noch, denke ich zurück, ein kleines schmiedeeisernes Kreuz mit einem Emailschild schattenhaft vor mir, aber den Namen, der auf diesem Schild stand, habe ich vergessen. Wenn ein Grab ausgehoben wurde, richtete ich mich darin häuslich ein, bis der herannahende Leichenzug, vom Glockengeläute angekündigt, mich vertrieb, einmal freilich etwas spät: mein Vater sprach schon das Leichengebet, als ich aus dem Grab kletterte. Nicht nur mit dem Tod waren wir vertraut, auch mit dem Töten. Das Dorf kennt keine Geheimnisse, und der Mensch ist ein Raubtier mit manchmal humanen Ansätzen. Beim Metzger schauten wir zu, wie die Schlächtergesellen töteten, wir sahen, wie das Blut aus den großen Tieren schoß, wir sahen, wie sie niedersanken und starben und wie sie zerlegt wurden. Wir standen da, eine Viertelstunde, eine halbe Stunde, und dann spielten wir wieder auf dem Trottoir Marmeln: ahnungsvoller, als die Erwachsenen dachten. Nicht nur weil wir über das Sexuelle Bescheid wußten, wovon die Erwachsenen schwiegen, sahen wir doch die verhängten Hunde, und wie die wuchtigen Stiere träge Kühe bestiegen, und wir hörten die Knechte prahlen, was sie mit den Mägden anstellten. Auch für Kinder ist ein Dorf nicht die Welt. Es mögen sich Lebensschicksale darin abspielen, Tragödien und Komödien, das Dorf wird dennoch von der Welt bestimmt, in Ruhe gelassen, vergessen oder vernichtet, und nicht umgekehrt. Das Dorf ist ein beliebiger Punkt im Weltganzen, nicht mehr, zufällig, durch nichts bedeutend und deshalb austauschbar.

Die Welt ist größer als das Dorf: über den Wäldern stehen die Sterne. Ich machte mit ihnen früh Bekanntschaft durch den Lehrer Fluri, einen stillen, ernsten Mann, der vor seiner Heirat bei uns logierte und der die obersten Klassen unterrichtete. Ich zeichnete die Konstellationen: den unbeweglichen Polarstern, den Kleinen und den Großen Bären mit dem geringelten Drachen zwischen ihnen, ich lernte die helle Wega kennen, den funkelnden Atair, den nahen Sirius, den fernen Deneb, die Riesensonne Aldebaran, die noch gewaltigeren Beteigeuze und Antares. Ich wußte, daß das Dorf zur Erde und die Erde zum Sonnensystem gehört, daß die Sonne mit ihren Planeten sich um das Zentrum der Milchstraße bewegt, Richtung Herkules, und ich vernahm, daß der gerade noch mit bloßem Auge erkennbare Andromedanebel eine Milchstraße sei wie die unsrige. Ich war nie Ptolemäer. Vom Dorf aus kannte ich die nähere Umgebung, ferner die nahe Stadt und einen Ferienkurort in den nahen Bergen, darüber hinaus einige Kilometer Schulreisen, das war alles. Doch nach oben, in den Raum hinein, baute sich ein Gerüst von ungeheuerlichen Entfernungen auf, und so war es auch mit der Zeit: Die Vergangenheit war wirksamer als die Gegenwart, die nur wahrgenommen wurde, soweit sie in das Unmittelbare als das faßbare Leben des Dorfes zu dringen vermochte. Schon die Dorfpolitik war zu abstrakt, zu abstrakt auch die Rolle der Milchsiederei mit ihrem fernen Direktor, noch abstrakter die Politik des Landes, die sozialen Krisen, die Bankzusammenbrüche, bei denen die Eltern ihr Vermögen verloren – zu unbestimmt, zu bildlos alles; aber die Vergangenheit war faßbar. Von ihr berichteten die Erwachsenen. Meine Mutter erzählte die Bibel. Sie löste in der Sonntagsschule die Tochter des frommen Zahnarztes ab, bei der wir uns gelangweilt hatten. Wurden uns vorher fromme Sprüche mit sanfter kindlicher Stimme vorgeleiert, entrollte nun meine Mutter ein Epos. Zwar ließ sie Adam und Eva beiseite, die Geschichte war ihr zu genierlich, aber die Sintflut stellte sie gewaltig dar, Gottes Zorn: den ganzen Ozean kippte er über die Menschheit – nun schwimmt mal; Moses und Josua: Sonne, stehe still zu Gibeon, und Mond im Tal Ajalon. Bei diesem Befehl ging ein Ruck durch das Weltgefüge, mit der Sonne und dem Mond verharrten auch die Milchstraße und weiter noch der Andromedanebel einen Tag und eine Nacht in Unbeweglichkeit, statt sich in rasender Geschwindigkeit zu drehen und aufeinander zuzuschießen, während auf der kleinen Erde eine Schlacht tobte, Schilde aneinanderprasselten, Rosse aufgeschlitzt und Menschen zerhackt wurden. Mein Vater dagegen erzählte von den Griechen. Beim Hingehen, sei es durch einen dunklen Tannenwald nach dem Dörfchen Häutlingen oder steil hinauf ins ›Holz‹, zu einsamen Bauernhäusern hoch über dem Dorf, schwieg mein Vater: Er dachte an seine Predigt, die er dann in einer Bauernstube halten mußte. Wenn wir darauf in tiefer Dunkelheit wieder hinabstiegen, kam er auf die griechischen Sagen zu sprechen, und die Helden und Ungeheuer, von denen er berichtete, kamen mir gleich vertraut vor, nicht nur weil ich die Namen am Sternenhimmel wiederfand, sondern weil mir die Namen und die Träger dieser Namen eins schienen: Der stärkste Mann, den es je gab, konnte nur Herkules heißen. An der Hand meines Vaters hörte ich von den zwölf Aufgaben, die der Halbgott zu lösen hatte, wie er den Titanen Atlas überlistete, der das Weltgebäude trug, keuchend unter der ungeheuren Last, die alles zerschmettern würde, ließe er sie fallen, wie er in die Unterwelt hinunterstieg und den Höllenhund bändigte, und während von Hünigen herauf der Kettenhund des Großbauern kläffte, an welchem wir vorbeimußten, erzählte mein Vater, wie der Niebesiegte, bevor er vom Nessushemd zerfressen wurde, die beiden Adler herunterschoß, die an der Leber des Prometheus herumhackten. Am liebsten jedoch erzählte mein Vater vom königlichen Theseus, wie er die Räuber Prokrustes und Pityokamptes besiegte, und vom Labyrinth des Minos, von Dädalus erbaut, den ungefügen Minotaurus gefangenzuhalten; ich erfuhr, wie der Vater des Theseus ums Leben kam: vergaß doch der Sohn, zerstreut wie er war, bei der Rückkehr von Kreta das weiße Segel zu setzen, worauf Aigeus sich ins Ägäische Meer stürzte in der Meinung, Theseus sei tot. Es ist gefährlich, wenn Väter zu sehr an ihren Söhnen hängen, Söhne sind ihnen gegenüber zerstreut; auch ich war es meinem Vater gegenüber, auch ich dachte wenig an und noch weniger über ihn nach. Wenn mein Vater auf Sisyphus oder Tantalus oder Ödipus zu sprechen kam, die von den Göttern verflucht worden waren, fragte ich, was denn ein Fluch sei, und mein Vater antwortete, das seien erfundene Geschichten, die Griechen hätten nicht gewußt, daß es nur einen Gott gebe. Aber einmal, als wir beide in einer verschneiten Nacht vom ›Holz‹ herunterkamen, erzählte mein Vater von einem Mann, der als armer Bursche Gott verflucht habe, und von da an sei es ihm immer besser gegangen, er sei reich geworden, doch immer trauriger; auch sagte er mir, es gebe eine Sünde, die Gott nicht vergeben könne, doch wisse niemand genau, worin diese Sünde bestehe – ein Geheimnis, das mich beschäftigte, weil es auch meinen Vater zu beschäftigen schien. Aber nicht nur meine Mutter und mein Vater verstanden zu erzählen, auch der Primarschullehrer Röthlisberger, dem ein Daumen fehlte. Er leitete den Hoffnungsbund, eine Jugendgruppe des Blauen Kreuzes. Und noch jetzt grüble ich bisweilen einer Geschichte nach, die er uns erzählte, wie einem verlorenen Traum. Sie spielte sich in einer düsteren Kneipe ab, noch jetzt spüre ich die Aufregung, in die mich die Geschichte versetzte, und noch jetzt tut es mir leid, daß ich sie nicht zu Ende hören konnte: Ich wurde krank, und als ich wieder gesund geworden war, leitete ein Herrenschneider den Hoffnungsbund. Ich ging nicht mehr hin. Der Schneider konnte nur beten, nicht erzählen. Diese Krankheit muß daher ebensowenig von mir inszeniert worden sein wie jene, die mich später befiel. Hatte ich zuerst die Krankheiten gespielt, um das Bett vor das Fenster schieben und wohlig die Thunstraße beobachten zu können, der entlang die unglücklichen Buben und Mädchen in die Primarschule trotteten; dann, in der Sekundarschule, um von Zeit zu Zeit die Attacken des Französischlehrers ins Leere laufen zu lassen; nun war es auf einmal kein Simulieren mehr: hohes Fieber, die Eltern fürchteten sich, mein Vater saß nachmittags an meinem Bett, der Arzt diagnostizierte ›Kopfgrippe‹, die Mutter wandte ihr Heilmittel an: Lehmwickel. Nach zwei Monaten war ich wiederhergestellt, aber beim 50-Meter-Lauf war ich nicht mehr einer der schnellsten wie vorher, sondern einer der langsamsten, und beim Fußball nur noch ›rechtsfüßig‹, auch vermochte ich seitdem nie mehr Ski zu fahren. Dafür entschädigte mich der Unterricht beim Geschichts- und Geographielehrer Dr. Ständer, in meiner Erinnerung rothaarig, dick und majestätisch. Er unterrichtete nicht, er schilderte. Er schilderte Geographie – Berge, Täler, Wälder, Gletscher, Quellen, Flüsse. Er schilderte Geschichte – schilderte Morgarten, wo Steine, groß wie Findlinge, und Baumstämme auf das österreichische Heer hinunterprasselten, schilderte Sempach, wo die Urschweizer mit Hellebarden und Morgensternen die Ritter zusammendroschen, die, mühsam von ihren Schlachtrössern gestiegen, in ihren zentnerschweren Rüstungen schwerfällig herumwatschelten; schilderte Murten, wo die Eidgenossen, statt lange zu beten, gegen das Lager Karls des Kühnen rannten, wo man noch die Messe las und der Herzog im Nachthemd Edelleute zu Rittern schlug. Nahten die Ferien, ließ Ständer den Lehrstoff liegen und schilderte die Nibelungen, teils nach Wagner, teils nach dem alten Lied. Die germanischen Recken zogen in meine Phantasie ein: Mime der Schmied, Fafner mit der Tarnkappe, Siegfried und Hagen, Dietrich von Bern und sein Waffenmeister Hildebrand, Kriemhild und König Etzel, am Ende das ungeheure Gemetzel in der brennenden Hunnenburg. Noch ahnten wir nicht, daß bald anderswo, außerhalb des Dorfes und des kleinen Landes, in dessen Mitte das Kaff nistete, ein noch größeres Gemetzel anheben würde. Mühelos integrierten wir das Gehörte in die Schlachten, die wir einander lieferten, zuerst mit roh gezimmerten Holzschwertern, Bohnenstangen und Holzgewehren, dann mit Fußball. Wir spielten nachmittagelang, oft bis in die Nacht hinein, oft müde bis zum Umfallen, und ich machte mit, auch nach meiner Krankheit. Und am Rande des Fußballfeldes saß in einem Wagen ein Knabe, der keine Beine hatte, von seiner Schwester behütet. Die Mädchen waren von unseren oft wütenden Spielen ausgeschlossen. Eine Freundin zu haben war nicht üblich. Über all dem thronten die Erwachsenen, sie herrschten über uns. Sie befahlen uns, in die Schule zu gehen: in die Sonntagsschule, in die Primarschule, in die Sekundarschule. Sie teilten unsere Zeit ein: wann wir schlafen, aufwachen, essen mußten. Ihre Befehle begrenzten unsere Kriege und Schlachten. Die Erwachsenen waren allgewaltig und hielten zusammen. Einige haßten wir, weil sie uns zu hassen schienen, erwiderten sie doch unseren Gruß nicht, und wir hörten auf, sie zu grüßen, so den Textilhändler, der neben uns wohnte und den wir fürchteten. Als er heiratete, standen die Leute vor der Kirche und wandten sich ab, und wir waren froh, daß auch die Erwachsenen ihn nicht mochten, daß es auch unter den Erwachsenen Haß und Neid gab wie unter uns; der Hochzeitszug bewegte sich wie ein Leichenzug auf die Kirche zu und wurde von ihr verschluckt. In der Nacht dann ein großes Fest; ich lag schon im Bett, als die Raketen hinaufzischten, verknatterten. Später sah man die schöne Frau des Textilhändlers nur selten. Seinen Garten durfte niemand betreten; vorsichtig ließ ich mich einmal in der Dämmerung von der Linde, in deren Gabelung ich meinen Holzverschlag hatte, zwischen die Johannisbeeren in den Garten hinunter und schlich ans Haus hinan, von Schreien und Flüchen angelockt, die zu mir drangen. Und als mein Vater mich mitnahm, eine Schwerkranke zu besuchen, an der Grenze seiner Gemeinde, gegen Oberdießbach hin, zeigte er mir einen baufälligen einsamen Hof abseits der Straße und sagte, dort habe eine alte Bäuerin gehaust, die ihm auf dem Totenbett gestanden habe, sie hätte ihren Vater und ihre Mutter vergiftet. Seitdem waren mir die einsamen Höfe und Hütten besonders geheimnisvoll. Sie lagen auf den Hügeln am Rande der Wälder, die etwas Domartiges haben, dringt man in sie ein, ein immerwährendes Dunkel unter den riesigen Tannen, durchbrochen von schrägen, balkenhaften Sonnenstrahlen; und sie lagen in den ›Krachen‹ zwischen den Wäldern, oft Stunden von Weilern oder größeren Ansiedlungen entfernt, die Straßen waren ungeteert und im Winter nicht begehbar. Die Bauern waren allein bei der Arbeit, die sie mechanisch verrichteten, allein auf ihren steilen Äckern, allein unter den kolossalen Wolken, allein unter dem Himmel, aus dem es niederbrannte oder aus dem es heranfegte, der pfeifende Wind, die peitschenden Regengüsse, der hämmernde Hagelschlag, aber auch allein mit ihren Familien; und oft, waren die Frauen verbraucht und waren die Bauern zu arm, um Mägde zu halten, griffen sie nach ihren Töchtern; und nur wenn der Blitz ihre Höfe in Brand setzte, kamen wir in die ›Krachen‹ geeilt oder die Hügel heraufgerannt, standen im weiten Kreis um den brennenden Hof, schauten zu, wie alles in den Flammen zusammenkrachte und prasselte. Das Vieh brüllte, Möbel standen herum, und die Feuerwehr, oft erst nach den Zuschauern angerückt, arbeitete nutzlos, so schlecht waren die Wege. Doch dann, wenn sich alles zerstreut hatte, wenn nur noch der Brandgeruch über den verkohlten Balken schwebte, war der Bauer mit seiner Familie wieder allein, verschwunden aus dem Gedächtnis des Dorfes. Einige zogen weg, einige wurden Knechte, die Frauen Mägde, die Kinder kamen zu fremden Bauern, einige vermochten sich einen neuen Hof zu bauen. Wenn der Schnee wieder alles zudeckte und sie nach den Arbeiten im Wald an den frühen Abenden in den Stuben hockten, sinnierten sie, warum sie verflucht waren, und die, welche verschont worden waren in ihren ›Krachen‹ oder auf ihren Hügeln, sinnierten im Mondlicht, warum gerade sie vor Gott Gnade gefunden hätten, obgleich sie bei ihren Töchtern oder beim Vieh gelegen hatten. Plötzlich war es dann wie Feuer in den Kammern, in denen sie sich schlaflos wälzten, und Gott sprach zu ihnen mit Donnerstimme. Gar mancher schrieb dann auf, was Gott zu ihm gesprochen hatte, und ließ es auf eigene Kosten oder auf Kosten seiner Anhänger drucken, und als ich einmal im oberen Estrich ein dickes schwarzes Buch fand, wie eine Bibel, brachte ich es meinem Vater und fragte, was es für ein Buch sei. Mein Vater antwortete nicht und nahm es mir weg. Ich suchte später wieder nach dem Buch, durchwühlte den oberen Estrich, aber ich fand es nicht mehr, es war mir, als sei ich auf das Geheimnis gestoßen, welches die Welt der Erwachsenen von der Welt der Kinder trennte. Aber noch war alles zusammengehalten – der Mutterschoß des Dorfes und die wilde Welt des Draußen, der Geschichte und der Sagen, die gleich wirklich waren, aber auch die unermeßlichen Gewalten des Alls – durch einen schemenhaften lieben Gott, den man anbeten, um Verzeihung bitten mußte, von dem man aber auch das Gute, das Erhoffte und das Gewünschte erwarten durfte wie von einem rätselhaften Überonkel hinter den Wolken.

Gut und Böse waren festgesetzt, man stand in einem ständigen Examen, für jede Tat gab es gleichsam Noten, und darum war die Schule auch so bitter: sie setzte das himmlische System auf Erden fort, und für die Kinder waren die Erwachsenen Halbgötter. Die Welt der Erfahrung war klein, ein läppisches Dorf, nicht mehr, die Welt der Überlieferung war gewaltig, schwimmend in einem rätselhaften Kosmos, durchzogen von einer wilden Fabelwelt von Heldenkämpfen, umstellt von Geheimnissen, durchzuckt von Ahnungen, durch nichts zu überprüfen. Man mußte diese Welt hinnehmen. Man war dem Glauben ausgeliefert, schutzlos und nackt.

Als ich vor einigen Jahren das Dorf wieder besuchte, erkannte ich nur noch die Hügel, die es umgeben, den Hochkamin der Milchsiederei, einige Häuser, das Wirtshaus am Kreuzplatz, das Pfarrhaus, in dessen Garten einige Bäume fehlten, die Tanne etwa, auf die ich immer geklettert war, die Kirche umgebaut, alles kleiner, zusammengerückt, obgleich es sich doch ausgeweitet hatte, viel Industrie, so an der Bernstraße Lager von Heizkesseln. Ich fühlte mich fremd, nur als ich neben dem alten Schulhaus die Treppe hochstieg zu der Häusergruppe auf dem Hügel und an einem nassen Scheiterhaufen vorbeikam, fühlte ich mich plötzlich wieder zu Hause, ich war dem Geruch von nassem, gespaltenem Holz seit meiner Jugend nicht mehr begegnet. Gespenstisch dann die zweite Begegnung mit meiner Jugendzeit: Ein Pathologe an einem großen Spital zeigte mir voller Stolz den neu eingerichteten Seziersaal, vor dem Gebäude wartete ein Trüpplein Bauern darauf, den Großvater sehen zu dürfen, darunter ein altes Weib mit einem dürftigen Blumenstrauß, offenbar die Witwe, die Großmutter. Im Seziersaal lag der Großvater, ausgeweidet, auf anderen Seziertischen zwei weitere männliche Leichen, die Hirne in Schüsseln. Am Großvater und an einer anderen Leiche arbeiteten Assistenzärzte, die dritte wurde von einem Angestellten zusammengenäht, roh, als arbeite ein Sattler, die Leiche hopste. »Nicht so grausig«, bemerkte der Pathologe, wohl etwas verlegen über meine Gegenwart, »arbeiten Sie nicht so grausig!« Er fragte nach der Diagnose, die man dem Bauern in der medizinischen Abteilung gestellt hatte, bevor er starb, fragte nach dessen Alter – achtzig –, meinte, der könnte sich in der Rekrutenschule eine Syphilis geholt haben, er wolle doch sehen, wühlte in den Därmen des Großvaters. Neben dem Seziertisch stand eine Waage, wie sie in einer Metzgerei auf dem Verkaufstisch steht – sogar die Preise gab sie noch an. Einer der Assistenzärzte wog eine Leber. In der Tür erschien kurz ein Chirurg, Zigarette im Mundwinkel, erkundigte sich nach dem Befund dessen, der da eben zusammengenäht wurde, auf und ab hopste, die Diagnose war falsch gewesen. Darmdurchbruch, das stimmte, doch Nierenkrebs, Metastasen im Darm, der Chirurg verzog sich wieder, leicht indigniert. Der Pathologe triumphierte, rief die beiden Assistenzärzte herbei, an den Darmwänden hatte er Spuren einer alten Syphilis gefunden, typische Flecken, Sensation, eine Syphilis in einem so prachtvoll entwickelten Stadium war selten geworden, der Pathologe verlangte das Hirn zu sehen. In welcher Schüssel? In dieser? Nein, in jener. Auch hier Anzeichen von Syphilis, fabelhaft, eine durch sie verursachte Gehirnblutung hatte zum Tode geführt, nicht die diagnostizierte Lungenentzündung – welche Diagnose stimmt schon, reine Glückssache, wenn einer Nierenkrebs hatte, konnte es auch der andere haben. Der Pathologe wühlte im

Unterleib des Großvaters, auch ein Nierenkrebs, erklärte er beglückt, die Duplizität der Fälle, das passiere ihm immer wieder, und der Angestellte meinte, statistisch gesehen hätten sie zwölf Leichen zuwenig, der Pathologe tröstete ihn, im Dezember hole man das Manko schon ein. Während all des Makabren, wissenschaftlich Emsigen, während des ganzen, durchaus nicht unfröhlich medizinisch-kriminalistischen Unterfangens weilte ich, abwesend, verstummt, wieder in meinem Dorf, sah ich die Schlächterei vor mir, spürte ich den Geruch von Wasser und Blut, den ich gerochen hatte vor mehr als vierzig Jahren, als damals die großen unschuldigen Tiere neben meinem Elternhaus zusammensanken und ihr Blut in dunklen Strömen in den Rinnstein floß.

Er entsprach nicht den Vorstellungen, die ich mir von einem Maler gemacht hatte. Er besuchte uns bisweilen, war sorgfältig gekleidet und trank mit uns im Gartenhaus Limonade. Meine Mutter sagte, er sei reich und unglücklich verheiratet, weil seine Frau eifersüchtig sei. Er hatte sich auf Landschaften spezialisiert, die sich mit Vorliebe um Gotteshäuser gruppierten. Eine solche hing in der Studierstube, wohin wir gerufen wurden, Geständnisse abzulegen, die mein Vater bekümmert und schweigend entgegenzunehmen pflegte. Das Bild, in Pastell, stellte eine ungemein grüne Wiese vor dem Kirchlein der ersten Gemeinde meines Vaters, Amsoldingen, dar. Andere Bilder kaufte ihm mein Vater nicht mehr ab. Dafür hing in seiner Studierstube die farbige Kopie eines Rembrandt in Originalgröße. Mein Vater hatte sie zum Staatsexamen erstanden: der Mennonitenprediger Cornelius Claesz von Anslo, beim Kerzenschimmer eine alte Frau tröstend. Ich liebte das Bild nicht.

Cornelius Claesz glich dem immer reicher werdenden Inspektor der Mohammedaner-Mission. Ein anderer Kunstmaler wohnte irgendwo, vielleicht unter oder hinter dem Ballenbühl oder über dem Dörfchen Ursellen, genau wußte ich es nicht. Ich sah ihn einige Male im Jahr vor unserer Haustüre im Garten auf der Bank schlafen, das Gesicht gegen die Wand gekehrt, der Entschluß, ein neues Leben zu beginnen und bei meinem Vater zu »unterschreiben« – wie der Beitritt zum Blauen Kreuz genannt wurde –, hatte ihn viele Schnäpse gekostet. Mein Vater ließ den Kunstmaler ausschlafen, er störe niemanden, und gegen Abend unterschrieb er dann, daß die Bekehrung selten mehr als eine Woche dauerte, kümmerte meinen Vater nicht, auch wenn er nur eine Woche nicht saufe, sei das schon ein Fortschritt. Dann tauchte ein dritter Kunstmaler im Dorf auf. Er war von Basel zurückgekehrt, wohin er zur Ausbildung geschickt worden war, nachdem mein Vater seine Eltern davon überzeugt hatte, daß Kunstmalerei ein anständiger Beruf sei. Er bildete meine Schwester und mich auf altertümliche Weise ab. Die Porträts sind in Öl auf Holz gemalt, ein Geschenk des Kirchenrats, im Hintergrund zeigt sich die bewaldete Hügellandschaft samt einigen Bauernhäusern in der Nähe des Dorfes. Ich habe den Maler als stattlichen, noch jüngeren Mann mit großen Augen und wildem Haar in Erinnerung. Zu meiner Enttäuschung malte er Landschaften, während mich Rembrandts Radierungen und Dürers Holzschnitte zur Apokalypse beeindruckten, das Hundertguldenblatt, die Kreuzigung in drei verschiedenen Fassungen: die Finsternis, über das Geschehen fallend, der Engel auf Feuersäulen einherschreitend, der Erzengel Michael seinen Speer in den Drachen stoßend, die Todesengel die Menschen hinmordend. Die Bilder stürzten auf mich ein. Sie ließen mich nicht mehr los. Ein Arzt, der eben erst im Dorf seine Praxis eröffnet hatte, lieh mir einen Band über Peter Paul Rubens, wohl nicht ohne Humor: meine Eltern waren verlegen über so viele Fleischmassen. Mich aber begeisterte die ›Amazonenschlacht‹, dieses tolle Durcheinander von Menschen und Rossen auf der Brücke, das Zuschlagen und Zustechen, wild schlägt Theseus zu, das Angreifen der Athener und das Flüchten der Amazonen, die in den Fluß stürzenden Pferde- und Frauenleiber, und selbst die Wolken scheinen sich im düsteren Himmel zu bekämpfen; doch noch mehr beeindruckte mich die ›Löwenjagd‹, eine ›Menschenjagd‹ eigentlich, sind es doch die zwei rasenden Bestien, die über die Menschen herfallen, die sich verzweifelt wehren; der anspringende Löwe, die fauchende Löwin. Auch ein Buch über Arnold Böcklin, das mir der Arzt lieh, betrachtete ich stundenlang, immer wieder: der Faun, zwischen dem Schilf hervorgrinsend, die grellen Sonnenflecke, der ungeheure Drache aus einem Felsloch kriechend, die zwei Zentauren ineinander verkrallt über den Boden rollend, während ein dritter Roßmensch einen gewaltigen Stein auf die beiden schmettert. Später fand ich in der Bücherwand der Studierstube Herman Grimms illustrierte Michelangelo-Biographie: das Jüngste Gericht, das Aufsteigen der Seligen, das Heruntersausen der Verdammten, der Höllenfürst Minos, von Schlangen umwickelt, deren eine in sein Geschlecht beißt, Charon, der mit seinem Ruder zuhaut. Ich begann, Michelangelo nachzuahmen. Mit den Frauen wußte ich weniger anzufangen: etwas Busen und lange Haare, noch spielten die Frauen in meiner Phantasie keine Rolle. Ich hielt es für unwürdig »abzuzeichnen«, mich an der Natur zu üben, beobachten zu lernen, ich meinte, ein Maler bewältige alles aus der Vorstellungskraft, was ich zeichnete, war jenseits von jeder anatomischen und biologischen Glaubwürdigkeit; es bedeutete etwas, das genügte, und so unbeschwert zeichne und male ich noch heute. Als ich Varlin eines meiner wenigen Ölbilder zeigte, die ›Katastrophe‹, entstanden 1968, starrte der große Maler überrascht auf das Gemälde und wollte nicht so recht glauben, was er da sah: In einer Schlucht auf einer Brücke prallen zwei mit Passagieren überfüllte Eisenbahnzüge in voller Fahrt zusammen; ein jeder aus einem Tunnel schießend, ins Freie und ins Verderben rasend, prasseln sie auf eine weitere, tiefer gelegene Brücke, über die sich ein kommunistischer Umzug wälzt, so daß Brücken, Eisenbahnzüge, Passagiere und Kommunisten auf eine Wallfahrtskirche stürzen, die sich im Grund der Schlucht befindet und die ihrerseits im Zusammenbrechen unzählige Pilger unter sich begräbt, während oben, über der Schlucht, im blauen Frühlingshimmel die Sonne mit einer zweiten Sonne zusammenkracht, den allgemeinen Untergang der Erde und des ganzen Planetensystems einleitend. Varlin schwieg, und dann meinte er endlich, nicht ohne Sorge: »So was sollte ein erwachsener Mensch nicht malen.«

Ich gebe zu, Varlin hatte recht. Das eigentliche Abenteuer des Malens und Zeichnens, die Auseinandersetzung mit dem Objekt – darum porträtiere ich am liebsten – entdeckte ich erst spät, als mir aufging, daß Malen und Zeichnen nicht ein Abmalen und Abzeichnen sind, sondern ein Schildern; trotzdem gebe ich immer wieder meiner alten Neigung nach und zeichne und male aus der Phantasie. Auf meinem Schreibtisch liegt neben meinem Manuskript ein weißer Karton, lange unberührt; flüchtig gleitet einmal der Stift darüber, schnell ist etwa im Vordergrund eine Stadt skizziert, dahinter, noch hinter dem Horizont, zwei ungeheure Tiere, die sich bekämpfen, am Himmel Milchstraßensysteme; dann lasse ich das Blatt liegen, oft tagelang; irgendwann einmal beginne ich mit der Feder zu kritzeln, vorerst mit vielen Strichen etwas Himmel auszufüllen, plötzlich erfaßt mich die Leidenschaft, es ist, als erschaffe sich aus diesem Nichts, aus der weißen Leere des Kartons, von selbst eine Welt. Ich zeichne eine Nacht hindurch, zwei, ohne zu ermüden. Nie könnte ich das beim Schreiben. Das Bild entsteht unmittelbar vor mir, manchmal hefte ich es an die Wand, trete zurück, betrachte es von weitem, lege es auf den Schreibtisch, nehme eine Rasierklinge, schleife das Bild ab, hefte es wieder an die Wand, das Bild ist besser, doch nicht mehr so intensiv, ich lege es aufs neue auf den Schreibtisch – eigentlich wollte ich die Nacht durch schreiben –, arbeite mit dem Pinsel, dann mit der Feder, korrigiere mit der Rasierklinge, schabe von neuem, ziehe mit der Feder eine Linie nach, hefte das Bild an die Wand, trete zurück, das Hin und Her dauert bis in den Morgen. Überzeugt, die Federzeichnung sei jetzt in Ordnung, trotte ich müde den Garten hinab zum Wohnhaus, die Hunde folgen mir schläfrig, kaum daß ich den bleiernen See bemerke, die fernen, in der Frühe wie durchsichtigen Alpen, den mächtigen, sich aufhellenden Himmel. Doch schon vor dem Mittagessen arbeite ich an der Zeichnung weiter, obgleich ich doch zu schreiben hätte, aber ich habe der Versuchung nicht widerstehen können, die Zeichnung zu betrachten, nur noch ein Detail ist zu ändern, beim Zeichnen ändere ich ein zweites, ein drittes, rahme die Zeichnung ein, überzeugt, nun sei sie fertig, hänge sie an die Wand, jetzt erst sehe ich den entscheidenden Fehler. Bei einem Theaterstück ist dieses Zurücktreten erst in den letzten Proben möglich, Änderungen sind dann kaum mehr zu machen, verzweifelt korrigiert man Kleinigkeiten, die wesentlichen Fehler sind irreparabel, wie Schuppen ist es einem von den Augen gefallen, die entscheidenden Fehler sind meistens aus einem Verhältnisblödsinn heraus entstanden: man setzte beim Schreiben etwas voraus, was beim Zuschauer nicht vorauszusetzen war; und wenn man endlich dahintergekommen ist, wie es zu machen gewesen wäre, ist das Stück schon durchgefallen. Mein Kredit, den ich einmal auf der Bühne besaß, ist durch Lächerlichkeiten verspielt worden. Bei der Prosa ist dieses »Zurücktreten«, dieses »Überschauen-Können« noch schwieriger. Die Prosa treibt im Zeitfluß dahin und davon. Es bleibt mir nichts anderes übrig, als mich dahintreiben zu lassen. Das Floß einer Konzeption zu zimmern, habe ich stets unterlassen; wie ich »drauflos zeichne«, schreibe ich drauflos, nur sind die Folgen beim Schreiben schwerer: eine Unterbrechung, eine kurze Reise usw. –, und ich bin nicht mehr im Zeitfluß. Und so beginne ich immer wieder von vorne, korrigiere das schon Geschriebene durch, schreibe es um. Scheint die Prosa endlich beendet, gilt es, sie druckfertig zu machen, geht es bei der »Endkorrektur« auch nicht anders: immer ein neues Sich-Hingeben an die Zeit, die jedes Geschriebene davonträgt. Was ich ändere, entspricht einer neuen Zeitwelle, lese ich das zur Schrift Erstarrte wieder, möchte ich es auch schon geändert haben, nichts Schwierigeres, als Geschriebenes zu akzeptieren, darum der Widerwille gegen das Korrigieren, das mich zwingt, immer wieder zu korrigieren, immer noch einmal, immer wieder das letzte Mal. Zwar ist auch an einem Bild immer noch Wesentliches zu verändern, aber es ist zeitlos in seiner Unmittelbarkeit und so immer unter Kontrolle: Die Tiere und die Stadt sind zu verwachsen, die Tiere scheinen auf der Stadt zu lasten, wie ich nach Wochen sehe; ich brauche aber nicht neu zu beginnen, wieder in den »Zeitfluß« zu tauchen. Ich schabe mit dem Skalpell eine Nebeldecke über die Stadt, aus der die Tiere steigen, die damit, in die Tiefe gerückt, gewaltiger werden, dann kratze ich jähe Lichtstrahlen in die Milchstraßensysteme, explodierende Supernovae. Während ich tuschzeichne, kratze und schabe, brüllen aus dem Lautsprecher Symphonien, Quartette, um mich anzufeuern, ich höre nicht hin, in mir sind alle Bilder, die ich gezeichnet und gemalt habe; glücklich, frei, erlöst vom Schreiben, von dieser ständigen unsäglichen Konzentration, forme ich eine Milchstraße dichter, lasse eine weitere in der Finsternis des Alls nur noch erahnen. Andere Bilder nehme ich nach Jahren von der Wand meines Schlafzimmers, endlich habe ich den Fehler entdeckt: Ich hatte den Turm zu Babel als halbfertige ungeheure Statue einer Frau dargestellt, aber von weitem sieht die Zeichnung doch nur wie die unfertige Statue einer Frau aus, ich arbeite an der Stadt, am Hintergrund, es nützt nichts; jahrelang scheint die Zeichnung mißglückt, dann begreife ich und zeichne in die Frau Wohnungen hinein, verwandle sie immer mehr in einen Turm, nun scheint es, als seien zwei Architekten am Werk, der eine will einen kolossalen Turm, der andere die Kolossalstatue einer Frau errichten. Oder dann stehe ich in der Nacht auf und pinsle am ›Weltall-Bild‹ in der Halle, um nach einer Stunde das Bild neu zu datieren – jetzt ist es fertig; wieder im Bett, weiß ich schon, was ich am andern Morgen ändern werde. Zwar zeichne und male ich dann wieder monatelang nicht, ja jahrelang, während ich, seit ich Schriftsteller bin, immer geschrieben habe, doch kehre ich, wenn ich male oder zeichne, stets in meine Kindheit zurück, die einzige Rückkehr, die möglich ist – jene zur Schöpferkraft des Kindes. Und immer noch scheint mir bisweilen, ich hätte der Versuchung des Schreibens widerstehen und bei der Malerei bleiben sollen. Im Dorf zeichnete und malte ich zuerst mit Farbstiften auf der Rückseite von auseinandergebreiteten Todesanzeigen. Mein erstes Bild in Deckfarben entstand im Atelier des Dorfmalers, mitten zwischen großen Studien, die er von Basel mitgebracht hatte. Er schenkte mir einen stabilen Karton, 1 m × 1 m. Ich malte die Schlacht von Sankt Jakob an der Birs und verbrauchte mehrere Tuben Zinnoberrot. Dann pinselte ich, kühner geworden, die Sintflut mit viel Kobalt- und Preußischblau, ein Gemälde, das der Dorfschreiner vor Begeisterung über meine künstlerischen Fähigkeiten einrahmte, meinen konsternierten Eltern schickte er dafür eine Rechnung, die ihren Begriffen nicht entsprach; er hatte für den Rahmen das beste Holz gewählt und es sorgfältig poliert. Ich malte und zeichnete weiter, illustrierte die Nibelungen, König Laurins Rosengarten und Gotthelfs *Schwarze Spinne*. In der Primarschule stand der Lehrer Gribi oft hinter mir, schweigend, ohne daß ich es bemerkte, er schaute zu, wie ich, statt zu rechnen, auf meine Schiefertafel die Seeschlacht von Salamis zeichnete oder den Untergang der Spartaner bei den Thermopylen. 1933 erhielt ich vom ›Pestalozzi-Kalender‹ für eine Zeichnung, ›Die Schweizer Schlacht‹, eine Zenith-Uhr. Die Zeichnung wurde abgebildet, und ich war so aufgeregt, als ich vor der Haustüre die Uhr auspackte, daß sie auf den Steinboden fiel. Sie war nicht mehr zu reparieren.

Das Kindergefängnis, das wir Schule nennen, angeblich eingerichtet, um den Kindern jene Bildung beizubringen, die sie nach der Einbildung der Erwachsenen haben sollten, um durch das Leben zu kommen, brachte, unterstützt von den Eltern und den Lehrern – sogar Gribi wurde einmal energisch –, auch mich nach und nach zur Strecke: Ich begann zu lesen. Was nicht selbstverständlich war. Wir Kinder sprachen das Landberndeutsch, das ich jetzt noch spreche, oft zum Entsetzen meiner Mutter, die stolz war, ein »schönes« Berndeutsch zu sprechen, »Stadtberndeutsch«. Sie war eine Bauerntochter und kam mir, was ihre Sprache anging, immer ein wenig wie eine Verräterin vor, während mein Vater leicht »anders« sprach, aber er war eben im Bernbiet »woanders« aufgewachsen, und somit war seine Sprache in Ordnung, wenn wir auch über einige Wörter lachten, die er gebrauchte. Gar nicht Berndeutsch war nun das Deutsch, das wir in der Schule lernen mußten. Dieses Deutsch war Schriftdeutsch und eine Fremdsprache, und was wir in der Schule lesen mußten, war weit weniger spannend, als was erzählt wurde, und was erzählt wurde, wurde auf Berndeutsch erzählt. Mein Vater, um meinen Stoffhunger zu befriedigen, war von den Griechen zu Hauff übergewechselt, von Hauff zu Gotthelf, ja er las sogar den alten Musäus, um mir davon erzählen zu können. Er bedachte nicht, daß er mich dabei am Lesen hinderte, denn was wir lesen sollten, war jene Lektüre, die die Erwachsenen bei den Kindern gerne sehen, weil sie sich wünschen, die Wirklichkeit des Kindes wäre so, wie die Jugendschriftstellerinnen sie darstellen. Ich mußte wie die anderen im Dorfe *Christeli, Die beiden B* und *Heidi* lesen, dabei hatte ich die Nibelungen und die *Schwarze Spinne* im Kopf; und wie den anderen verleidete mir die Schule den *Robinson Crusoe*, und vom Lesebuch weiß ich nur noch, daß es rot eingebunden war. Zwar stöberte ich, die Bibliothek meines Vaters gründlicher erforschend, Shakespeares Ausgewählte Werke ›samt beinahe vierhundert Abbildungen‹ auf, ich schaute mir die Illustrationen immer wieder an, die geheimnisvollen Sätze darunter beschäftigten meine Phantasie: »Derweil mein Mund dir nimmt, was er erfleht.« – »Nichtswürdiger, beweise es mir ja, daß meine Gattin eine Buhlerin!« – »O still! halt ein! sieh, wie's da wieder kommt.« – »Ha, ha, sieh, er trägt harte Hosenbänder« – »Mein Geist beginnt zu schwärmen. Komm, mein Junge.« »Wie blutig über jenen busch'gen Hügel die Sonne blickt hervor« – Aber weil ich den Zusammenhang nicht begriff, ließ ich sie liegen, ebenso die reich bebilderten Velhagen-&-Klasing-Bände über die Wiedertäufer und über Babylon und Ninive – ahnungslos, daß auch sie einmal wichtig für mich würden – und einen seltsamen Bildband über die Türken. Dann begann die Welt der Sagen zu versinken. Mit der Pubertät rückten andere Heroen ins Feld, nicht mehr griechische und eidgenössische, andere Stoffe beschäftigten meine Phantasie: zuerst ein religiöser Abenteuerroman, John Bunyans *Pilgerreise*, 1660–1672 von einem englischen Laienpriester im Gefängnis geschrieben, »für den gläubigen Engländer auch heute noch nur der Bibel an Bedeutung nachstehend« (Großer Brockhaus, 1953), die Wanderung eines Mannes namens Christ aus der Stadt Verderben nach dem Himmlischen Jerusalem. Daß darauf meine Eltern Karl May skeptischer gegenüberstanden, verwunderte mich, ging es doch bei ihm nicht minder fromm zu, auch hatten sich die Abenteuer kaum verändert: bekämpft bei Bunyan Christ im Tal der Todesschatten den Teufel, so wird bei Karl May Winnetou im Krater des Berges Hancock von Santer abgeknallt. Ein pensionierter Zuckerbäcker lieh mir die dunkelgrünen Bände der Gesamtausgabe. Er wohnte in der Grünegg, hieß

Bütikofer und war ein stattlicher, zuckerkranker Mann mit einem schwarzen Bart. Bei ihm fühlte ich mich mehr zu Hause als bei meinen Eltern. Er rückte Band um Band heraus, und ich durfte die Bände heimnehmen und weiterleihen, man riß sich um sie; daß die Bände zerlesen zurückkehrten, machte ihm nichts aus. Ich las sie alle. In der Veranda bäuchlings auf dem Kanapee liegend, das wir aus dem Schlößchen des so grausam erfrorenen Aristokraten erstanden hatten, las ich meiner Mutter Winnetous Tod vor, mit verhaltener Stimme; Tränen in den Augen, als ich merkte, daß ihr Schluchzen Lachen war. Am meisten beschäftigte mich die Totenstadt in *Ardistan und Dschinnistan*. Der benachbarte Friedhof machte sie mir vertraut. In der Schulbibliothek fanden sich Jules Vernes *Geheimnisvolle Insel* und *Die Reise zum Mittelpunkt der Erde*. Ich stieg, wie einst Herkules in den Hades, mit Professor Lidenbrock vom isländischen Krater Sneffels in ein unermeßliches Höhlensystem hinab, überquerte ein immenses unterirdisches Meer, an dessen Ufern Pilzwälder standen und Mammutherden weideten, von Urmenschen bewacht. So fand ich in jener Literatur, von der nie gesprochen wird, die fast jeder in seiner Jugend liest und die das spätere Schaffen mehr prägt, als wir ahnen, all die Taten der Sagen und der Geschichte, des Glaubens und des Wissens wieder, von denen die Erwachsenen erzählt hatten. Von dem aber, was die Erwachsenen verschwiegen, zeugte ein geheimnisvolles rotes Buch, das der Sohn des Gärtners besaß, mit nackten Frauen darin und Mönchen, die an die Brüste von Nonnen griffen; auch das wanderte herum, es roch geradezu nach den Spermen all jener, die es beim Lesen in der linken Hand gehalten hatten. Und von der Welt, von der die Erwachsenen wenig wußten, wie wir glaubten, von der Welt jenseits des Dorfes und der nahen Stadt, jenseits des Ferienkurorts in den Bergen, berichteten kleine Hefte: John Klings Abenteuer, die wir am Bahnhofskiosk erstanden. Daß es diese Welt wirklich gab, bewies ein Zweidecker, der einmal auf der Ebene beim ›Inseli‹ landete und über die Felder holpernd endlich zum Stillstand kam. Das ganze Dorf rannte herbei. Aber auch im Zeppelin, der riesengroß, glitzernd und majestätisch über der nahen Stadt schwebte, konnten wir uns John Kling vorstellen, der in den Korridoren des Luftschiffs zigarrenrauchenden Verbrechern nachjagte. Wir kamen angeradelt, und als der Zeppelin wieder entschwand, mußten wir zu Fuß nach Hause, ein ungeheurer Schneefall hatte das vorsommerliche Land bedeckt. Durchfroren kroch ich ins Bett zu meinen Heften, die ich im Schein der Taschenlampe las. Sie erzählten von großen Bösewichten, von unermeßlich reichen Bankiers, von Waffenhändlern, Gangsterchefs und Nabobs, die über Goldminen, Ölfelder und Finanzimperien regierten, Politiker bestachen und Völker ausbeuteten. Die unzähligen Hefte wanderten in der Sekundarschule von Hand zu Hand, geheim, denn die Lehrer versuchten, sie zu unterdrücken, der Meinung, für uns sei das ›gute Jugendbuch‹ die einzig richtige Lektüre: Als der Deutschlehrer mein Pult untersuchte, fand er ganze Stöße der verfemten Hefte. Zum Glück hatte ich die gelesen und nicht die Jugendbücher, denn der Kitsch brachte uns die Binsenweisheit bei, daß die Welt der Erwachsenen in Unordnung war, nicht die der Kinder, und es kam mir vor, als hätte der liebe Gott mit seinen zehn Geboten die Hauptschurkereien gar nicht geahnt, zu denen der Mensch fähig ist: Ich begann am Weltgebäude meiner Jugend zu rütteln, allzu schnell sollte es einstürzen.

Dem Dorf begegnete ich dann noch zweimal: Wir waren unterwegs zum Maler Varlin. Es war angezeigt auf einer blauen Tafel über der Autobahn. Wir fuhren vorbei. In Bondo blieben meine Frau und ich einige Tage. Von Varlins letzten Werken machte mir vor allem ein schmutzig ockerfarbenes, hochformatiges, doch nicht sehr großes Bild Eindruck, das tief im Raum oder im Leeren eine krepierende oder krepierte dicke, weiße Hündin mit einigen schwarzen Flecken zeigte. Ich wollte es erstehen, doch Varlin verlangte einen Preis, den ich mir nicht leisten konnte. Als ich mit Varlin nach Soglio hinauffuhr, erzählte er mir von seiner Krankheit, von der er genesen sei, doch als er mir berichtete, wie man ihn behandelt hatte, wußte ich, daß er verloren war. Er wollte mich noch malen. Sein Atelier war eine Art Scheune, voller Bilder riesigen Formats. Die Luft war stickig und heiß. Die überdimensionierten Bilder beunruhigten mich; erst viel später begriff ich, daß er sich damit gegen sein Sterben zur Wehr setzte. Ein Ausdruck seines Kampfes, von dem er wußte, daß er ihn verlieren werde, war auch, daß er mich und später seinen Freund Ernst Schröder auf dem entsetzlichen Bett hingestreckt malte, das in seiner Scheune stand. Von Schröder behauptete Varlin, jener habe es so gewollt, Schröder habe verlangt, daß Varlin ihn male, worauf er, Varlin, wütend, noch malen zu müssen, und um ihn abzuschrecken, gefragt habe, ob Schröder denn ein Kostüm bei sich habe, einen Schauspieler könne man nur in einem Kostüm oder nackt malen. Darauf habe sich Schröder schweigend ausgezogen und sich nackt aufs Bett gelegt. Mich amüsierte die Geschichte, doch bin ich erst jetzt, fast ein Jahr nach Varlins Tod, dahintergekommen, daß Varlin sich an mir noch grausamer rächte, auch mich zwang er aufs Bett: Ich saß auf einem unbequemen

Stuhl, als er mich zu porträtieren begann, sein Ledersessel, der neben dem Bett stand, war mir zu grauslich. Varlin verzögerte die Malerei ins Endlose, suchte Kohle, fand keine Farbe; meine Frau half ihm suchen, dann fing er auf einer Riesenleinwand immer wieder von vorne an. Todmüde, von der Hitze gepeinigt, legte ich mich endlich aufs Bett – die einzige Möglichkeit, Modell zu stehen –, zog auch die Schuhe aus, dann die Socken. Auf einmal kam er in Fahrt, er malte mich in meiner ganzen Wut darüber, daß ich sinnlos auf einem Bett lag – was hatte ich mit diesem Bett zu schaffen? –, er malte mich, stolz darüber, daß er, der sein Sterben ahnte, mich dorthin gezwungen hatte, aufs Bett, wo sich sein Schicksal erfüllen würde. Und tief hinten im Raum malte er das Bild, das zu kaufen ich nicht imstande war: die krepierende Hündin. Anderthalb Jahre später fuhren mich Freunde zu ihm. Die Route führte auf meinen Wunsch durchs Dorf. Ich wußte, daß es Varlin schlechtging. Bevor wir Neuchâtel verließen, schleppte ich unsere kranke Hündin in den Zwinger, sie brach zusammen. Ich wußte, daß ich sie nicht mehr sehen würde. Meine Frau brachte die Hündin nach meiner Abreise denn auch wieder ins Haus und blieb einen Tag und eine Nacht bei ihr, bis der Tierarzt die Hündin durch eine Spritze tötete. Mich dagegen beschäftigte auf der Reise das Tier, weil es sich mit der Erinnerung an Varlins Bild von der krepierenden Hündin verwob, derart, daß ich das Dorf nicht einmal mehr wahrnahm, als wir durchfuhren.

Mit vierzehn Jahren mußte ich das Dorf verlassen, mein Vater nahm eine Stelle in der Stadt an. Aus dem Übersichtlichen, aus den vertrauten Schleichwegen in den Kornfeldern, Tennen und Wäldern, verirrte ich mich ins Unübersichtliche, aus dem es keinen Weg nach außen mehr gab. Das Labyrinth wurde Wirklichkeit. Labyrinthisch waren schon die ersten Eindrücke gewesen: die langen Gänge des evangelischen Lehrerseminars, durch die ich auf einem Dreirad rollte, war ich bei meiner Tante; die erleuchteten geheimnisvollen Gassen, durch die meine Mutter und ich mit dem Tram zurückfuhren, dem Hauptbahnhof und damit dem Dorf entgegen, Erinnerungen, mich in unterirdischen Gängen und Räumen zu bewegen, die sich später bestätigten. Man geht nicht durch die Gassen dieser Stadt, man geht durch Arkaden, durch die ›Lauben‹ zu beiden Seiten der Gassen, wie durch lange sanft geschwungene Korridore, so daß man in jenen Zeiten vom Turm des Münsters aus oft das Gefühl hatte, auf leere Straßen zu blicken, auf eine Stadt, wo die Menschen sich in ihre Häuser verkriechen und sich in dunklen Kammern verstecken, hinter grauen Sandsteinmauern, die manchmal im letzten Sonnenlicht überaus mächtig aufleuchteten. Der Friedhof im Dorf leuchtete gegen Abend bisweilen auch so auf, die Grabsteine und die gußeisernen Kreuze wie mit Gold überschüttet. Auch findet man bei einem Hügel, gegen das Emmental hin, gewaltige Steinbrüche, aus denen die Stadt herausgeschnitten wurde, sie ist dort wie in einem Negativ vorhanden. Ich ging oft zu diesen Steinbrüchen, und ich liebte es, nachts die Stadt zu umwandern bis gegen den Morgen, oder am Fluß entlangzugehen, der sie umfließt. Doch wie man auch geht, immer umgibt einen die Stadt, sie ist diesseits und jenseits des Flusses, der sie und den sie rätselhaft umschlingt. Darum tat ich denn bisweilen so, als könnte ich der Stadt entrinnen, auch wenn ich meinen Fluchtversuch nur zum Schein unternahm. Der Weg, den ich dann einschlug, zog sich aus der Stadt mehrere Stunden durch ein umwaldetes Tal dahin, das mich an Bunyans Tal der Todesschatten erinnerte, und mündete in einem Talkessel mit einem Dorf und einer mächtigen Burg, nun ein Zuchthaus; ich näherte mich dem Dorf und der Burg bis zu einer bestimmten Stelle, an die ich mich nicht mehr erinnere, nur das immer gleiche Bild des Zuchthauses haftet in mir. Ich flüchtete auf den Thuner See; ich stand dann vorn auf dem Raddampfer, der See war gegen Abend eine silberne Fläche und der Niesen eine überaus gewaltige Kulisse wie aus schwarzem Karton. Die Nächte verbrachte ich mit den Gärtnergehilfen des Diakonissenhauses, wo mein Vater angestellt war; nebenbei hatten sie Nachtwächterdienste zu leisten. Der ausgedehnte Park stieg jenseits der Straße, in der sich unser Haus befand, steil an. Ich kletterte aus meinem Fenster und am Laden des darunterliegenden Fensters hinab, um auf demselben Weg oft erst in der Morgendämmerung wieder in mein Zimmer zu gelangen. Ich trank mit den Gärtnergehilfen Bier und Schnaps, und ein junger blonder Deutscher zeigte mir stolz die Fotografie seiner nackten, üppigen Braut. Französische Magazine mit noch imposanteren Nuditäten kaufte ich in einem Antiquariat der Altstadt, ich wußte, wo sie lagen, und brauchte den Antiquar nicht erst zu fragen, er kassierte schweigend. Das Haus, in welchem wir wohnten, lag am Fluß und war fast so alt wie die Stadt. Es war vieles gewesen: Siechen- und Lusthaus und Sitz eines englischen Diplomaten.

Neben uns wohnte der Obergärtner. Sein Schäferhund war angekettet, ich ließ ihn oft frei und nahm ihn auf meine Spaziergänge mit. Er war zutraulich, doch fiel er mich an einem Sonntagnachmittag im Hof gegen die Straße zu an, unvermutet, plötzlich eine Bestie, vielleicht daß ihn die

Fußgänger irritierten, vom Hof nur durch eine Holzwand getrennt. Meine Mutter warf sich dazwischen, vergeblich, der Hund hatte sich in mich verbissen, sie kämpfte, ich kämpfte, von einer rasenden Wut gegen das große, schwarze, wilde Tier erfaßt, so daß ich keinen Schmerz spürte. Vom Nachbargebäude, einer Mietskaserne, schauten die Leute auf ihren Balkonen zu, prächtiges Wetter, Sonnenschein, ich fühlte mich wie in einer Arena, endlich riß ein Gärtner, der uns zu Hilfe kam, den Hund weg, ich war blutüberströmt, die Kleider zerfetzt, ein Arzt kam, der Hund wurde erschossen: Die Menschen machen mit den Tieren kurzen Prozeß.

Wenn es eindunkelte, liebte ich es, aus meinem Fenster die Stadt zu betrachten. Sie hob sich im Gegenlicht jenseits des Flusses als langgestreckte Silhouette vom Himmel ab, Kamine, unzählige Giebel, das Rathaus, die christkatholische Kirche, düster in meiner Erinnerung. Später zogen wir in die Stadt selbst. Die Wohnung befand sich in einer Häuserreihe gegenüber der Nydeggkirche: die Südseite steil über der ›Matte‹, damals ein Armenquartier unmittelbar am Fluß; von unserem Balkon, gleichsam über den Häusern der ›Matte‹ schwebend, sah ich abends die noch sonnenbeschienenen Häuser des ›englischen Viertels‹, nun alles wie spiegelverkehrt; noch später zogen wir wieder über den Fluß in ein Außenviertel. Schlimm war die Schule. Meine Eltern hatten mich voller Gottvertrauen einem christlichen Gymnasium überlassen, als wir vom Lande in die Stadt übersiedelten. Ich war überzeugt, als Erzeugnis eines Dorfes körperlich stärker zu sein als die Stadtjugend, der Irrtum stellte sich schon in der ersten Schulstunde heraus. Zu Beginn des Unterrichts wurde gebetet, der Französischlehrer tat es ausgiebig, mit geschlossenen Augen, die Klasse tanzte während des Gebets im Schulzimmer herum. Ich war ein schlechter Schüler, was besonders schlimm war, da mein Vater und mein Vetter in derselben Schule hervorragende Schüler gewesen waren. Ich mußte immer wieder repetieren, dem buckligen Griechischlehrer gegenüber streikte ich, stolz warf ich Schulbuch und Heft zum Fenster hinaus, der Pädagoge lächelte spöttisch, ich hatte mich zwar impulsiv befreit, aber im Frühjahr mußte ich die Schule verlassen. Die unglücklichen Eltern lieferten mich an eine großzügig geleitete Privatschule ab, ein Sammelbecken von an Gymnasien gescheiterten Existenzen und zäh arbeitenden Einzelgängern, die gezwungen waren, die Maturität ohne Gymnasium zu bestehen. Ich gehörte zu den gescheiterten Existenzen. Ich begann, die Schule zu schwänzen. Die Privatschule lag am anderen Ende der Stadt, ich kam auf meinem Schulweg an acht Kinos vorbei. Die ersten zwei Filme hatte ich noch im Dorf gesehen: im Kirchengemeindesaal einen Missionsfilm über Afrika, der zeigte, wohin der Mangel an Christentum die armen Neger geführt hatte und wie wichtig es war, sie zu bekehren. Der zweite war ein Spielfilm, ein Großereignis, ›Joseph und Potiphar‹, die Vorführung fand im Theatersaal neben dem Wirtshaus statt, am Vormittag auch vor den versammelten Schülern. Als Potiphars Frau sich entkleidete, hielt der Operateur seine Hand vor den Apparat; zum Entsetzen der Lehrerschaft zog er sie zu schnell wieder weg. Nun, in der Stadt, saß ich nachmittagelang in den Kinos, sah ein- oder zweimal den gleichen Film, während mich meine Eltern in der Schule glaubten. Es galt, mit dem Geld sparsam umzugehen. Es aufzutreiben war schon ein Kunststück, setzte Lügen, Stehlen und Pumpen voraus. Alles stahl und pumpte einander an. An den Vormittagen saß ich im ›Wiener Café‹ und las Nietzsche; eine lederbezogene Bank der Fensterreihe entlang, runde Marmortische, vor mir eine ›Schale Gold‹. In der Schule gab ich irgendeine Krankheit an: Grippe, Migräne, Heuschnupfen im Sommer. Der Rektor, ein alter Pfarrer, nahm die Entschuldigungen höflich entgegen, ohne mit der Wimper zu zucken, ohne Anzeichen, daß er uns glaube oder nicht. Er unterrichtete deutsche Literatur, versuchte uns Goethe einzureden, während überall die goethischen Ideale zusammenkrachten. Die Zeugnisse waren schlecht. Sie wurden zweimal im Jahr verschickt. Ich fing sie ab. Den Bericht unterschlug, die Noten verbesserte ich. Für die Maturität spielen die Noten einer Privatschule ohnehin keine Rolle. Es war das Humanste, was ich meinen Eltern gegenüber tun konnte. Doch las ich im ›Wiener Café‹ nicht nur Nietzsche, ich las auch Lessings *Laokoon*, und meine merkwürdige Vorliebe für Wieland muß aus dieser Zeit stammen, sie ist mir geblieben, während ich Hebbel, den ich damals verschlang, heute unausstehlich finde, außer seinen Tagebüchern. Das Stadttheater besuchte ich aus familiären Gründen. Mein Onkel, ein Regierungsrat, besaß von Amts wegen eine Loge, die er uns hin und wieder überließ. Aber das Theater bedeutete mir wenig, obgleich es gute Schauspieler, Sänger und Dirigenten hatte, sie waren aus Deutschland emigriert und nicht provinziell. Zur Musik hatte ich noch kein Verhältnis. Ich zeichnete und malte besessen, mit Kohle und Deckfarben: Sauforgien, Teufel, Hinrichtungen. Der Zeichenlehrer des christlichen Gymnasiums hatte mir das Federzeichnen beigebracht, meine Lieblingsdisziplin, und später versuchte ein Kunstmaler, mich in Privatstunden zu bewegen, eine Schale mit Äpfeln malerisch zu bewältigen – ich vermochte den Sinn des

Unternehmens nicht zu begreifen. Ich machte eine gutbürgerliche Jugend wie eine Krankheit durch, ohne Kenntnis der Gesellschaft und ihrer Zusammenhänge, behütet, ohne behütet zu sein, immer wieder gegen einen Zustand anrennend, der nicht zu ändern war: Ich selbst war dieser Zustand. Unsinnige Demütigungen und Blamagen, unbewältigte Pubertät, Lappalien ins Riesenhafte vergrößert, Onanie in jeder Beziehung. Wenig Fähigkeit zur Anpassung, keine Freundin, nicht einmal Freunde. Nur einmal, als ich des Nachts durch die niederen Lauben der Brunngasse strolchte, sprach mich ein etwa Dreißigjähriger an, er habe niemanden, der sich um ihn kümmere, er sei Epileptiker; mir grauste vor ihm, aber ich versprach, mich um ihn kümmern zu wollen, ich ging mit ihm in seine Wohnung, das Fenster im Parterre zur Brunngasse hinaus, irgendeine Werkstatt, das Gespräch wurde verwirrter, er begann zu stottern, nach Worten zu suchen, Worte zu verformen, ich ahnte, daß ein Anfall ihn bedrohte, ich floh mehr als ich ging; wochenlang stand er dann vor unserem Haus, er war mir nachgegangen, aber ich habe nicht mehr mit ihm gesprochen; und nun weiß ich nicht einmal, warum ich mich an ihn erinnere. Daneben Schulkameraden, mit denen man Maulheldentum trieb, Frauengeschichten flunkerte, in Cafés und Bars hockte, ein Urbrei an Zeitvergeudung, an hilfloser Jugend, ein Wust von dumpfen quälenden Belanglosigkeiten scheinbar, denn noch war ich verbunden mit dem Mutterkuchen, aus dem ich mich langsam zu formen hatte, noch war alles embryonal, noch war ich nicht geboren, geschweige denn abgenabelt; unfertig, besaß ich nichts als eine chaotische Phantasie, die mich von der Realität abschloß und mich unbeholfen machte, linkisch, ohne Manieren, die mir jetzt noch fehlen; eine Zeit, an die ich mit Ungerechtigkeit und Haß zurückdenke, in der ich die ersten Wunden erhielt, die nie verheilten, gleichgültig, ob ich sie mir selber oder ob andere sie mir zufügten. Die Jahre schleppten sich dahin, unendlich langsam, eine Zeit, in der ich nichts mit mir anzufangen wußte, mir selbst im Wege stand, produktiv sein wollte, ohne produktiv sein zu können. Nur noch Fetzen von Bildern und Eindrücken geistern aus dieser fernen und doch lächerlich nahen Zeit – was sind schon vierzig, fünfundvierzig Jahre – in meiner Erinnerung herum: ein höhnisch grinsendes Lehrergesicht; ein mich immer wieder anspringender Hund, die gaffenden Menschen auf den Balkonen im Sonnenlicht, der Zwang, sich verstellen zu müssen, nicht der sein zu können, der man war, nicht durch äußere Umstände gezwungen, durch Not etwa, sondern allein durch sich selbst. Ich kam mit der Stadt nie zurecht, wir stießen einander ab, ich tappte in ihr herum wie Minotaurus in den ersten Jahren im Labyrinth – es muß lange gedauert haben, bis er begriff, daß er sich im Ausweglosen befand, wenn er es überhaupt je begriff –, ich wußte mit der Stadt und sie wußte mit mir nichts anzufangen; nicht einmal die Erinnerung vermag mir diese Jahre als eine schöne Jugendzeit anzudrehen; diese war mit dem Dorf versunken, im Vorpubertären, im noch Halbbewußten und darum Geordneten; hier vermag mich die Erinnerung zu täuschen, als ob es einst irgendwo hinter sieben Hügeln eine heile Welt gegeben hätte, während sich in Wirklichkeit die Schwierigkeiten, die ich später in der Stadt hatte, doch schon dort vorbereitet hatten, und nicht nur die Schwierigkeiten, auch die Motive, die Stoffe einer noch späteren Zeit.

Gleichzeitigkeit sagt nichts aus. Das Ferne rückt erst mit der Zeit näher. Die Wirklichkeit weitet sich nur allmählich aus. Zwar geschieht nichts ohne den Hintergrund, wo die Ursachen dafür liegen, daß wir denken und schreiben, aber dieser Hintergrund ist gestaffelt wie eine Landschaft. Zuerst das eigene Erleben, die Eltern, die uns hervorbrachten, die Eltern der Eltern, die unsere Eltern in die Welt setzten – ich kannte nur die Mutter meiner Mutter, erinnere mich bloß schemenhaft, eine große schwere Frau in einem Korbstuhl auf der Veranda, und als man sie im Sarg aus dem Haus zur Kirche trug, saß ich, drei- oder vierjährig, auf der Terrasse eines Nachbarn auf einem Schaukelpferd –, dann tauchen die Geschwister auf, die Häuser, die wir bewohnten, die Straßen, die wir durchschritten, die Dörfer oder Städte, die uns umgaben, die Menschen, mit denen wir uns befreundeten, verfeindeten; dann weitet sich der Hintergrund zum wirtschaftlichen, gesellschaftlichen, politischen, geistigen, endlich zum geschichtlichen Horizont, doch ist dieser nicht mehr unmittelbar zu deuten, nur noch Bergmassive sind zu benennen, die geschichtlichen Fakten; auf die Kräfte, die sie emporschoben, kann bloß noch mittelbar geschlossen werden, aus zweiter, dritter, vierter Hand, aus Berichten, aus Berichten von Berichten, wie alle Zeugnisse menschlich gefärbt, zurechtgestutzt, nur die großen Linien stimmen ungefähr, wenn wir Glück haben. Wir treiben im Fluß der Zeit dahin, aber die Ufer dieses Flusses sind nur schemenhaft zu erkennen, nicht einmal die Richtung, die er einschlägt, ist genau auszumachen. Daß wir von den Ländereien, die er hinter sich ließ, einige Kunde haben, trügt. Was die Zeit zurückläßt, ist Vergangenheit und damit nur noch mittelbar. Was wir Weltgeschichte nennen, gleicht vorerst einem Blick auf den Andromedanebel. Auch dieser liegt unerreichbar in der Vergangenheit, zweieinhalb Millionen Jahre zurück, sein Licht, das wir erblicken, verließ ihn im ersten Aufdämmern der Menschheit, auch er ist nicht zu deuten ohne die Ketten von Folgerungen, auf die sich die Erkenntnisse der Astronomie stützen. Doch mag sie uns noch so sehr absichern, der Andromedanebel ist ein Bild eines Bildes geblieben, eine Erinnerung eigentlich, um so mehr, als wir ja nicht nur ihn erblicken, sondern auch unsere Milchstraße, deren Mittelpunkt wiederum in der Vergangenheit liegt, in einer anderen freilich, dreißigtausend Jahre zurück, somit dreißigtausend Lichtjahre entfernt; wir sind nicht von Vergangenheit umgeben, sondern von Vergangenheiten, von einer Welt von über- und durcheinandergewobenen »Erinnerungsbildern«. Was nun unsere nächste kosmische Umgebung betrifft, so spielt das keine Rolle, die Sonne war vor fünf Minuten im wesentlichen dieselbe, die Milchstraße vor dreißigtausend Jahren ebenfalls, und auch der Andromedanebel bot den Urmenschen das gleiche Bild wie uns, ein vielleicht etwas schwächeres, bewegt er sich doch mit einer Geschwindigkeit von 300 km/sec auf uns zu; aber das Problem der Vergangenheit und damit der Entfernung ist bei den Galaxien, die Mount Palomar eben noch nachzuweisen vermag – zwei Milliarden Lichtjahre weit, oder gar bei den Quasaren, deren Entfernungen fast dem Alter des Weltalls gleichkommen und die mit beinah Lichtgeschwindigkeit von uns wegstürzen –, nicht mehr zu übersehen: Würden die Vergangenheiten aufgehoben, stürzte das Weltall vom Rande her auf uns zu. Der Urzustand der Welt stellte sich wieder her, von dem wir uns kein Bild machen können, weil er bildlos wäre, reine vergangenheitslose Gegenwart, in die sich die Zeit nicht mehr vorwärtsstürzen könnte, um wieder Vergangenheit zu erzeugen, und das nur, weil sie sich von der Zukunft her zurückgestürzt hätte: die Welt in die kleinstmögliche Zeiteinheit zurückgepreßt, in ein Chronon, eine Zeitspanne im Bereich einer quadrillionstel Sekunde, mehr noch, die Welt als Zeit- und Raumlosigkeit, die Welt als mathematischer Punkt. So verhilft uns allein die Vergangenheit zu Bildern, das Auseinanderstieben der Milchstraßen, die Expansion des Weltalls, mögen diese Bilder noch so unvollkommen, noch so sehr von den Kategorien unseres Denkens geprägt sein.

Das gleiche gilt von der Geschichte. Auch sie versucht, die Vergangenheit aufzuhalten, doch stürzt in diesem Augenblick nicht nur Materie in Form von Sonnen, Wasserstoffatomen, Protonen, Neutronen usw. von uns weg, sondern Materie, die individualisiertes Bewußtsein erzeugt, nicht eine Menschheit, sondern Menschen. Deshalb ist denn auch die Weltgeschichte nicht zu bewältigen ohne die Stilisierung, welche jede Verallgemeinerung mit sich bringt, läßt sich nicht aufzeichnen ohne Ungerechtigkeit, sie ist nur im Abstrakten darstellbar, nicht im Konkreten, nur im Allgemein-Spekulativen konstruierbar. Wäre sie konkret, wäre sie reine Dokumentation. Sie müßte zu einer so unermeßlichen Bibliothek anwachsen, daß diese – stelle ich mir vor – die Sonne jenseits der Bahn des Pluto mit dem Ring ihrer aneinandergereihten und ineinandergeschachtelten Gebäude umgäbe, immer weiter, je mehr die Vergangenheit anschwölle, ins Weltall hineinwachsend, müßte sie doch die Lebensgeschichte eines jeden einzelnen Menschen enthalten, der je lebte, von der Urzeit bis zum Neandertaler, vom Neandertaler bis zur Eiszeit, von der Eiszeit bis zum Altertum, vom Altertum bis zum Mittelalter usw. usw., bis zur neuesten und allerneuesten Zeit hin, wieder und wieder bis eine quadrillionstel Sekunde vor der Gegenwart, mit all den Mühsalen, mit all dem Pech und Glück, den Taten und Untaten, Gewohnheiten, Zwängen, Notwendigkeiten, Lastern und Krankheiten, all dem Trivialen, das einem jeden anhaftet. Doch nicht bloß diese Fakten. Die Bibliothek hätte auch die Beziehungen jedes einzelnen Menschen zu allen anderen Menschen aufzuzeichnen, die je gelebt haben, vorwärts und rückwärts in der vergangenen Zeit. Denn wir alle hängen zusammen. Die Menschen sind sich verwandter, als sie ahnen, die Äste, Nebenäste, Zweige und Nebenzweige ihres wahren Stammbaums verschlungener, als sie meinen. Dazu müßten in jeder einzelnen dieser gigantischen Aufzeichnungen nicht nur die Träume der Nächte und Tage, sondern auch die Gefühle und Eindrücke einer jeden Minute, ja Sekunde des beschriebenen Lebens notiert sein. Und nicht bloß die Gefühle und Eindrücke, Träume und Wünsche, auch die Gedanken, Hintergedanken und Erfahrungen, das Wissen und Meinen, der Glaube und Unglaube, die Ideologien und die Vorurteile, der ganze geistige Inhalt dieses einzelnen Lebens also; dazu die Bilder, die bei einem jeden immer wieder auftauchen, die in ihm haften, die, wenn er stirbt, wenn er in die Dunkelheit versinkt, ihm als letztes bleiben; ferner die Quellen von alledem rückläufig in die Vergangenheit und die Auswirkungen fortwirkend in die Zukunft, vom beschriebenen Individuum her gesehen. Allein das Leben eines Pithecanthropus erectus würde in einer solchen Bibliothek schon einige Säle (mindestens), das eines Neandertalers ein Gebäude (oder zwei), jenes eines heutigen Mitteleuropäers bereits mehrere Gebäude ausmachen (je nachdem), nicht etwa, weil ich einen heutigen Mitteleuropäer höher einschätze als einen Pithecanthropus erectus, nur sind die Eindrücke, die auf ihn einstürzen und ihn bestimmen, unwahrscheinlich mannigfaltiger und, da er sie weder überdenkt noch verdaut, unwahrscheinlich sinnloser; es gäbe eine Bibliothek von verschwommenen Erinnerungsfetzen, aneinandergereihte Ferienreisen, endlose Alltage mit immer gleichen Gesichtern, endlose Film- und Fernsehabende mit Teleboys, Chefs, Derricks, Worten zum Sonntag, Colombos, Telespots, Fußballspielen; und das Leben eines heutigen Intellektuellen oder gar Literaturkritikers bräuchte einige Gebäudekomplexe, Wochen benötigte man, nur um den zähen Brei halbverdauten Wissens und kaum gelesener, aber doch besprochener Bücher zu durchwaten, der die Säle füllte, während die Biographien eines Leibniz, eines Kant, eines Marx, eines Einstein ganze Städte mit Bibliotheken füllten. Hinzu käme, daß die an sich schon unermeßliche Bibliothek bis zum Ende der Menschheit – durch einen Atomkrieg, durch eine kosmische Katastrophe oder durch den vorausberechenbaren, für die Erde unerträglich gewordenen zukünftigen Zustand der Sonne in einigen Milliarden Jahren – noch unermeßlicher geworden wäre. Die Bibliothek wäre nämlich nicht nur der Zahl der Lebensläufe wegen so gewaltig, sondern auch wegen der Anzahl der Kompendien zu den schon vorhandenen Biographien und Kompendien, da in diesen ja die Ursachen der neuen Wirkungen verzeichnet wären, als Ursachen von Ursachen von Ursachen und so zurück: Die wahre Biographie Platons oder Augustins oder Dschingis Khans – um nur grobe Beispiele zu nennen – schwölle mit der Zeit selber ins Unermeßliche, da ihre Gesamtwirkung bis ans Ende der Weltgeschichte noch gar nicht abzuschätzen ist, auch wenn dann ihr Name längst vergessen sein mag, denn welche Namen haben wir nicht schon vergessen, wer kennt noch den Erfinder des Rades oder jenen Jäger oder Medizinmann, der zum ersten Mal ein Mammut an die Wand einer Höhle zeichnete? Dazu noch, gleichsam als zweite unermeßliche Bibliothek, die der wirklichen wirtschaftlichen, gesellschaftlichen und politischen Verflochtenheit eines Menschen, und sei es nur als genaue Fixierung seiner Stellung innerhalb einer steinzeitlichen Großfamilie mit ihren schon damals komplizierten Tabus. Weil es jedoch dieses Riesenrad um die Sonne herum, senkrecht zur Ekliptik, mit Passagen für die Planeten und Planetoiden, diese wahre Weltgeschichte, welche die vollständige Transkription der fünfdimensionalen Entwicklung der Menschheit durch Raum, Zeit und Geist nicht als Abstraktum, sondern als Konkretum in Sprache darstellt, nicht gibt, und weil es, wenn es sie gäbe, niemanden gibt, der die Zeit hätte, sie zu lesen – würde doch jeder, der sich hinter die Lektüre dieses gewaltigen Aktenmaterials machte, höchstens die Geschichte einer neolithischen Horde bewältigen (falls er sich nicht schon vorher in den endlosen Räumen verirrte, um irgendwie zwischen irgendwelchen Regalen zu verenden), es sei denn, Gott mache sich dahinter, der mit unendlicher Geschwindigkeit zu lesen versteht, aber sie nicht zu lesen braucht, da Er alles weiß –, darum ist eine jede andere Weltgeschichte nicht mehr als eine Sammlung notdürftiger fragmentarischer Hypothesen zur wirklichen konkreten Weltgeschichte, eine unvollkommene Konzeption, bloß summarisch, mit Vermutungen über verlorene Hintergründe und nie mehr aufzutreibende Materialien und Dokumente. Wir kennen die ersten drei Minuten der Geschichte des Weltalls besser als die ersten drei Millionen Jahre der Geschichte des Menschen. Nur allzu natürlich: Die Menschen, nicht die Gestirne sind unberechenbar.

Als Organisation von Materie betrachtet, ist weder eine Milchstraße noch ein Quasar, weder der Rote Überriese Aldebaran noch der Gelbe Zwerg, den wir unsere Sonne nennen, sondern der Mensch das komplizierteste Gebilde der uns bekannten Welt, sowohl in seinem Aufbau als auch in seinen ineinandergreifenden chemischen Prozessen oder in seinem Reagieren auf äußere Reize: dieses Wesen, zoologisch als homo sapiens schon längst keine Rarität mehr, zusammengesetzt aus einer Unzahl von Riesenmolekülen, die sich zu Zellen verbanden, diese wiederum aufeinander abgestimmt und durchfunktioniert, aus dem genetischen Code einer einzigen Zelle zusammengewachsen, gesteuert von der überaus vertrackten materiellen Struktur seines Gehirns, das sein Bewußtsein, sein Denken, sein logisches Schließen hervorbringt, aber auch sein Unbewußtes, seine Instinkte bestimmt, seine unberechenbaren Emotionen und Aggressionen, ja, seine ungeheuerliche Irrationalität, der gegenüber das Tier gleichsam als rationales Wesen erscheint. Und wenn wir erst die Vielschichtigkeit der Menschheit als Ganzes in Betracht ziehen, diesen Überorganismus eines Überorganismus, der sich immer wieder mörderisch und sinnlos gegen sich selbst wendet, so sind, was wir als geschichtliche Gesetzmäßigkeiten ausgeben, seien sie nun sozial, ökonomisch, psychologisch oder gar irrational, im besten Fall Erklärungsversuche unvollkommener Statistiken und Vermutungen, die nur vage Voraussagen zulassen, im schlimmsten Fall bloß ästhetisch bedingte Kapitelüberschriften jenes Abenteuerromans, den wir Weltgeschichte nennen: nicht weil der Mensch und die Menschheit ›an sich‹ irrational wären, sondern weil sie ›an sich‹ nicht deutbar sind. Derselbe Sokrates, der, wie der delphische Apoll, forderte, man solle sich selbst erkennen, gab zu, nur zu wissen, daß er nichts wisse. So bleibt denn auch mir nichts anderes, als mich nach dem gängigen Katalog der Ereignisse zu richten und seine Nummern herunterzuleiern wie die Litanei einer Schwarzen Messe, mit der wir die menschliche Wirklichkeit in leere Formeln zu bannen versuchen; es ist der Katalog eines schäbigen Antiquariats abgegriffener blutverklebter Kolportagehefte.

Während ich noch in den Windeln lag, herumrutschte, mich aufrichtete, die ersten Schritte machte, im Garten herumspielte, zum ersten Mal ausriß, in die Ebene hinein, die mir unendlich erschien; den ersten Schultag ertrug, dann endlos weitere Schultage, immer heftiger fortgerissen durch die Zeit, endlich aufgesogen durch die Stadt, während so die Jugend unachtsam meine Tage vergeudete, wälzte sich die Russische Revolution dahin, blutig, stur, unaufhaltsam, irrational durch ihren Glauben ans Rationale, religiös durch ihren Atheismus; begann die Agonie des Britischen Imperiums; bildete sich Frankreich ein, es sei immer noch eine Weltmacht, baute die Maginot-Linie, spann kunstvolle diplomatische Netze, Deutschland endgültig niederzuhalten; marschierte Mussolini nach Rom, das Kinn hoch erhoben; wurde die Ruhr besetzt; starb Lenin, kam Stalin hoch, wurde Trotzki verbannt – die große Säuberung begann, räumte mit den alten Revolutionären auf; ließen die deutsche Inflation und der amerikanische Schwarze Freitag Millionen alles verlieren und einige wenige daran Milliarden gewinnen; ging die Weimarer Republik zugrunde, spülte dieser Untergang Hitler und ein übles völkisches Geschmeiß an die Macht; brach Mao zu seinem langen Marsch nach Yenan auf; griff Japan mit seinem kleinen bebrillten Kaiser auf dem großen Schimmel China an;

tauchten bald da, bald dort abgedankte Generäle und sonstige Tagediebe als größere und kleinere Diktatoren auf. Überall politisch Verfolgte, überall Emigranten, überall Ermordete. Abessinien, der Spanische Bürgerkrieg, die Besetzung Österreichs, München – im Berner Münster fand eine Feier statt, Gott für die Erhaltung des Friedens zu danken, Gott hatte andere Pläne oder war anderswo beschäftigt; die Annektierung der Tschechoslowakei, im Rundfunk Hitler-Reden, das Bündnis Großdeutschlands mit der Sowjetunion: und während all dieses hektischen Treibens, gleichzeitig, nacheinander und durcheinander, ein Wirrwarr von Plänen und Gegenplänen, von Taten und Gegentaten, überall Wirtschaftskrisen, überall Arbeitslosigkeit – selbst in der unmittelbaren Nähe des Christlichen Gymnasiums machte sich die Zeit bemerkbar: Schlangen von Männern, die stempeln gingen; schließlich der Ausbruch des Zweiten Weltkriegs – wahrscheinlich mit Extraausgaben der Zeitungen, mit Sondermeldungen im Rundfunk, mit einer Ansprache eines Bundesrats – der Tag ist mir nicht mehr in Erinnerung. Er bedeutete keinen Einschnitt in mein Leben. Wie Professor Lidenbrock auf seinem Floß über brodelnde Lava, trieb die Schweiz ins Ungewisse, ob ihrem sicheren Untergang oder ihrer kaum möglichen Rettung entgegen, war nicht auszumachen. Ich wurde mitgetrieben, aber durchaus nicht auf der Höhe der Zeit, ohne Panik, ohne Gefühl für ein Schicksal, das da, Einlaß begehrend, ans große Bühnentor des Welttheaters donnerte, die Wende des Jahrhunderts zu inszenieren. Ich war mit mir beschäftigt, nicht mit der Wirklichkeit, die mit mächtigen Pranken zuschlug. Ein achtzehnjähriger Blinder saß auf Lidenbrocks Floß, während es mir Sechzigjährigem bisweilen vorkommt – vom Fernsehen und von unseren immer perfekteren Kommunikationssystemen verführt –, als hätte ich den Vietnam-Krieg erlebt, ja auf dem Mond Experimente durchgeführt. So leicht bilden wir uns heute ein, im Bilde zu sein.

Vier der fünf Jahre, die ich als Student verstreichen ließ, fielen in den Zweiten Weltkrieg. Im Sommer 1942 rückte ich in die Rekrutenschule ein, während viertausend Kilometer östlich auf dem gleichen Kontinent die Schlacht von Stalingrad begann, angekündigt von einer Siegesmeldung des Großdeutschen Rundfunks, die Stadt sei erobert. Noch hielten es die meisten für wahrscheinlich, ja sicher, daß Hitler auch die Sowjetunion besiege. Besonders in Offizierskreisen war die Bewunderung für die Deutsche Wehrmacht verbreitet, und nicht nur für diese, ein Oberst etwa erklärte mir, sein höchster ästhetischer Genuß seien Goebbels' Reden. Beim Einrücken in die Kaserne hatten wir einen Aufsatz über unsere Eindrücke zu schreiben. Meiner muß die Beurteiler beunruhigt haben, unser Leutnant, der Sohn eines Divisionärs, kam zu mir, unsicher, meinte, bevor ich etwas Dummes tue, solle ich mich ihm anvertrauen. Ich war ein linkischer Rekrut, unfähig, an der Kletterstange mehr als zwei Meter hoch zu kommen, selbst das »Helmabnehmen« machte mir Mühe, so daß ich zur Strafe nur mit Turnhose und Helm bekleidet Sport treiben mußte; der Befehl machte den Leutnant verlegener als mich. Die Ausbildung war blödsinnig, Drill, Gebrüll und eine endlose Schuhputzerei vor dem Hauptverlesen, die Schuhe schienen der schweizerischen Armee das Wichtigste, als dächte sie unterschwellig ans Davonlaufen, während sie oberschwellig den Widerstand übte. Bevor ich jedoch in einen Primaten zurückverwandelt werden konnte, begannen sich meine Augen zu wehren, sie waren ohnehin stets entzündet, und wenn ich Kimme und Korn zusammenbrachte, sah ich das Ziel nicht, und sah ich das Ziel, brachte ich Kimme und Korn nicht zusammen, wahrscheinlich war es der Heuschnupfen, der sich bemerkbar machte. Um meine Kurzsichtigkeit zu demonstrieren, kam mir der Einfall, im Kasernenhof Briefträger statt Offiziere zu grüßen, worauf mich eine ärztliche Untersuchungskommission in den Hilfsdienst versetzte, meiner Augen wegen, wie sie behaupteten. In Wirklichkeit war die Armee wohl froh, mich loszuwerden, im Hilfsdienst konnte ich ihr moralisch weniger schaden. Als ich mich in der Kaserne abmeldete, mußte der Kommandant aus der Offizierskantine geholt werden, er kam schwankend, eine patriotische Kirschfahne wehte mir entgegen. Er setzte sich hinter seinen Schreibtisch. Ich war schon in Zivil, er fragte verwundert, ob ich denn kein »Tätel« sei. Ich gab ihm mein Dienstbüchlein. Er brüllte, wenn Hitler dann komme, sei es meine Schuld. Er begriff nicht, was er mit mir anstellen sollte, auch schien er mich mit jemandem zu verwechseln, er nannte mich einen »Sozi«. Dann bemerkte er endlich mein Dienstbüchlein in seiner Hand, blätterte darin herum, der Schweiß lief ihm über das Gesicht. Endlich hatte ich seine Unterschrift, er starrte vor sich hin, in den Sessel zurückgesunken, murmelte noch etwas vor sich hin, sagte dann, ich sei ein »Stürmi«, und gähnte, ein alter Mann ohne jede Chance zum Heldentum, wie das Land, das er vertrat. Ich nahm das Dienstbüchlein von seinem Schreibtisch, er nahm mich nicht mehr wahr, auch die Korridore waren leer. Ich ging durch das Kasernentor, ein heißer Sommermittag, ich trottete die paar Straßen von der Kaserne nach Hause zurück: die unrühmliche Rückkehr eines unrühmlichen Soldaten einer Armee, die das Schicksal davor bewahrte, Ruhm zu ernten: um so unrühmlicher, wenn sie ihn nachträglich ernten will.

Die Lage war trist, der Verschonte realisiert sein Verschontsein nicht. Das Land war von der übrigen Welt abgekapselt. Vorher war ich nur zweimal im Ausland gewesen: 1937 hatte ich mit dem Fahrrad eine Reise nach München, Regensburg, Nürnberg, Weimar gemacht. In Goethes Sterbezimmer Hitler-Jugend. Einer meinte, auf den an einer Kordel befestigten Griff deutend, der über dem Bettkissen hing: Mit dem da hätten die Freimaurer Goethe erschlagen, als er nie sterben wollte. Der anwesende Museumsdiener mit einem seltsamen Eierkopf schluchzte auf. Dann fuhren wir über Eisenach nach Frankfurt am Main. Die Stadt, die ich damals sah, ist für alle Zeiten untergegangen, und was rekonstruiert wurde, der Römer, das Goethe-Haus usw., wirkt heute wie eine Parodie seiner selbst. 1938 verbrachte ich die Sommerferien in einer trostlosen Vorstadt von Straßburg, bei einer Pfarrersfamilie; jenseits der Rheinbrücke standen SS-Leute mit Totenschädeln auf ihren schwarzen Mützen. Eine Fahrradtour in die Vogesen und eine nach Sesenheim, ein vermistetes Nest, dann die Heimkehr nach Bern – an Colmar radelte ich vorüber, ich hatte vom Isenheimer Altar noch nichts gehört. Erst zwölf Jahre später sollte ich wieder ins Ausland gelangen, denn der Krieg brach aus, rückte näher und schloß das Land ein, mit dem paradoxen Ergebnis, daß die Schweiz außerhalb der Katastrophe blieb; es war nicht auszumachen, ob sie ein Gefängnis war, eine belagerte Festung oder eine Produktionsstätte für Hitler; ob sie verschont wurde, weil sie mutig war oder feige oder beides zusammen, oder gar, ob sie einfach von der Weltgeschichte vergessen worden war, dispensiert, sitzengelassen, als Fossil behandelt – auch das kommt ja vor. Der Krieg spielte sich für die Stadt wie hinter fernen Kulissen ab. Sie war während des Kriegs verdunkelt, Gasmasken wurden an die Bevölkerung verteilt, Luftschutzwarte aufgestellt. Oft hörte man amerikanische und englische Bomber, die irgendwo über der Stadt nach Oberitalien einflogen, die Sirenen heulten auf, die Lichtstrahlen der Scheinwerfer durchschnitten die Nacht, die Flugzeugabwehrgeschütze blitzten und dröhnten, alles aufgezogene Theatralik, militärische Neutralitätsgestik, seltsam gefahrlos, idyllisch geradezu, nur das erste Mal stieg man aus den Betten, ging in den Keller. Wer hier, angesichts dessen, was anderswo geschah, zu heroisieren versucht, macht sich lächerlich, doch gab es meiner Einbildungskraft den ersten Antrieb, diese Welt, die Stadt und den nahen und doch unwirklichen Krieg zu einem Bild zu formen, dieses Morden ringsherum, hinter den Hügeln des Jura, hinter den Alpen, jenseits des Rheins und noch weiter, in der Libyschen Wüste, im Fernen Osten, in den Steppen Rußlands, dieses sinnlose Gemetzel, das sich wieder zu entfernen schien und dann doch näher kam, als Deutschland einzustürzen begann, doppelt sinnlos in seinem männischen Heroismus, in seiner teutonischen Götterdämmerung.

Ich versuchte, von meinem Standort aus ein Gleichnis zu konzipieren. *Der Winterkrieg in Tibet* ist nicht mein erster Stoff, er setzt sich vielmehr aus verschiedenen Stoffen zusammen, deren Extrakt er ist, gleichsam mein erstes Grundmotiv, ein erster Versuch, mich in die Wirklichkeit, von der ich und mein Land ausgeschlossen waren, durch eine erfundene Unwirklichkeit zu integrieren, eine Gesamtdarstellung zu wagen, indem ich nach einem Weltgleichnis suchte. Der Stoff beschäftigte mich zuerst in La Plaine bei Genf, mitten im letzten Kriegswinter. Ich war einer Oberländer Kompanie zugeteilt, hatte im Büro Berichte zu schreiben, Urlaubsscheine auszustellen. Der Hauptmann und der Oberleutnant waren beide Lehrer und ertrugen meine unmilitärische Haltung ergeben. Der Winter war bitterkalt. Das Kompaniebüro war in einem Raum eines schäbigen Gasthofs eingerichtet, eine Art Veranda mit einem Eisenofen, den ich frühmorgens heizen mußte, der aber den Raum kaum zu erwärmen vermochte. Alles fror, draußen und drinnen. Die Stimmung war mies. Die Soldaten wollten heim, und weil der Feldweibel regierte, ein handfester Wirt aus dem Simmental, konnte heim, wer heim wollte, die Offiziere wagten nicht sich einzumischen, als Kaste für sich waren sie verhaßt. An eine Gefahr dachte niemand mehr. Das Gerücht ging um, Soldaten der Waffen-SS, die sich der schweizerischen Armee ergeben wollten, seien erst in Genf auf der Montblanc-Brücke von der Polizei entwaffnet und verhaftet worden. In den langen Nächten saß man in den Dorfpinten herum; mit dem Bummelzug Genf zu erreichen dauerte zu lange und war sinnlos. In dieser Kälte setzten sich oft Berner Bauern zu uns, die dort ihre Höfe hatten und, im Gegensatz zu ihren Söhnen, noch Berndeutsch sprachen. Als ich meinen vierundzwanzigsten Geburtstag feierte, luden mich einige Soldaten zu einem Fondue ein, wir kamen in einer Pinte zusammen, und ohne Erfahrung mit diesem Käsegericht tranken wir Unmengen von Weißwein dazu, nachher lud uns einer der Berner Bauern ein, auf seinen Hof zu gehen, es gab dort »Luzerner Kaffee«: Kaffee mit sehr viel Schnaps. Dann forderte uns einer der Bauern, die mitgekommen waren, auf, noch seinen Hof zu besuchen, dort gab es Rotwein, worauf ein dritter Bauer darauf bestand, daß wir nun zu ihm gehen müßten, auch sein Hof sei ein gastlicher Hof. Wir wollten ihn nicht beleidigen und wankten zum dritten Berner Bauern. Zur Ernüchterung gab es Spiegeleier mit Kirschen in Schnaps, es war mir, als passe alles nicht zusammen. Der Rückmarsch von den gastlichen Berner Bauern dauerte über eine Stunde, wir wußten nicht genau, wo wir waren, die Kälte war unmenschlich, aber machte uns scheinbar stocknüchtern, so durchfroren waren wir. Ich hatte mein Zimmer bei einer alten Witwe. Ich schlief sofort ein, doch dann brach es aus mir: die Fondue, die Spiegeleier, der Luzerner Kaffee, die eingelegten Kirschen, es schleuderte sich hinaus mit Riesengewalt, bekleisterte die Decke, das ganze Zimmer gleichsam tapezierend, das die alte Witwe nachher neu tapezieren lassen mußte. Gleichzeitig aber brach noch etwas anderes aus mir heraus: eine ungewöhnliche Heiterkeit; zwar war mir übel wie noch nie, doch die Lächerlichkeit meiner Kotzerei angesichts des ungeheuren Sich-Übergebens, das die Menschheit außerhalb dieses Landes befallen hatte, diese Groteske des Verschontseins – das unserem Lande in der Folge mehr Schaden zufügen sollte, als damals noch zu ahnen war – stellte mich endlich vor eine Aufgabe: Die Welt, die ich nicht zu erleben vermochte, wenigstens zu erdenken, der Welt Welten entgegenzusetzen, die Stoffe, die mich nicht fanden, zu erfinden. Und so erfand ich denn zwischen den Schreibereien auf den langen Streifzügen der Grenze entlang meinen ersten Stoff, der nicht mich, sondern die »Welt« zum Inhalt hatte, will doch jeder Stoff zum »Weltstoff« werden. Auf der Rhone schwamm Eis, auf den Weinbergen und Ebenen lag Schnee, alles war der Bise ausgeliefert, diesem unbarmherzigen

Nordwind. Der Stoff drängte sich mir nach und nach auf, zuerst als Vision, die ich nie fallenließ, die ich im Gegenteil während meiner Spaziergänge entlang einer toten Grenze immer mehr ausbaute, während mein Atem in weißen Dampfwolken von mir strömte. Ich ging und ging, eine Technik des Geschichten-Aushecken, die mir geblieben ist, als ein gedankliches Weiterspinnen und Sich-in-den-Stoff-Hineinleben, als ein Sich-Versenken in eine innerlich vorgestellte und sich entwickelnde Geschichte, die sich vor die Außenwelt schiebt – und auch damals schob –, eine Geschichte, deren verschlungene Details ich nach so vielen Jahren freilich vergessen habe, um so mehr, als ich noch unfähig war, sie niederzuschreiben, meine Versuche mißlangen immer wieder und wurden abgebrochen. Nur noch der Stoff ist mir geblieben, einige Zeilen, zuerst nicht viel mehr als ein Titel, nicht viel mehr als ein vor langem geträumter, aber einmal intensiver und beängstigender Traum, jenen Träumen ähnlich, die ich mir als Kind im Dorf zurechtlegte, wenn ich im Gästezimmer im unteren Estrich zu schlafen hatte. Es befand sich über dem Schlafzimmer meiner Eltern. Eine Türe führte auf einen kleinen morschen Holzbalkon, den ich nur zögernd zu betreten wagte. Ich lag dann im Bett, vor mir das unbestimmte Viereck der Balkontüre. Mit der Rechten hielt ich ein Pfadfindermesser umklammert und stellte mir vor, ich sei in einer Höhle versteckt und draußen schleiche etwas umher, ein reißendes Tier oder ein mörderischer Mensch, und nur in meiner Höhle sei ich sicher, schon den Fuß aus dem Bett zu strecken, sei lebensgefährlich. Im Zimmer und im Estrich nebenan knackte es, ich war überzeugt, jemand sei im Zimmer, und die Vorstellung glitt in den Traum hinüber, der die Vorstellung fortsetzte. So war es auch bei den Gängen in den Weinbergen und den Wäldern von La Plaine, entlang der toten schieferblauen Rhone, und in meinem eiskalten Verschlag in der Pinte, wo ich schlief, aus dem Haus der alten Witwe hinausgeworfen. *Der Winterkrieg in Tibet* ist ein Stoff ohne Handlung, eigentlich ein endloser Alptraum, den ich zwei Jahre später in den Erzählungen *Die Stadt* und *Die Falle* weiterträumte, ohne mich von ihm befreien zu können. 1951 versuchte ich, den *Winterkrieg* doch noch zu schreiben, das Unternehmen blieb ein Fragment; es fehlte mir, eingeklammert zwischen immer neuen Fassungen der *Ehe des Herrn Mississippi*, die Einsicht, daß ich all das Fragmentarische nicht fortsetzen konnte, sondern fallenlassen mußte, wollte ich es bewältigen. Und so bin ich denn aufs neue in diesen unheimlichen Kampf verwickelt; wie damals gezwungen, eine Welt der Sinnlosigkeit darzustellen, in der ein Sinn gesucht wird, den es nicht gibt, ohne den sie jedoch nicht ausgehalten werden kann; eine Welt wie damals meine Zeichnungen; eine Welt, überwuchert von Bildern, die immer neue Bilder erzeugen, durchsetzt von Gründen, die auf immer neue Gründe hinweisen, um ihre eigene Sinnlosigkeit zu verschweigen; so hatte ich mir damals aus meinem privaten Labyrinth ein Weltlabyrinth erschaffen. Dieses Weltlabyrinth ist geblieben, es hat nicht nur den Zweiten Weltkrieg überlebt, es ist noch labyrinthischer geworden, und so, wie es als Urmotiv blieb und mir, der ich ihm etwas entgegensetzen mußte, immer neue Bilder abnötigte, ist denn auch an meiner ursprünglichen Konzeption nur der Untertitel zu ändern, statt *Aus den Papieren eines Wärters* nun *Der Winterkrieg in Tibet*, und das, weil ich jetzt den sehe, den ich vorher nicht sah, den Erzähler.

Was heute gilt, galt damals: Dramaturgie des Labyrinths, Minotaurus. Indem ich die Welt, in die ich mich ausgesetzt sehe, als Labyrinth darstelle, versuche ich, Distanz zu ihr zu gewinnen, von ihr zurückzutreten, sie ins Auge zu fassen wie ein Dompteur ein wildes Tier. Die Welt, wie ich sie erlebe, konfrontiere ich mit einer Gegenwelt, die ich erdenke. Nun sind die Bilder, zu denen man greift, nicht zufällig, auch sie sind schon etwas Vorhandenes, jedes Gedachte ist schon einmal gedacht, jedes Gleichnis schon einmal angewandt worden. In der Phantasie gibt es nichts Neues, alle Strukturen gehen auf Urstrukturen, alle Motive auf Urmotive, alle Bilder auf Urbilder zurück. Selbst die komplizierte räumliche Struktur des Kettenmoleküls, das die Eigenschaften eines jeden Individuums speichert, war in der Einbildungskraft schon vorhanden – sonst hätte sie nicht entdeckt werden können. Urstrukturen, Urmotive und Urbilder sind allen gemeinsam. Gewiß, *Der Winterkrieg in Tibet* erinnert an Kafka, auch seine Welt ist labyrinthisch. Doch nur *seine* Welt? Ich lernte Kafka dem Namen und den Motiven nach erst in meinem Zürcher Jahr kennen, das freilich auch in den Zweiten Weltkrieg fiel, weshalb ich ihn erst nach dem Kriege las, vorher waren seine Werke nicht aufzutreiben. Das Jüdische ist voller Labyrinthe, nicht nur das Ghetto, auch das jüdische Denken, das zugleich ein ›Weltdenken‹ ist, indem es das Labyrinth voraussetzt. Aber was galt »diesseits« dieser Voraussetzung für Kafka, im Vorgeistigen, Vorreligiösen, Vordenkerischen, Vorliterarischen? In welchen Kellern und Gängen verirrte er sich? In welchen Räumen fürchtete er sich und wovor? Spielten Estriche eine Rolle? Theseus, der Minotaurus, das Labyrinth? Was las er als Neun-, Zehn-, Zwölfjähriger? *Die Reise zum Mittelpunkt der Erde*, *Ardistan und Dschin-*

nistan? War er später, wie ich, vom *Höhlengleichnis* Platons beeindruckt? Schriftsteller sollten einander nach ihren Urstrukturen, Urmotiven und Urbildern zugeordnet werden, nicht chronologisch. Den Einfluß der Literatur auf Literatur streite ich nicht ab. Selbstverständlich wirkte sie auch auf mich ein. Doch noch entscheidender sind die Eindrücke, die durch die »vorliterarischen« Eindrücke zu Literatur werden. Die Kornfelder und die Gänge im Tenn der Bauernhäuser wurden mir durch die Sage vom Minotaurus, die mir mein Vater erzählte, zum Labyrinth, und so war mir das Bild des Labyrinths schon vertraut, als ich noch im Dorf lebte; ich rettete es in die Stadt hinüber, fand es durch sie nicht nur bestätigt, sie aktualisierte es noch, indem sie es durch die literarischen und philosophischen Einflüsse verstärkte, die unvermeidlich waren, bis ich endlich das Labyrinth zur Beschreibung jener Vorgänge anwandte, die sich zwar jenseits der Grenzen des Landes abspielten, aber, von meiner Höhlensicht aus – ohne daß es mir freilich bewußt wurde – auch meine eigene Lage und jene diesseits der Grenze widerspiegelten. Mit dem Dorf und der Stadt, mit dem eingeschlossenen Land und mit dem an seinen Grenzen sich brechenden Krieg, mit meiner Pubertät, mit meiner Vertrautheit mit den griechischen Sagen und mit meiner jugendlichen und späteren Lektüre ist jedoch die Wahl meines ersten ›labyrinthischen‹ und meiner späteren labyrinthischen Stoffe noch nicht völlig erklärt, andere Stoffe wären auch denkbar gewesen. Fragen bleiben offen. Außer der ersten Umwelt und den ersten Büchern legen die persönlichen Verhältnisse die Gleise, die man später benutzt. Woher ich vorliterarisch und später literarisch das Motiv des Labyrinths kannte, läßt sich nachweisen; warum ich es anwandte, um die Welt nachzugestalten, die ich vorfand, ist nicht selbstverständlich.

Das Labyrinth ist ein Gleichnis und als solches mehrdeutig wie jedes Gleichnis. Irgendwo in seinem Innern lauert der Minotaurus, eine Ungestalt mit dem Kopf eines Stiers und dem Leib eines Menschen, Sohn der Pasiphae, der Schwester des Augias und der Kirke, wie diese ebenfalls eine Zauberin und wie diese und Augias eines der Kinder des Sonnengottes und der Perseis, einer Göttin allerersten Ranges, Tochter des Okeanos und seiner Gattin Thetys. Okeanos selber – um auch die letzten Wurzeln der Hocharistokratie bloßzulegen – war ein Sohn des Uranos, wie Kronos, der seinen Vater entmannte und seine eigenen Kinder fraß, bis er endlich, das Verschlungene wieder hinauswürgend, von seinem dritten Sohn, Zeus, gestürzt wurde –, wir bewegen uns in allerhöchsten Kreisen: Inzest, Perversion, Vater- und Brudermord; gerichtliche Instanzen sind nur für Sterbliche da, nicht für den Götterhochadel, zu dem übrigens auch Minos zählte, des Minotaurus Stiefvater, nicht ganz so reinrassig wie seine Gattin freilich, aber doch ein Dreiviertelgott, sein Vater Zeus, seine Mutter die Halbgöttin Europa. Soweit der genealogische Hintergrund mütterlicherseits. Der Vater des Minotaurus dagegen war nicht so vornehm, nicht einmal ein Halbgott oder ein Drittelgott, eigentlich auch nicht ein Mensch, sondern ein dem Poseidon geweihter Opferstier, dem Meer entstiegen, zoologisch gesehen offensichtlich ein Wiederkäuer, noch genauer, ein Vorweltstier (bos primigenius), den Minos dem Gotte unterschlagen und in seine eigene Herde aufgenommen hatte. Die Zeugung war mehr als kompliziert. Der Opferstier war wenig willig, doch muß Pasiphae jedes Schamgefühl verloren und Minos ihren Wünschen widerstandslos nachgegeben haben, jedenfalls mußte der scharfsinnige Dädalus die Tochter des Sonnengottes und der Perseis in eine künstliche Kuh einschließen. Der bos primigenius fiel darauf herein, Kuh ist Kuh, und bestieg das Gebilde – offenbar eines der ersten naturalistischen Kunstwerke, von dem wir wissen –, worauf der Stier gemeingefährlich wurde, vielleicht hatte er den Schwindel nachträglich bemerkt, was instinktiv seinen Stolz beleidigte, konnte er doch als Wiederkäuer nicht wissen, daß er von einer Göttin beglückt worden war. Wir können nur vermuten. Er verwüstete die Insel Kreta und daraufhin den Peloponnes, wohin ihn Herkules getrieben hatte, und endlich Attika. Erst Theseus brachte ihn zur Strecke, womit dieser Held, da er später auch den Minotaurus tötete, Vater und Sohn vernichtete. Dieses Detail bloß der Genauigkeit zuliebe. Was die Geburt des Minotaurus betrifft, so wird sie schwierig gewesen sein, müssen wir annehmen, aus anatomischen Gründen: der Wurf hatte einen viel zu großen Kopf. Daß Minos seinen Stiefsohn nicht sehen wollte, ist begreiflich, daß er sich von Pasiphae nicht trennte, ebenfalls – nicht nur, weil sie eine Göttin und er nur ein Dreiviertelgott war, weshalb er wahrscheinlich die komplizierte Zeugung geduldet und finanziert hatte (Dädalus arbeitete schließlich nicht billig), vermutlich auch aus psychologischen Gründen: hatte doch des Minos Vater Zeus sich seiner Mutter Europa ebenfalls in der Gestalt eines Stiers genähert, worauf es durchaus hätte sein können, daß, falls Zeus sich damals im Liebeseifer nicht nur der Form, sondern auch den Chromosomen nach in einen Stier verwandelt hätte, dann Minos selbst als ein Minotaurus zur Welt gekommen wäre – vielleicht als ein umgekehrter: oben Mensch, unten Stier. Es könnte natürlich sein, daß Minos im geheimen der eigentliche Vater des Minotaurus war (was den Mendelschen Gesetzen nicht widersprechen würde), so daß Minos die Geschichte der naturalistischen Kuh des Dädalus entweder erfunden hätte oder die Bemühungen des heiligen bos primigenius vergeblich gewesen wären. Letzteres scheint (die Hypothese der Vaterschaft des Minos einmal angenommen) das Wahrscheinlichere zu sein: Laut Ranke-Graves und Hungers *Lexikon der griechischen und römischen Mythologie* hat Pasiphae ihre Leidenschaft für den Vorweltstier nie dementiert. Wie dem auch sei, am besten war es, Minos vergaß die erotische Verirrung seiner Gattin, um so mehr als sie bloß vorübergehend gewesen zu sein scheint, gebar sie ihm doch noch sechs Kinder, die er allem Anschein nach selber zeugte. So mußte denn Dädalus, dieser Leonardo der Mythologie, auch noch das Labyrinth bauen, verheimlichen ließ sich ohnehin nichts, und überdies zertrampelte der rasende bos primigenius immer noch die Insel – wie sollte erst der Sohn werden. Der geniale Erfinder konstruierte eine ebenso verblüffende wie komplizierte Anlage, bevor er mit Ikarus durch die Lüfte gegen Sizilien flatterte.

Wir wissen wenig vom Labyrinth, doch gelingt es uns insofern, eine Idee von ihm zu bekommen, als wir den Gedankengang des Dädalus auch nachträglich noch zu vollziehen vermögen, versetzen wir uns in seine Aufgabe – wenn das auch nur höchst unvollkommen möglich ist, mangelt es uns doch durchaus an seiner Einfallskraft. Es galt, den Minotaurus einerseits am Leben, andrerseits gefangen zu halten. Daß Dädalus auf ein Labyrinth verfiel und nicht auf ein gewöhnliches Gefängnis, muß daher im Wesen des Minotaurus seinen Grund gehabt haben. Er war nicht ein Mensch mit dem Kopf eines Stiers, sondern ein Stier mit dem Leib eines Menschen – ein wesentlicher Unterschied –, demnach durchaus kein Intellektueller, im Gegenteil, aber dafür von einer offenbar unbeschreiblichen Wildheit und Kraft, der keine Tür eines Gefängnisses widerstanden hätte. Auch andere Eigenschaften waren von Dädalus in Betracht zu ziehen. Es darf angenommen werden, daß Minotaurus vegetarisch lebte, sein Kopf war der eines Stiers, er besaß kein Raubtiergebiß, sondern das eines Wiederkäuers, und sein Leib war der eines Primaten, ursprünglich auch Vegetarier. So haben wir uns denn das Labyrinth ausgedehnter zu denken, als wir es uns sonst vorstellen, es wird einen weiten Park mit Baumgruppen und einem Teich als Innenhof umschlossen haben oder mehrere solcher Parks als Innenhöfe, wo der Minotaurus äsen, zur Tränke gehen und in den Bäumen herumklettern konnte – auch sein Primatenleib hatte Anrecht auf die ihm sinngemäße Bewegung, kletterten wir in Urzeiten doch auch in Bäumen herum. Erst die Umschließung dieser Grünfläche oder dieser Grünflächen mit einem einzigen Gebäude oder mit mehreren ineinandergeschachtelten Gebäudekomplexen (glatt und hoch, mit Fensterluken erst ganz oben, damit der Minotaurus nicht an den Mauern hinaufklettern konnte) wird das Labyrinth gewesen sein, das den Menschen als etwas zugleich Großartiges, Furchterregendes und Unvorstellbares in der Erinnerung geblieben ist, als ein Bau »voll gewundener Krümmungen, welche Augen und Füße verwirrten. Die unzähligen Gänge schlangen sich ineinander wie der verworrene Lauf des geschlängelten Flusses Meander, der im zweifelnden Gange bald vorwärts, bald zurück fließt und oft seinen eigenen Wellen entgegenkommt«, wie ihn, nicht unpoetisch, Gustav Schwab beschreibt. Gegen ein solches Gefängnis ist selbst die unmäßige Kraft eines Halbgottes ohnmächtig, auch wenn er intellektueller als Minotaurus gewesen wäre.

Aber zum friedlichen Bilde des äsenden, gutmütigen, in den Bäumen herumkletternden, wenn auch mit ungestümer Kraft versehenen Minotaurus steht nun freilich jener Bericht im Gegensatz, Minos hätte alle neun Jahre sieben Jünglinge und sieben Jungfrauen aus Athen ins Labyrinth getrieben, »zur Fütterung des Minotaurus«, wie es wörtlich bei Hunger heißt. Nach diesem Bericht war Minotaurus kein Vegetarier, sondern ein Kannibale, falls ein Stier mit einem Menschenleib, der Menschen frißt, ein Kannibale genannt werden darf. Widersprüchliches wird jedoch auch von Minos gemeldet. Die Sage schildert ihn als grausam und heimtückisch, nach Platon dagegen wurde Minos nach seinem Tode mit seinem Bruder Rhadamanthys Richter über die Toten, was vermuten läßt, daß er ein gerechter Mann war: Das Bewußtsein, die unselige Geschichte verursacht zu haben, indem er Poseidon den bos primigenius vorenthalten hatte, verbot ihm jede Ungerechtigkeit Minotaurus gegenüber, und nicht bloß der Umstand, daß Minotaurus ein Halbgott war oder wenigstens eine Art von Halbgott. Was uns die Soziologen als einzigen Grund einreden wollen, ist fragwürdig: ein Dreiviertelgott denkt nicht nur standesbedingt, sogar der Mensch nicht. Gewiß, das Labyrinth war eine Vorsichtsmaßnahme, zu der Minos als König von Kreta politisch verpflichtet war, wollte er den Minotaurus am Leben halten. Aber vielleicht liebte Minos aus einem überaus geschärften Sinn für Gerechtigkeit und aus einer ungemein zärtlichen Liebe zu Pasiphae heraus – oder vielleicht war er doch sein Sohn – den Minotaurus mehr als seine offiziellen Kinder; daß später seine eigene Tochter Ariadne (immerhin eine Siebenachtelgöttin) Theseus (höchstens einem Viertelgott, der sich gern als Halbgott, ja als Dreiviertelgott ausgab, praktisch also einem gewöhnlichen Sterblichen, das heißt – in jene Zeiten transponiert – einem Bürgerlichen) heimlich die Möglichkeit verschaffte, den Minotaurus zu ermorden und aus dem Labyrinth wieder herauszufinden, daß sie somit am Tod ihres Stiefbruders oder gar Bruders schuldig wurde, ist dafür ein Indiz: Ariadne war auf den Minotaurus eifersüchtig. Zugegeben, die Gerechtigkeit und die Liebe des Minos für Minotaurus waren fürchterlich. Sie konnten nichts anderes sein. Die sieben Jünglinge und die sieben Jungfrauen waren das einzige, womit Minos seinem Stiefsohn seine Liebe und seine Gerechtigkeit zu beweisen vermochte: Minotaurus mit dem Kopf eines Stiers hatte weder die Fähigkeit zu sprechen noch zu denken, er besaß nichts als Instinkte, die ihn meist friedlich im Park (oder den Parks) äsen, in den Bäumen herumklettern oder im Teich (oder den Teichen) trinken ließen, allein, ohne Gefährten oder Gefährtin, gab es doch kein weiteres Exemplar seiner Gattung. Oft aber wird er in plötzlicher, unerklärlicher Wut gegen die Mauern des Labyrinths gerannt sein, um den riesigen Gebäudekomplex, der ihn umgab, einzustoßen, immer wieder, allein durch seine unbewußte halbgöttliche Stierhaftigkeit getrieben, ja er wird in das Labyrinth selbst eingedrungen sein, tagelang darin herumschnaubend, wie ein Stier in einem unermeßlichen Dschungel, bis er sich schließlich im Innenhof – im Park – oder in einem der Innenhöfe – einem der Parks – wiederfand, um erschöpft weiterzuäsen oder einfach hingestreckt liegenzubleiben, den roten Sonnengott anglotzend, seinen Großvater, der hinter den Mauern des Labyrinths versank, gleichgültig gegenüber der dumpfen Verzweiflung seines Enkels, der wiederum nicht wußte, daß es sein Großvater war, der da hinabsank. Wenn dann aber die sieben Jünglinge und die sieben Jungfrauen vor ihm erschienen, einer an der Hand des anderen und eine an der Hand der anderen, um sich nicht zu verlieren, und nun nach tagelangem Irren durch die verschachtelten Gänge, Nebengänge und Nebengänge von Nebengängen, geblendet vom plötzlichen Licht der Sonne, den Minotaurus ungläubig anblinzelten, wird diesem auf einmal der Frevel aufgedämmert sein, dem er seine Entstehung verdankte: nicht als Geschichte, nicht daß er etwas vom heiligen Stier und des Dädalus künstlicher Kuh oder von Zeusens erotischer Raffinesse hätte erfahren können – das alles hätte er als Tier, das er trotz seines Menschenleibes war, auch gar nicht begriffen –, aber instinktiv wird er gefühlt haben, daß er etwas Einzigartiges war, weder ganz Tier noch ganz Mensch, auch nicht ganz Gott, und daß er als dieser Einzigartige für ein Unrecht büßen mußte, welches er nicht begangen hatte. Diese tier- und triebhafte Erkenntnis versetzte ihn in eine göttergleiche Raserei: Er wird die Jünglinge niedergestoßen, mit seinen Hörnern durchbohrt, die Jungfrauen vergewaltigt und endlich alle, Jünglinge und Jungfrauen, mit seinen Händen zerrissen haben, ihr Blut aufleckend, ihr Fleisch hinunterwürgend, im dunklen Trieb, wie die zu werden, die er eben zerfetzt hatte. Minotaurus wollte unbewußt ein Mensch werden, darum tötete und verschlang er immer wieder sieben Jünglinge und sieben Jungfrauen, und des Minos Liebe und Gerechtigkeit seinem Stiefsohn gegenüber bestand darin, daß er ihm alle neun Jahre diesen unbewußten Willen erweckte und die dumpfe Erkenntnis, etwas Einzigartiges zu sein. Mehr konnte Minos für Minotaurus nicht tun: es war die Gerechtigkeit und die Liebe eines Totenrichters. Eine Vermutung, ich gebe es zu, denn eines muß uns stutzig machen: Daß alle neun Jahre sieben Jünglinge und sieben Jungfrauen von Minos ins Labyrinth geschickt wurden, daran läßt sich nicht zweifeln, wohl aber an der Weise, wie sie den Tod gefunden haben sollen. Natürlich lag es nahe, Minotaurus als ihren Mörder zu betrachten, wenn ich nicht so recht überzeugt bin, so nur, weil die Unmöglichkeit, aus dem Labyrinth zu entweichen, der Unmöglichkeit entspricht, in sein Inneres zu gelangen: Minotaurus konnte weder fliehen noch gefunden werden, auch von seinen Opfern nicht. Möglich, daß diese, einmal ins Labyrinth eingedrungen, manchmal das bald ferne, bald nahe Brüllen des Stiermenschen vernommen haben, aber auf ihn werden sie nie gestoßen sein. Das wochenlange Herumirren und die ständige Furcht, doch auf die Bestie zu stoßen, wird sie aber ermattet oder in den Wahnsinn getrieben haben; vielleicht daß sich die sieben Jünglinge und die sieben Jungfrauen selbst zerfleischten, nach und nach; es ist vorstellbar, daß einer den andern vorauslief, plötzlich auf einen Nebengang, dann wieder zur Gruppe stieß, im unvorstellbaren Schreck für den Minotaurus gehalten wurde, man stürzte sich, mit einem Male todesmutig, auf ihn, er wehrte sich, und so weiter, in labyrinthischen Wiederholungen; vor allem die Panik kehrt immer wieder, steigert sich, häuft sich, statt nachzulassen und sich zu mildern. Nebensächlich, denn so oder so, die Liebe des Minos Minotaurus gegenüber wird dann darin bestanden haben, daß er mit dem Labyrinth für den absolut Einzelnen, welcher der Minotaurus durch seine Ungestalt nun einmal war, ein einmaliges Universum schuf, eine absolut vereinzelte Welt, eine Ungestalt wie Minotaurus selbst, in der sich Minotaurus wie ein Gott wunschlos glücklich hätte fühlen können. Daß er dieses Glück nicht fühlen konnte, lag wiederum in seiner existentiellen Position als der absolut Einzelne, so daß denn dieses für Minotaurus nicht fühlbare Glück sich als die milde Seite der strengen Gerechtigkeit des Minos erwiese, wobei – denken wir den Gedanken weiter – sich uns, erschreckend vielleicht, die Frage stellt, ob das wunschlose Glück, das Minotaurus nicht fühlen kann, überhaupt zu fühlen ist, so daß es auch die Götter nicht fühlen könnten. Eine Frage, die wiederum den Verdacht erweckt, ob nicht die Götter deshalb oft unermeßliches Leid über die Sterblichen ausschütteten, um an deren Leid ihr göttliches Glück zu fühlen, und sei es für Momente nur. Delikater ausgedrückt, ob nicht Minos in seiner Gerechtigkeit durch das Labyrinth und durch die Unmöglichkeit, zu Minotaurus zu gelangen, Minotaurus zu einem Gott geschaffen habe, der in seinem eigenen Universum friedlich äsend als einziger Gott nicht daran litt, ein Gott zu sein, obgleich er bloß ein Halb- oder Siebenachtelgott war, und ob nicht die Siebenachtelgöttin Ariadne ihren Halb- oder Ganzbruder aus Neid statt aus Eifersucht durch Theseus töten ließ? Zugegeben, die Frage nach dem möglichen Glück des Minotaurus stellt sich mir erst heute, nachdem ich mich seit Jahrzehnten mit Labyrinthen und Minotauren beschäftigt habe, und sei es oft nur zeichnerisch, damals, am Ufer der eisigen Rhone, die träge durch eine eisige Landschaft trieb, sah ich nur das Unglück des Minotaurus.

Doch auch so bleibt das Labyrinth etwas Mehrdeutiges. Vorerst ein doppeltes Gefängnis, eines für jene, die hineingehen, um vernichtet zu werden, indem sie den Minotaurus finden oder nicht finden, und ein Gefängnis für den Minotaurus, der nie aus ihm hinausfindet, der sich immer wieder in seinen Haupt- und Nebengängen verirrt, bis er einmal auf jenen stößt, der ihn tötet: nicht auf einen Gott oder Halbgott, sondern auf einen Menschen, auf Theseus, wobei ich voraussetze, Theseus habe ihn gefunden – auch bei dieser Sage beschleicht mich ein leiser Zweifel, nicht nur, weil nach Ranke-Graves die Kreter nie zugeben wollten, daß der Minotaurus je gelebt hat, sondern weil es für den Kampf zwischen Theseus und Minotaurus keinen Zeugen geben konnte, so daß er ebensogut nicht stattgefunden haben könnte. Endlich stellt das Labyrinth eine Strafe dar (gleichgültig, ob nun Minos ein gerechter oder ein ungerechter Richter ist). Doch wo sich eine Strafe findet, muß ein Gericht vorhanden sein, das diese Strafe festsetzt, und eine Schuld, die diese Strafe begründet. Eine Schuld jedoch, die von Minotaurus nicht begriffen werden kann, weil er Minotaurus ist, kann für Minotaurus keine Schuld darstellen. So ist er durch das Labyrinth für eine Schuld bestraft, die außer ihm liegt, vor seiner Geburt, die seine Ursache ist. Die Schuld des Minotaurus besteht darin, Minotaurus zu sein, eine Ungestalt, ein schuldig Unschuldiger; und darum ist das Labyrinth mehr als ein Gefängnis – es ist eine Unbegreiflichkeit –, es hält uns allein durch diese seine Eigenschaft gefangen und wird darum auch als seine letzte Paradoxie davon unabhängig, ob der Minotaurus existierte oder nicht, weil ein jeder, der es betritt, zum Minotaurus wird; ein Gefängnis, das deshalb keine verschlossenen Türen braucht, die unzähligen Tore des Labyrinths stehen offen, ein jeder kann sich darin verirren. Indem ich jedoch damals, als der Krieg zusammenbrach, ein Labyrinth entwarf, identifizierte ich mich unbewußt mit dem Minotaurus, dem Bewohner des Labyrinths, vollzog ich den Urprotest, protestierte ich gegen meine Geburt; denn die Welt, in die ich hineingeboren wurde, war mein Labyrinth, der Ausdruck einer rätselhaften mythischen Welt, die ich nicht verstand, die Unschuldige schuldig spricht und deren Recht unbekannt ist. Mehr noch: Ich identifizierte mich auch mit jenen, die in das Labyrinth verbannt und vom Minotaurus zerfleischt wurden oder sich untereinander zerfleischten aus der Vorstellung heraus, es gebe ihn. Schließlich identifizierte ich mich mit Dädalus, der das Labyrinth erschuf, denn jeder Versuch, die Welt, in der man lebt, in den Griff zu bekommen, sie zu gestalten, stellt einen Versuch dar, eine Gegenwelt zu erschaffen, in der sich die Welt, die man gestalten will, verfängt wie der Minotaurus im Labyrinth. Gleichzeitig ist jedoch dieser Versuch dem ohnmächtigen Versuch des Minotaurus gleichzusetzen, das Labyrinth auf seine Weise zu begreifen, einem Versuch, den er vielleicht einmal auf dem Rücken liegend und dumpf muhend in die Sonne glotzend unternahm; was dabei herauskam, wissen wir nicht. Der Irrtum muß grotesk gewesen sein, die Wahrheit des Dädalus – der Sinn und der Plan des Labyrinths – war ihm verschlossen; Minotaurus stellte es sich vielleicht als einen ungeheuren, ewig gefüllten Futtertrog vor. Kein Gleichnis geht eindeutig auf, sonst wäre es eine Allegorie, eine verkleidete Sentenz. Doch läßt sich nachträglich ein gewisser Verdacht hinsichtlich der hemmungslosen Verwendung labyrinthischer Strukturen und Motive nicht unterdrücken, besonders in einer Zeit wie der heutigen, die Engagement, Protest, Unterschriften, politische Haltung verlangt. Indem ich damals meine Welt in einem so mehrdeutigen Bild wie dem des Labyrinths zu bannen versuchte, gab ich auf meine Wirklichkeit eine mehrdeutige Antwort. Die Frage drängt sich auf, ob ich damit nicht ins Mehrdeutige ausgewichen sei, in einer Zeit, die nach eindeutigen Antworten drängte, vor allem politisch; aber auch, ob es mir damals möglich gewesen wäre, anders zu antworten; mehr noch, ob ich überhaupt je eindeutig geantwortet habe. Auch schiebt sich vor diese Frage noch eine andere, näherliegende: Warum deute ich das Labyrinth nicht psychoanalytisch? Als Wunsch, wieder in den Mutterbauch zurückzukriechen, und als Trauer, je herausgekrochen zu sein? Weil ich bezweifle, mit dieser Denkmethode, mit diesem Eintauchen ins Unbewußte, mein eigentliches Wesen, meinen »Mittelpunkt«, zu erreichen, ebensowenig wie Professor Lidenbrock mit seinem Abstieg ins Kraterinnere des Sneffel den Mittelpunkt erreichte. Die Motive, psychoanalytisch gedeutet, lösen sich in Abstraktionen und Trivialitäten auf, die, denkt man weiter, immer weniger bedeuten, bis sie eigentlich nichts mehr bedeuten. Die dunkle Maschinerie der Triebe sei nicht geleugnet, im Gegenteil, ich setze sie als etwas Selbstverständliches voraus, das uns in Schwung hält. Nicht selbstverständlich ist die oft abenteuerliche Reise, die, von solchen Trieben in Gang gesetzt, ein Mensch zu unternehmen vermag; in diesem Nicht-Selbstverständlichen wittere ich eine Wahl, eine Entscheidung, die ich persönlich getroffen habe und immer wieder treffe: zu schreiben. Was auch immer diese Wahl bedeutet, ob sie nun scheinbar oder wirklich sei, zwangsläufig oder frei erfolgte, sie ist das Ergebnis eines Urdramas, jenes der Auseinandersetzung eines Ich mit seiner Umwelt, weder allein von der Umwelt noch allein vom Ich aus zu erklären, und als Vorgang, als Urdrama, immer einzigartig. Jeder Mensch ist ein eigenes Drama, sei es eine eigene Komödie oder eine eigene Tragödie, wahrscheinlich beides: Der Mensch ist von einer Kompliziertheit, die nur Individualitäten zuläßt, Minotauren sozusagen, um wieder auf das Labyrinth zurückzukommen, darum mein Konzept einer »wirklichen Weltgeschichte«, auch sie ist labyrinthisch. Ich glaube, daß jede Erklärung – auch die psychoanalytische – den Sinn eines Gleichnisses zerstört, weil dieser Sinn eins mit dem Gleichnis ist, weil er sich nur im Gleichnis unzerlegt widerspiegelt, und daß darum alle Erklärungen eindeutig sind, zerlegtes Licht, welches aber als Erklärung wieder nur ein Gleichnis werden kann, das neue Erklärungen herausfordert: Nicht *eine* Erklärung ist der Sinn eines Gleichnisses, sondern alle seine möglichen Erklärungen zusammen, wobei die Zahl dieser möglichen Erklärungen zunimmt, das Gleichnis wird immer mehrdeutiger. Der Minotaurus bietet uns heute als Gleichnis bei weitem mehr Erklärungsmöglichkeiten – unter anderem auch die psychoanalytische – als zur Zeit des Euripides, der in seinen *Kretern* die Liebe der Pasiphae zum bos primigenius behandelte, was uns jedoch nicht daran hindern darf, den Minotaurus als Fall, als Geschichte zu erleben. Wir feiern sonst nur unsere Bildung, statt uns unmittelbar vom Gleichnis packen zu lassen, wir halten sonst irgendeine Erklärung für das Primäre statt für das Sekundäre. Endlich: Ich pflege meine Abneigungen wie meine Freundschaften. Man gewöhne sich nicht allzu viele ab, und deshalb gewöhne ich mir die psychoanalytische Methode gar nicht erst an, die analytische genügt mir. Ein Tischler braucht sich nicht zu rechtfertigen, warum er kein Metzger oder Bäcker geworden ist. Wie mit den Berufen geht es auch mit den Denkmethoden, die einer wählt. Ich bin weder Psychoanalytiker noch Soziologe; die geistigen Voraussetzungen, mit denen ich die Aufgabe zu lösen versuche, die meine Neugier mir selbst gegenüberstellte, sind andere. Ich glaube auch an

Nuancen im Denken, an persönliche Denkstile, welche die Denkmethoden prägen. Meine sind die eines Schriftstellers, der glaubt, mit einer ganz bestimmten schriftstellerischen List seine Umwelt und sich selbst analysieren und damit ausdrücken und darstellen zu können – um freilich, indem ich diese List anwende, mich selbst zu überlisten.

Realisieren ist etwas anderes als Konzipieren. Am Ufer der eisigen Rhone, über die Grenze ins Niemandsland starrend, konzipierte ich mein Weltlabyrinth. Später versuchte ich immer wieder, das Labyrinth zu gestalten, indem ich einen Erzähler fingierte, ein Ich. Alle diese Versuche scheiterten. 1972 schrieb ich meine erste Konzeption nieder, drei Seiten, dann schrieb ich die *Dramaturgie des Labyrinths*. Jetzt, 1978, seit Wochen wieder mit dem *Winterkrieg* beschäftigt, vom plötzlichen Ehrgeiz befallen, ihn doch noch zu gestalten, wird mir auf einmal klar, wer dieses Ich ist, das ich da fingiert habe, auf einmal, schlagartig beinah, indem ich mitten in der Arbeit am immer mehr sich ausweitenden *Winterkrieg* die *Dramaturgie* wieder durcharbeite, um sie der Erzählung voranzustellen, war sie doch ursprünglich nach dem *Winterkrieg* angesiedelt. Dieses fingierte Ich, von dem ich, verführt durch meine Dramaturgie, so lange glaubte, es sei der Minotaurus, ist Theseus. Nur dieser geht, wie mein Söldner, freiwillig ins Labyrinth, um den Minotaurus zu töten. Mehr noch, auch der, welcher es unternimmt, das Labyrinth darzustellen, muß es freiwillig betreten, er muß Theseus werden. In der Konzeption, damals am Fluß, und in der *Dramaturgie*, achtundzwanzig Jahre später, war das nicht nötig, die stolze Identifikation mit Dädalus beweist es, sie ist nur möglich, weil auch die *Dramaturgie* nur konzipiert; sich in einer Konzeption mit dem

Minotaurus, mit seinen Opfern und schließlich mit Dädalus oder mit jeder anderen Gestalt des Konzipierten zu identifizieren ist leicht. Jede Konzeption ist allwissend. Wer den Plan des Labyrinths entwirft, weiß alles –, doch wer sich hineinbegibt wie ich jetzt, so viele Jahre nach meinen ersten zaghaften Versuchen, mich dem Eingang zu nähern, weiß nichts – und wäre er auch mit der besten Dramaturgie bewaffnet; sie nützt ihm ebensowenig wie die anderen Weltpläne. Er vermag sich nur vorzustellen, was sein könnte: das plötzliche Auftauchen des Minotaurus, das jähe Auge in Auge mit dem schrecklichen Feind. Am Ariadnefaden seines Denkens beginnt er, nach dem Minotaurus zu suchen, in den verschlungenen Gängen beginnt er zu fragen, zuerst, wer denn Minotaurus überhaupt sei, später, ob es ihn überhaupt gebe, und endlich beginnt er zu überlegen – wenn er ihn immer noch nicht gefunden hat –, warum denn, wenn es den Minotaurus nicht gebe, das Labyrinth überhaupt sei: Vielleicht deshalb, weil Theseus selber der Minotaurus ist und jeder Versuch, diese Welt denkend zu bewältigen – und sei es nur mit dem Gleichnis der Schriftsteller –, ein Kampf ist, den man mit sich selber führt: Ich bin mein Feind, du bist der deinige.

Der Winterkrieg in Tibet

Ich bin Söldner und stolz darauf, es zu sein. Ich kämpfe gegen den Feind, nicht nur im Namen der Verwaltung, sondern auch als ein – wenn auch bescheidenes – Vollzugsorgan ihrer Aufgabe, das heißt jenes Teils ihrer Aufgabe, der sie zwingt, gegen ihre Feinde zu kämpfen, denn sie ist nicht nur da, dem Bürger zu helfen, sondern ihn auch zu beschützen. Ich kämpfe im Winterkrieg in Tibet. Winterkrieg deshalb, weil an den Hängen des Chomo-Lungma, des Chooyu, des Makalu und des Manaslu ja immer Winter ist. Wir bekämpfen den Feind in phantastischen Höhen, in Gletschern und an Steilhängen, an Geröllhalden, Schründen und unter Überhängen, in einem Labyrinth von Schützengraben und Bunkern, dann wieder im grellsten Sonnenlicht, das uns erblinden läßt. Und der Kampf ist um so schwieriger, weil Freund und Feind die gleichen weißen Uniformen tragen. Dieser Krieg ist ein grausamer und unkontrollierbarer Nahkampf. Die Kälte auf den Gipfeln und an den Felshängen der Achttausender ist unmenschlich, unsere Ohren und Nasen sind abgefroren. Das Söldnerheer der Verwaltung setzt sich aus allen Rassen der Erde zusammen: Ein riesiger Kongo-Neger kämpft neben einem Malaien, ein blonder Skandinavier neben einem australischen Buschmann, und es sind nicht nur ehemalige Soldaten, die kämpfen, auch Mitglieder ehemaliger Untergrundorganisationen, Terroristen aller Ideologien sowie Berufskiller, Mafiosi und gewöhnliche Knastbrüder. Auch beim Feind ist es so. Sind wir nicht im Einsatz, verkriechen wir uns in die Eislöcher und in Felsen gesprengte Gänge und Schächte, die miteinander in Verbindung stehen und in den gewaltigen Massiven ein unübersichtliches Geäder bilden, so daß auch in ihnen die feindlichen Parteien unvermutet aufeinanderstoßen und sich niedermachen. Nirgends herrscht Sicherheit. Nicht einmal im Bordell unter dem Kangchendzönga, den ›fünf Schatzkammern des großen Schnees‹, mit Prostituierten aller Landstriche. Das primitive Etablissement wird auch vom Feind besucht, die Puffoffiziere beider Seiten haben sich verständigt. Ich mache der Verwaltung keinen Vorwurf: Beischlafen ist eine schwer kontrollierbare Notwendigkeit. Doch schon mancher meiner Kameraden ist, auf einer Hure liegend, erdolcht worden, so mein Kommandant, der schon im letzten Weltkrieg mein Kommandant gewesen war und der schon damals die Mannschaftspuffs den Offiziersbordellen vorgezogen hatte. Ich entsinne mich noch genau, wie ich ihn wiederfand.

Vor zwanzig, dreißig Jahren – wer zählt noch die Zeit – rückte ich mit dem Ausweis der Verwaltung in einer nepalesischen Kleinstadt ein. Ich wurde von einem weiblichen Armeeoffizier empfangen und fertiggemacht. Ich war schlapp wie ein Tattergreis, als sie eine rostige Eisentür aufschloß und wieder zusammensackte. Alles hatte sich in einem kahlen Raum abgespielt, an der Wand eine Matratze, am Boden lagen die Offiziersuniform der Frau und meine Zivilklamotten in Fetzen umher, die Tür war weit offen, alles war voller Gören. Zerkratzt wie ich war und durch die johlende Kinderschar verärgert, stieg ich über das nackte Gewaltsweib und taumelte durch die Tür, ohne zu bemerken, daß dahinter eine steile Treppe nach unten führte. Ich stürzte hinunter, überschlug mich, landete auf einem Betonboden, blieb blutend liegen, nicht ohnmächtig, aber froh, daß ich lag. Dann schaute ich mich vorsichtig um. Ich befand mich in einem rechteckigen Raum. An der Wand hingen weiße Uniformen, Maschinenpistolen und mit weißem Stoff bespannte Stahlhelme. Hinter einem Schreibtisch saß ein Söldner, sein Alter unbestimmbar, sein Gesicht wie aus Lehm modelliert, sein Mund zahnlos. Er war in einer weißen Uniform und trug einen Stahlhelm wie jene, die an der Wand hingen. Auf dem Schreibtisch lag eine Maschinenpistole, daneben ein Stapel Pornohefte, in denen der Söldner blätterte. Endlich nahm er von mir Kenntnis: »Da ist er also, der Neue«, sagte er, »schlappgemacht, wie es sich gehört.« Er zog eine Schublade auf, nahm ein Formular heraus, schloß die Schublade wieder, langsam, umständlich, spitzte mit einem Klappmesser mühsam einen Bleistiftstummel, schnitt sich dabei, fluchte, endlich konnte er schreiben, wobei das Formular ganz blutig wurde. »Steh auf«, sagte er. Ich stand auf. Ich fror. Erst jetzt wurde mir wieder bewußt, daß ich nackt war. Meine Nase und meine Hände waren aufgeschürft, meine Stirn blutete. »Du hast die Nummer FD 256323«, sagte er, ohne nach meinem Namen zu fragen. »Glaubst du an Gott?« »Nein«, sagte ich. »Glaubst du an eine unsterbliche Seele?« fragte er. »Nein«, sagte ich. »Ist auch nicht Vorschrift«, meinte er, »nur nicht so kommod, wenn man daran glaubt. Glaubst du an einen Feind?« – »Ja«, sagte ich. »Siehst du«, sagte er, »das ist Vorschrift. Zieh dir eine Uniform an, nimm einen Stahlhelm und eine Maschinenpistole. Sie sind geladen.« Ich gehorchte. Er schloß das Formular mit der gleichen Umständlichkeit ein und erhob sich. »Kannst du umgehen mit so einer MP?« fragte er. »Blöde Frage«, gab ich zurück. »Na ja«, sagte er, »es sind nicht alles alte Frontschweine wie du, Dreiundzwanzig.« »Wieso Dreiundzwanzig?« »Weil deine Nummer mit dreiundzwanzig endet«, sagte er, nahm seine Maschinenpistole vom Schreibtisch und öffnete ein niedriges, halbzerfallenes Holzgitter. Ich hinkte ihm nach. Wir drangen in einen schmalen nassen Stollen ein. Er war in den bloßen Felsen gehauen und nur notdürftig von kleinen, roten elektrischen Glühbirnen erhellt, deren Leitungen lose an den Wänden entlangliefen. Irgendwo toste ein Wasserfall. Irgendwo wurde geschossen, dann eine dumpfe Explosion. Der Söldner blieb stehen. »Wenn uns jemand entgegenkommt, schieß einfach«, sagte er, »es kann ein Feind sein, und wenn es keiner ist, dann ist es auch nicht schade.« Der Stollen schien sich zu senken, doch war ich mir dessen nicht sicher, da wir oft klettern mußten, so steil stieg er an, dann wieder seilten wir uns ab in ungewisse Tiefen. Bald war das Geäder von Stollen und Schächten ausgebaut, beförderten uns unübersichtliche Liftsysteme, bald war alles unsäglich primitiv, wie vor Urzeiten gebaut, dem Einsturz nahe: Sich vom Labyrinth, in dem wir Söldner leben, ein ›geographisches Bild‹ zu machen – und wenn es auch nur ein roher, ungefährer Plan wäre – ist wohl nie möglich. Meine Hände bluteten stark. In einer Höhle schliefen wir einige Stunden, wir hatten uns wie Tiere verkrochen. Das Labyrinth schien einfacher zu werden. Der Stollen verlief schnurgerade, doch war nicht auszumachen, in welche Richtung. Manchmal schritten wir kilometerweit durch eiskaltes Wasser, das uns bis zu den Knien reichte. Links und rechts zweigten nun wieder andere Stollen vom unsrigen ab. Überall tropfte es, doch manchmal war es totenstill, nur unsere Schritte waren zu hören. Der Söldner schritt auf einmal vorsichtiger voran, die Maschinenpistole schußbereit, und bei der Einmündung eines Stollens in den unsrigen pfiff es an meinem Kopf vorbei: ich war wieder im Dritten Weltkrieg. Wir liefen geduckt zu einer Art Wendeltreppe aus morschem Holz, von der aus der Söldner sinnlos – es war niemand zu sehen – in den Stollen hineinschoß, bis seine Maschinenpistole leer war. Nach kurzem Abstieg erreichten wir eine etwas besser beleuchtete Höhle, in die weitere Wendeltreppen führten, einige von oben, wie die, auf der wir heruntergekommen waren, einige von unten her. Von der Höhle führte ein breiter Stollen zu einer Lifttüre. Der Söldner drückte auf den Knopf. Wir warteten.

Etwa eine Viertelstunde. »Wenn wir rausgehen«, sagte der Söldner, »wirf gleich die MP hinaus und nimm die Hände hoch.« Die Türe öffnete sich, wir betraten den Aufzug. Er war klein und schmal und seltsamerweise mit zerschlissenem bordeauxroten Brokat tapeziert. Ich weiß nicht mehr, ob der Lift nach oben oder nach unten fuhr. Er besaß zwei Türen. Ich bemerkte es erst, als sich nach einer Viertelstunde die Türe hinter meinem Rücken öffnete.

Der Söldner warf seine Maschinenpistole hinaus, ich warf meine nach. Ich trat mit erhobenen Armen hinaus, auch der Söldner hatte seine hochgerissen. Ich blieb entsetzt stehen: Vor mir in einem Rollstuhl saß ein beinloser Söldner. Statt Arme hatte er Prothesen, die linke war eine Stahlstangenkonstruktion, die in eine Maschinenpistole überging. Die rechte endete in einer künstlichen Hand, die aus Zangen, Schraubenziehern, Messern und einem Stahlgriffel bestand. Der untere Teil des Gesichts war ebenfalls aus Stahl, an der Stelle des Mundes war ein Schlauch. Das Wesen rollte von uns weg, machte mit der Maschinenpistole ein Zeichen, wir sollten nähertreten. Wir ließen die Arme sinken. In der Mitte der Höhle hing ein nackter bärtiger Mann an den Händen, und man hatte ihm einen schweren Stein an die Füße gebunden. Der Mann hing bewegungslos, ab und zu röchelte er. An der Wand, direkt am Felsen, auf einer dürftigen Pritsche, mitten unter Haufen von Waffen und Munitionskisten, umgeben von Kognakflaschen, saß ein riesenhafter alter Offizier, mit geöffnetem Waffenrock, unter dem eine haarige weiße Brust schimmerte, naß vor Schweiß. Die Uniform war mir vertraut, ich kannte sie noch vom Krieg: Der Offizier war mein alter Kommandant. Er hob eine Flasche an den Mund und trank. »Jonathan, roll in die Ecke«, sagte er schwerfällig, mit Zungenschlag. Das Wesen rollte zur Höhlenwand, begann etwas auf den Felsen zu kritzeln. »Jonathan ist ein Denker«, erklärte der Kommandant und musterte mich. Plötzlich ging ihm ein Licht auf. »Hänschen«, lachte er heiser, »kennst du mich denn nicht mehr? Ich bin ich, dein alter Kommandant.« Er strahlte. »Ich schlug mich nach Bregenz durch. Komm her.« »Exzellenz«, stammelte ich. Ich ging zu ihm, er bettete meinen Kopf an seine feuchte Brust. »Da bist du ja«, fuhr die heisere Stimme über mir fort, »da bist du ja wieder, mein Hurensöhnchen.« Er packte mich an den Haaren und schüttelte meinen Kopf hin und her. »Hätte mich gewundert, wenn die Verwaltung mein Hänschen hätte zähmen können. Soldat bleibt Soldat«, und dann versetzte er mir mit seinem rechten angezogenen Knie einen solchen Stoß, daß ich, da er mich gleichzeitig losließ, gegen den Hängenden taumelte, der laut aufstöhnte und wie ein gewaltiger Glockenklöppel hin und her baumelte. Ich richtete mich wieder auf. Der Kommandant lachte. »Einen Stumpen, Dreckskerl!« rief er zum Söldner hinüber, der mich hergebracht hatte. »Ich habe meine Portion verraucht.« Der Söldner reichte ihm schweigend eine Zigarre, zog ein Notizbuch, und notierend sagte er: »Sie schulden mir schon sieben, Kommandant.« »Schön, schön«, brummte der Kommandant und steckte die Zigarre an mit einem goldenen Feuerzeug, das seltsam von seiner verwahrlosten Uniform und der Dürftigkeit der Höhle abstach. Ich erinnerte mich, dieses Feuerzeug schon im Kurhotel im Unterengadin bei ihm gesehen zu haben, was mich mit Genugtuung erfüllte: Die guten alten Zeiten waren nicht ganz verschwunden. »Hau ab«, sagte der Kommandant zum Söldner, der salutierte, sich umdrehte und sich nach seiner Maschinenpistole bückte. In diesem Augenblick wurde er vom Kommandanten mit einer Salve durchsiebt. Der Kommandant legte seine Maschinenpistole zufrieden auf die Pritsche zurück. Jonathan rollte auf die Leiche zu und durchsuchte sie mit der rechten Armprothese. »Hat er keine Zigarren mehr?« wollte der Kommandant wissen. Jonathan schüttelte den Kopf. »Auch kein Pornoheft?« Jonathan schüttelte erneut den Kopf, befestigte die Leiche an einem Haken seines Wagens und schleifte sie weg. »Jetzt weiß niemand mehr den Weg zu mir«, sagte der Kommandant, »Außenposten sind gefährlich. Sie laufen gern zum Feind über. Das Schwein ist auch übergelaufen, vorher brachte er mir immer Pornohefte.« Dann starrte er den hängenden nackten Mann an. »Hänschen«, sagte er und paffte eine Rauchschwade von sich, »Hänschen, du scheinst dich zu wundern, so einen bei uns hängen zu sehen. Die Armee, wirst du doch hoffentlich noch wissen, hatte nichts für Schinder übrig, und daß dein alter Kommandant kein Schinder ist, wirst du auch nicht vergessen haben. Ich liebte meine Soldaten wie meine Kinder, und meine Söldner liebe ich auch wie meine Kinder.« »Jawohl, Exzellenz«, sagte ich. Er nickte mir zu, erhob sich, schwankte gegen die Höhlenwand neben Jonathan, der wieder hervorgerollt war und aufs neue etwas an die Felswand kritzelte. Der Kommandant pißte. »Wenn da einer nackt an einem Strick baumelt«, sagte er dabei, »wird das gegen meine Sentimentalität sein, nicht wahr, Hänschen, du bist ein anständiger Kerl, du weißt, daß ich mit dem Kerl Mitleid habe. Aus Sentimentalität. Und die Sentimentalität ist etwas Menschliches. Tiere sind nicht sentimental. Nimm Haltung an, wenn ich mit dir rede.« Ich nahm Haltung an: »Jawohl, Exzellenz.« Der Alte drehte sich um, knöpfte die Hose zu und schaute mich mit zusammengekniffenen Augen an. »Hänschen«, fragte er, »was meinst du denn zu diesem Hundsfott? Was glaubst du, warum hängt er hier?« Ich überlegte. »Er ist ein Gefangener, Exzellenz«, antwortete ich, immer noch in Achtungstellung, »ein Feind.« Der Kommandant stampfte auf den Boden. »Er ist einer aus meiner Kompanie«, sagte er, »ein Söldner. Du willst ja auch einer werden, Oberst.« Er musterte mich schweigend, fast feindselig, und ich antwortete unbeweglich: »Ich bin dazu entschlossen.« Der Kommandant nickte. »Ich sehe, du bist immer noch der gleiche brave Lumpenkerl«, sagte er, »brauchbar zu allem, wie damals im Kurhotel. Sieh nun gut zu, Kindchen, was ich jetzt mache.« Er wankte langsam gegen die Mitte der Höhle und drückte die brennende Zigarre auf dem Bauch des hängenden Söldners aus. »So, jetzt darfst du auch pissen«, sagte der Kommandant. Der Söldner stöhnte nur. »Der arme Kerl kann nicht mehr pissen«, sagte der Kommandant, »es ist ein Jammer«, und er schaukelte den Söldner. »Hänschen«, fragte der Kommandant. »Exzellenz?« »Der Hund baumelt seit zwölf Stunden«, sagte er und schaukelte weiter. »Und er ist ein braver Hund, ein guter Söldner, ein Söhnlein, das ich liebhabe.« Er stellte sich vor mich hin. Der greise Riese überragte mich um eine Kopflänge. »Weißt du, wer diese Schweinerei angeordnet hat, Hänschen?« fragte er drohend. »Nein, Exzellenz«, antwortete ich und schlug die Absätze zusammen. Der Kommandant schwieg. »Ich, Hänschen«, sagte er traurig. »Und weißt du, weshalb? Weil mein Söhnlein sich einbildete, es gebe keine Feinde. Nimm deine Maschinenpistole, Hänschen. Es ist für mein Söhnlein das beste.« Ich feuerte die Maschinenpistole leer. Am Felsen hing nur noch eine blutige Masse Fleisch. »Hänschen«, sagte der Kommandant zärtlich, »gehen wir zum

Lift. Ich ersticke hier unten. Ich muß wieder an die Front.« Wir benutzten mehr als einen Lift. Der erste war feudal. Wir rekelten uns auf einem Kanapee, an der Wand gegenüber hing ein Bild: ein nacktes Mädchen bäuchlings auf einem Kanapee. »Diesen Boucher habe ich aus der Alten Pinakothek«, erklärte der Kommandant. »Ganz München war ein einziger Schutthaufen. Ein Paradies für Plünderer.« Die weiteren Aufzüge jedoch wurden immer schäbiger – bald waren ihre Wände nur noch mit Seiten von Pornoheften beklebt, und überall waren Zoten hingekritzelt –, bis es keine Aufzüge mehr gab. Wir kletterten in Masken und mit den schweren Sauerstoffgeräten auf dem Rücken steile Schächte hoch, doch der Kommandant ermüdete nicht, der Riese wurde immer vitaler und, da er unzählige Verstecke kannte, in denen Kognak gelagert war, auch immer übermütiger: bei den schwierigen Kletterpartien johlte und jodelte er vor Vergnügen. Wir krochen durch niedere Stollen immer weiter hinan, wurden dann wieder in Förderkörben hochgeseilt, bis wir wenige Meter unter dem Gosainthan den Befehlsbunker des Kommandanten bezogen.

Ich schlief lange und traumlos. Ich war, indem ich den Söldner mit meiner Maschinenpistole durchlöchert hatte, selber ein Söldner geworden: Ich hatte zum ersten Mal im Dienst der Verwaltung eine Pflicht erfüllt. Die Frage nach dem Feind darf ein Söldner nicht aufkommen lassen, aus dem einfachen Grund, weil sie ihn umbringt. Stellt er den Feind in Frage – und sei es auch nur im Unbewußten –, kann er nicht kämpfen. Hat ihn die Frage gar so weit getrieben, daß er zu fragen wagt, ist er nicht mehr zu retten; dann gilt es für den Kommandanten und für die anderen Söldner, alles zu retten. Darum bin ich stolz, gefeuert zu haben, ich feuerte im Namen aller. Die Frage nach dem Feind wurde seitdem nie mehr gestellt. Der Winterkrieg erzieht den Söldner, Fragen zu stellen, die zwar auch nicht zu beantworten sind, die aber einen Sinn haben. Ihn interessiert nicht, wer der Feind ist, ihn interessiert, wofür er kämpft und wer befiehlt. Diese Fragen sind sinnvoll, während die Frage nach dem Feind die Versuchung in sich birgt, die Existenz des Feindes, den wir doch täglich bekämpfen, den es gibt, weil wir ihn töten, zu leugnen. Ein Krieg ohne Feind wäre sinnlos, *die* Sinnlosigkeit, darum stellt ein Söldner diese Frage auch nicht, oder er stellt sich selber der nächsten Maschinenpistole als Zielscheibe hin: die einzige Gewißheit, die ihm bleibt, es gibt keine andere. Phantastische Siege werden gemeldet, stets ist der Endsieg nahe, eigentlich schon errungen, dennoch geht der Winterkrieg weiter. Die Söldner wissen nicht, wofür sie kämpfen, wofür sie sterben, in primitiven Lazaretten amputiert, mit rohen Prothesen wieder an die höllische Front geschickt werden, manche mit Haken und Schrauben statt Händen, manche blind, das Gesicht nur noch eine rohe Fleischmasse, an eine Front, die überall ist. Sie wissen nur, daß sie gegen den Feind kämpfen. Sie begehen unmenschliche und unsinnige Heldentaten, ohne zu wissen warum; sie haben schon längst vergessen, daß sie sich freiwillig gemeldet hatten; sie beginnen, nach einem Sinn des Winterkriegs zu suchen, entwickeln phantastische Gedankensysteme – warum dieser Krieg notwendig sei, warum vielleicht das Schicksal der Menschheit von ihnen abhänge –, weil allein diese Fragen noch einen Sinn für sie haben. Die Hoffnung auf einen Sinn gibt ihnen die Kraft, die sie benötigen, sie ist der Prozeß, durch den das Gemetzel möglich und erträglich wird. Daß aus diesem Grund der Söldner nicht nur den Feind, sondern auch die Söldner in seinen eigenen Reihen bekämpft, ist verständlich. So kennt der Söldner nicht nur einen Feind, sondern auch einen Gegner, den Söldner, der den Sinn des Winterkriegs anders sieht als er; diesen Gegner haßt er, der Feind ist ihm gleichgültig; dem Gegner gegenüber ist er grausam, den mordet er, den Feind tötet er nur. Darum bilden die Söldner Sekten, laufen zu jenen über, die sie zwar für eine gegnerische Sekte halten, die ihnen aber erträglicher scheint als jene, mit der sie wohl in der Hauptsache einer Meinung sind, von der sie sich jedoch durch eine unwichtige Nebenmeinung oder durch die Variation einer Nebenmeinung getrennt sehen: Nuancen, die sie mit einem Male für wichtiger als die Hauptmeinung halten. Einige Sekten entwickeln die seltsamsten Theorien darüber, wer diese Kämpfe leite, in welchen Bergmassiven der feindliche Generalstab verborgen läge, unter dem Changtse oder unter dem Lhotse, während man den eigenen unter dem Anapurna oder unter dem Dhaulagiri wähnt. Eine – freilich seltene – Sekte, die von allen, auch vom Feind verfolgt wird, glaubt nur an *einen* Generalstab, und zwar im Innern des fernen dreigipfligen Broad Peak; ja, es soll eine Sekte gegeben haben – sie wurde ausgerottet –, die verkündete, es gebe nur einen einzigen Oberbefehlshaber, einen uralten blinden Generalfeldmarschall, der unter dem mächtigen KZ gleichsam gegen sich selbst Krieg führe, weil die beiden Mächte ihn zugleich bestochen hätten; und es soll immer noch eine Sekte geben, die glaubt, dieser Generalfeldmarschall sei zugleich irr. Diese verschiedenen Sekten bilden wiederum Fronten, die sich untereinander bekämpfen, die Fronten zerfallen ihrerseits in weitere Fronten und Gegenfronten. So ist denn die Disziplin der Söldner nicht die beste, sie gruppieren sich während der mörderischen Schlächtereien allzuoft um und mähen – statt die Feinde – einander nieder, sie werden von den eigenen Granatsplittern zerfetzt, von den eigenen Maschinengewehrsalven durchlöchert, von den eigenen Flammenwerfern verbrannt, sie erfrieren in Eisspalten, krepieren an Sauerstoffmangel in den phantastischen Höhen, wo sie sich verzweifelt eingegraben haben, da sie sich nicht mehr ins eigene Lager zurücktrauen, aus Angst, dort könnten sich inzwischen neue Gruppierungen gebildet haben, während immer neuer Nachschub aus allen Ländern und von allen Rassen in den Sog des Massakers stürzt. Aber dem Feind wird es nicht anders gehen, falls es diesen Feind überhaupt gibt – diese Frage darf ich mir nun stellen: Ich bin längst der Kommandant.

Als man ihn nackt und riesig von der Hure hob, als man seinen Leichnam wegschaffte, zog ich seine Uniform an und wurde von den Söldnern respektiert. Ich weiß, daß die Söldner wissen, daß ich ihn erdolchte; daß es sein Wunsch war, brauchen die Söldner nicht zu wissen. »Hänschen«, lachte er, bevor wir ins Bordell gingen, und stellte sich in seiner alten Höhle gegen die Felswand, wo zwei Jahre vorher der Söldner gehangen hatte, »Hänschen, durchlöchere mich mal. Daß es einen Feind gebe, ist Stumpfsinn. Na los, mein Söhnlein.« Ich schwieg und tat, als hätte ich ihn nicht verstanden, während Jonathan in seinem Rollstuhl etwas in die Wand des Hauptstollens ritzte. Dann machten wir uns auf, durch die endlosen Höhlen- und Stollensysteme die Bordelle zu erreichen. Als er auf seiner Hure aufstöhnte, stieß ich zu, mein Kommandant hatte einen guten Tod verdient. Die Hure schrie auf, andere Huren legten ihn auf den Boden, standen nackt und schwer um ihn. Ich wischte den Dolch an einem Laken ab. Ich sah, daß der Kommandant mir zuschaute. –»Hänschen«, flüsterte er, und ich mußte niederknien, um ihn zu verstehen, »Hänschen, hast du studiert?« »Philosophie«, sagte ich. »Promoviert?« »Über Platon«, antwortete ich, »vor der mündlichen Prüfung brach der Dritte Weltkrieg aus.« Der Kommandant röchelte. Ich begriff erst allmählich, daß er lachte. »Ich studierte Literatur, Hänschen, Hofmannsthal.« Ich erhob mich. »Er ist tot«, sagte eine Hure. Der Kommandant war ein großer Kommandant gewesen. Jetzt wäre er mir doppelt dankbar, daß ich ihn getötet habe: die Bordelle sind längst eingegangen, sie waren seine einzige Leidenschaft, der Kognak war nur eine seiner Gewohnheiten. Dafür haben weibliche Söldner in die Kämpfe eingegriffen. Ich gebe zu, daß sie an Tollkühnheit die Söldner übertreffen, und durch den Sex ist die Front noch höllischer geworden: man tötet und fickt um die Wette, Blut, Spermien, Gedärme, Fruchtwasser, Gekröse, Embryos, Kotze, schreiende Neugeborene, Gehirne, Augen, Mutterkuchen schießen in Strömen die riesigen Gletscher hinab, versickern in den abgrundtiefen Spalten.

Mich stört das nicht mehr. Ohne Beine sitze ich in einem Rollstuhl in der alten Höhle, auch meine Hände sind weg, mein linker Arm geht unmittelbar in eine Maschinenpistole über. Ich feuere auf jeden, der sich blicken läßt, die Stollen sind mit Leichen besät; zum Glück gibt es Ratten. Meine rechte Hand ist ein vielseitiges Instrumentarium: Zangen, Hammer, Schraubenzieher, Scheren, Griffel usw., alles aus Stahl. In einer der Nebenhöhlen ein riesiges Lager von Konserven und bestem Kognak – mein Vorgänger hatte vorgesorgt. Gewiß, es ist still geworden, meinen linken Maschinenpistolenarm benötige ich nicht mehr; vor Jahren bebte alles, vielleicht hatte die Verwaltung eine Bombe abgeworfen. Gleichgültig. Ich habe Zeit nachzudenken und Zeit, meine Gedanken in die Felswände zu ritzen mit dem Stahlgriffel an meiner rechten Prothese. Jonathan brachte mich auf die Idee, auch auf die Methode. Felswände gibt es genug, Hunderte von Kilometern, und sie sind stellenweise immer noch erleuchtet, wenn auch die Glühbirnen, die durchbrennen, nicht mehr ersetzt werden. Aber ich kann – muß es sein – auch im Finstern in den Fels ritzen: den Winterkrieg und wie ich ihn antrat, meine Begegnung mit dem Kommandanten und dessen Tod habe ich schon beschrieben, die Wände der Höhle sind mit meinen Inschriften bedeckt; nun beschreibe ich die Wände des großen Hauptstollens, der zu den Bordellen führte, eine Zeile zweihundert Meter lang, dann rolle ich zurück und schreibe wieder eine zweihundert Meter lange Zeile; so bringe ich es auf sieben zweihundert Meter lange Zeilen untereinander. Bin ich fertig, ritze ich in die gegenüberliegende Wand des Stollens; sind auch an dieser zweihundert Meter geschafft, schreibe ich an der ersten Wand weiter, wo ich aufgehört habe, wieder zweihundert Meter usw. ; auf jeder Wand sieben zweihundert-Meter-zeilige Inschriften. Man wird dabei zum Stilisten.

[Längere unleserliche Strecke, entstanden, weil der Schreibende übersah, oder nicht sehen konnte, daß er seine Inschrift in eine schon beschriftete Wand kratzte, und zwar derart, daß beide Schriften unleserlich wurden. Nach einigen Metern unbeschriebener Wand fährt die Inschrift fort.]
... daß es nicht etwa ein mystisches Gleichnis ist, das ich hier aufzeichne, eine Art Beschreibung der irren Träume eines mühsam zusammengebastelten, kampfunfähigen

Söldners – auch meine Schädeldecke besteht schließlich aus Chromstahl. Ich versuche hier nichts anderes, als das Wesen der Verwaltung darzustellen. Gewiß, es wäre einzuwenden, daß mir zur Darstellung dieser Realität die Distanz fehle, die uns befähigt, die Wirklichkeit zu beurteilen, in den Höhlen und Stollen ungeheurer Bergmassive könne ich unmöglich mehr eine Distanz besitzen. Dieser Einwand ist nicht zu widerlegen. Es wäre lächerlich, das zu versuchen, es sei denn, man ziehe in Betracht, daß mir auf meinem Rollstuhl nur meine Gedanken, meine stählerne Handprothese und endlose Felswände übrigbleiben: Ich bin zum apriorischen Denken gezwungen. Daß die Verwaltung aus dem Dritten Weltkrieg hervorging, war unumgänglich. Ich kann mir die Gesetze, denen die menschliche Gesellschaft unterworfen ist, nur als Naturgesetze vorstellen. Die Gesetze, die der Dialektische Materialismus entdeckt haben will, sind für mich Unsinn: als ob sich irgendein Naturgesetz mit der Hegelschen Logik darstellen ließe. Ebensowenig ist die Auffassung der Kausalität zu verteidigen: Die Gesamtheit der Vorgänge lasse sich in Paare aufteilen, die zueinander in der Beziehung von Ursache und Wirkung stünden; der Satz vom Grunde, daß nichts ohne Grund sei, ist eine Platitüde, kein Vorgang hat nur *einen* Grund, sondern unendlich viele; weist doch ein Vorgang nicht auf *einen* anderen Vorgang als dessen Ursache hin, er ist vielmehr mit allen Gründen, mit der ganzen Vergangenheit der Welt ›kausal‹ verknüpft. Aber auch die These, die ich bei einem alten vergessenen Schriftsteller gelesen habe, das Gesetz der großen Zahl bedinge das Primat der Gerechtigkeit, ist falsch: Von einem mathematischen Begriff kann nicht auf ethische Bereiche geschlossen werden, wobei ich Gerechtigkeit und Ungerechtigkeit für bloß ästhetische

Begriffe halte – ob ich ohne Beine und mit zwei Armprothesen gerechterweise oder ungerechterweise die Felswände meines Labyrinths vollkritzle, ist gleichgültig, weil weder die Gerechtigkeit noch die Ungerechtigkeit meine Lage ändert; höchstens daß mich die Fragestellung erheitert – von einem mathematischen Begriff kann nur auf physikalische oder, im Humanen, auf Institutionen geschlossen werden: nur hier spielt das Gesetz der großen Zahl eine Rolle. Wie die thermodynamischen Gesetze erst dann auftreten, wenn ›sehr viele‹ Moleküle beteiligt sind, so treten die institutionellen Naturgesetze, sei es in der Wirtschaft, sei es im Staat, erst bei ›sehr vielen‹ Menschen auf, unabhängig von den Werten und Ideologien, an die diese Menschen glauben: sie entsprechen den thermodynamischen Naturgesetzen. Ein grausamer Satz. Ich darf ihn Tausende von Metern unter dem Gosainthan in die Wand ritzen. Von meiner Studienzeit – der Dritte Weltkrieg brach sie ab – ist mir nur noch die Loschmidtsche Konstante im Gedächtnis geblieben, obgleich sie mit meinem Fachgebiet nichts zu tun hatte, ich weiß nicht einmal mehr, wo ich sie aufgeschnappt habe: bei 0° Celsius und einer Atmosphäre Druck enthalten 22415 cm^3 eines idealen Gases $6{,}023 \cdot 10^{23}$ Moleküle. Mit anderen Worten, die Loschmidtsche Konstante drückt genau das Verhältnis von Volumen, Masse, Druck und Temperatur eines Gases aus : Erhöht sich die Masse und bleibt das Volumen gleich, erhöhen sich Druck und Temperatur, erweitert sich das Volumen und bleibt die Masse gleich, verringern sich der Druck und die Temperatur. $6{,}023 \cdot 10^{23}$ ist eine ›große Zahl‹. Sie ist jedoch klein gegenüber der Anzahl der Atome, die an einem Stern beteiligt sind; ich schätze auf eine Zahl von 10^{53}. Die Bewegung eines einzelnen Atoms ist unberechenbar, Sterne sind zu berechnen, sie sind Institutionen von Atomen. Diese Institutionen sind Gesetzen unterworfen, welche die Atome notwendigerweise deformieren. Ebenso notwendigerweise deformieren die Institutionen der Menschen den Menschen. Eine Institution von Menschen ist der Staat. Wenn ich daher im Innern des Himalaja über die Sterne nachdenke, denke ich über die Staaten nach. Nur so ist ein Nachdenken über den Menschen in meiner Lage noch möglich. Es gibt für mich keinen anderen Ansatzpunkt des Denkens mehr als jenen, den ich aus der Zeit vor dem Dritten Weltkrieg in meine Höhle herübergerettet habe, auch wenn mein Wissen nur noch eine ungefähre Erinnerung an einige ungefähre Hypothesen ist. Was ich widerlegen möchte, ist die Ansicht, der Dritte Weltkrieg sei ausgebrochen, weil es keine Verwaltung gegeben habe, die ihn hätte verhindern können. Er brach in Wirklichkeit aus, weil es noch keine Verwaltung geben konnte. Eine Ursonne, ein Protostern, langsam aus einem konfusen Gasnebel herauskondensiert – wie etwa jener im Orion –, ist von gewaltiger Ausdehnung, der Durchmesser beträgt ein Lichtjahr, die Dichte ist lächerlich (aber doch schon für sein späteres Schicksal entscheidend), beinahe ein Vakuum, die Zusammensetzung der Gase: 80% Wasserstoff, 2% schwere Elemente, hineingeschossen aus einer Supernova-Explosion (fehlen die schweren Elemente, entstehen keine Planeten), 1% Kohlenstoff, Stickstoff, Sauerstoff, Neon, der Rest Helium; der Drehimpuls kaum 10 cm in der Sekunde, die Temperatur tief; das Gas ist ein Gemisch von kosmischem Staub, sogar ›organische‹ Moleküle aus Kohlenstoffverbindungen kommen vor. Die Gravitation läßt die ungeheure Ursonne zusammenschrumpfen, sie wird zu einem Roten Überriesen, ihr Durchmesser beträgt eine Lichtstunde, ihr Drehimpuls wird immer größer.

Wenn sie sich etwa auf die Größe der Merkur-Bahn zusammengeballt hat, auf einen Durchmesser von drei Lichtminuten, schleudert die Sonne, durch ihre äquatoriale Rotationsgeschwindigkeit von 100 km pro Sekunde zu einer Scheibe geworden, Materie in den Weltraum. Der größte Teil dieser weggeschleuderten Materie, vor allem der Wasserstoff, entweicht der Anziehungskraft der Sonne für immer; Kohlenstoff, Stickstoff, Sauerstoff und Neon bilden die äußeren großen, Eisen, Magnesium, Silizium die inneren kleinen Planeten; die Sonne ist auf den zehnbillionsten Teil ihrer einstigen Größe zusammengefallen, sie ist ein Gelber Zwerg geworden, ihr Durchmesser beträgt nun eine Million Kilometer, ihre äquatoriale Rotationsgeschwindigkeit, durch das Wegschleudern von Materie gebremst, ist zwei Kilometer die Stunde, ihr Zustand ist stabil geworden. Zwar ist der Druck auf das Sonneninnere auf etwa 100 Milliarden Kilo pro Kubikzentimeter angewachsen – unter diesem Gewicht müßte sie zusammenstürzen –, aber die Temperatur des Sonneninnern beträgt 13 Millionen Grad, so daß ein Druckgleichgewicht zustande kommt. Bei einer so enormen Innentemperatur findet ein Kernprozeß statt, der Wasserstoff in Helium umwandelt; die erzeugte Energie wird durch Lichtquanten abgestrahlt, doch das Sonneninnere ist vollkommen dunkel. Bei der ungeheuren Temperatur des Sonneninnern wird das Licht schon nach Bruchteilen von Zentimetern absorbiert, so daß die Lichtquanten in ständigen Abstrahlungs- und Einfangprozessen die Energie in die kühlere Konvektionszone schaffen, die wie ein Mantel das Sonneninnere umschließt; dieser Transport dauert 10 Millionen Jahre. In der Konvektionszone werden heiße mit kühleren Gasmassen durchmischt, doch gelingt es dem größten Teil der Lichtquanten nicht, die Konvektionszone zu durchschießen, ein Teil der Energie strahlt wieder ins Zentrum zurück, aber die in die Konvektionszone gelangte Energie bringt diese zum Brodeln: die äußeren konvektiven Zonen werden instabil, Sonnenflecke bilden sich, Protuberanzen steigen in die Sonnenatmosphäre, fallen wieder auf die Oberfläche zurück, die Lichtquanten werden endlich frei und gelangen durch die Photosphäre, die Chronosphäre und durch die Korona in den Weltraum. Zum Druckgleichgewicht im Innern sind das Oberflächen- und das Energiegleichgewicht gekommen, die Photosphäre strahlt soviel Energie in den Raum, wie sie von der konvektiven Zone zugeliefert bekommt: Der Energiehaushalt der Sonne ist geordnet – obgleich sie täglich 360 Milliarden Tonnen Materie verliert, eine Lappalie bei ihrer Größe. Doch kann dieser ideale Zustand nicht ewig währen; der Kernprozeß im Sonneninnern dringt in die Konvektionszone vor, die Sonnenoberfläche wird heißer: kaum ist auf der Erde noch zu leben. Die Sonne bläht sich auf, bis sie wieder die Merkur-Bahn erreicht: das Leben auf der Erde erlischt, die Atmosphäre, die Meere verdampfen. Die Sonnenoberfläche beginnt sich abzukühlen, die Sonne schrumpft; damit nimmt die Oberflächentemperatur wieder zu. Die Sonne wird wieder so groß, wie sie heute ist, nur ungemein heller und heißer, sie wird ein Blauer Stern. Das Druckgleichgewicht hat sich zwar wiederhergestellt, doch schon verbrennt die Sonne das Helium ihres Innern und erhitzt den Wasserstoff, der das Sonneninnere umgibt. Der erhitzte Wasserstoff expandiert, doch ist er nicht schnell genug, um der Sonne entweichen zu können, nur ein hundertstel Prozent der Gesamtmasse der Sonne entkommt. Während der Expansion leuchtet die Sonne wochenlang hunderttausendmal so hell wie die heutige

Sonne, sie ist eine Nova geworden. Nach tausend solcher Expansionen ist die Sonne vom Wasserstoff befreit, nun ein Weißer Zwerg, nicht größer als die Erde; das Gas ist entartet, nur noch wenige Elektronen bewegen sich frei, die Sonne hat ihre nuklearen Energievorräte erschöpft, sie ist zum Molekül geworden. Die Gravitation hat die Expansion besiegt, die Sonne erkaltet, sie wird zu einem erdgroßen Kristall, zu einem unsichtbaren Schwarzen Zwerg endlich, wenn auch die Zeit, die sie dazu braucht, größer als das Alter unseres Milchstraßensystems ist. Aber nicht alle Sonnen nehmen dieses Ende, Sterne, deren Masse kleiner ist als die der Sonne, die Roten Zwerge, konnten wahrscheinlich nie eine nennenswerte Konvektionszone entwickeln, sie wurden vorzeitig zu einer kleinen Nova, aber der übriggebliebene Kern hatte zu wenig Masse, um zu einem Weißen Zwerg zusammenzusacken. Sterne, deren Masse die der Sonne um das 1,44fache übertrifft, werden um so schneller instabil, je schwerer sie sind, weder das Druck- noch das Oberflächen- noch das Energiegleichgewicht wird auf längere Zeit erreicht, sie gehen mit ihrem Energiehaushalt zu verschwenderisch um, wie die Blauen Riesen etwa: Der immense Innendruck bewirkt im Kern Temperaturen von über 3 Milliarden Grad; in dieser Hölle wandeln sich alle Elemente in Helium um. Je übertriebener die Masse der Sonne ist, desto rapider wächst die Gefahr, daß sie zur Supernova wird: Eine ungeheuerliche Explosion fegt die Konvektionszone der Sonne in den Raum und strahlt mehr Licht ab als ein galaktisches System mit seinen hundert Milliarden Sonnen, während es dem Kern, liegt er über 1,44 Sonnenmassen – über der berüchtigten Grenze Chandrasekhars –, nicht mehr gelingt, den Gleichgewichtszustand eines Weißen Sterns zu erreichen; er sinkt unter seiner eigenen Schwere in sich zusammen, er wird eine winzige Sonne von grotesker Dichte, deren Durchmesser zehn Kilometer beträgt, die sich dreißigmal in einer Sekunde um sich selber dreht. Dieser Neutronenstern vermag nicht mehr zu explodieren, seine Atome sind zusammengebrochen, die Atomkerne durch das Zusammenquetschen von Elektronen und Protonen in Neutronen zerfallen, sie bilden ein entartetes Neutronengas. Ist der Kern noch schwerer, wird der Gravitationskollaps vollkommen; diese besonders massenreichen Sonnenkerne fallen aus Raum und Zeit, sie werden zu Schwarzen Löchern, die durch ihre Schwerkraft ihre Umgebung in sich saugen. Es entbehrt nicht der Ironie, daß ich in der totalen Dunkelheit, die mich umgibt, dieses Sonnenende in die Stollenwand ritze. *[Die Inschrift bricht ab, Fortsetzung in einem anderen Stollen.]*

Ich fand nicht mehr in die Haupthöhle zurück. Ich wußte nicht, durch welche Stollen ich rollte, in welche Wand ich meine Inschrift ritzte. Die Nahrungsmittel, die ich in der Finsternis durch Zufall auftrieb, Dosen einer billigen Kraftbrühe, stammen aus dem Lager einer Höhle, die viel kleiner ist als jene des Kommandanten. Ich fand einen Lift, auch er funktioniert nicht mehr, die Wände leer, kein Boucher. Die Kiste mit den Dosen befestigte ich in tagelanger Arbeit mit der rechten Prothese an meinem Rollwagen – es ist schwierig, mit der Prothese in der Dunkelheit etwas zu suchen –, und mein linker Maschinenpistolenarm ist sinnlos geworden. Ich versuchte immer wieder, ihn abzumontieren, bis jetzt vergeblich. Ich schleppte die Kiste mit den Suppendosen hinter mir her, ich wußte nicht, in welche Richtung, manchmal hielt ich an, Notizen zu meiner Inschrift in die Wand zu ritzen, Notizen, die ich zwar nicht lesen konnte, aber die einzuritzen nötig war: Ich bin weder Astronom noch Physiker, mein Wissen über die Sterne ist nur ein ungefähres. Ich las vor dem Dritten Weltkrieg einige Bücher darüber, die heute sicher veraltet sind. Ich versuchte, mich an sie zu erinnern und aus meiner Erinnerung die Entwicklung der Sterne zu rekonstruieren. Deshalb habe ich diese Inschrift in drei Versionen dargestellt. *[Es wurde bis jetzt nur eine gefunden, die sich aus den Inschriften vieler Stollen zusammensetzt; sie kann sich aber auch aus allen drei Inschriften zusammensetzen.]* Bei der Darstellung der letzten Version muß ich mich endgültig verirrt haben. Auch in die zweite Höhle fand ich nicht zurück. Es werden sich weitere finden. So rolle ich einfach dahin. Ich nehme an, daß ich mich immer noch in einem Stollen unter dem Chomo-Lungma befinde. Der Fels hier ist glatt, ich arbeite immer möglichst sorgfältig an meinen Inschriften. Nicht nur der Gedanke an ein Schwarzes Loch erheitert mich: Der Chomo-Lungma hieß früher Gaurisankar, so daß ich unter dem Gaurisankar über das Gesetz von Chandrasekhar nachdenke. Vielleicht mußte ich aus diesem Grund in den Winterkrieg geraten: ein Name hat mich verführt. Schicksale sind, nachträglich betrachtet, logisch. Das Eisen der Prothesen meines zusammengeflickten Rumpfes und der Riesenberg Gaurisankar entstammen beide jener Sonne, die Chandrasekhars Grenze mißachtete und zu jener Supernova wurde, die vor sechs Milliarden Jahren eine Protosonne verschmutzte und sie dadurch befähigte, unsere Erde zu gebären: das meiste an mir ist älter als die Erde. Mit Ehrfurcht ritze ich den Namen ›Chandrasekhar‹ in den Fels. Einige Beobachtungen weisen darauf hin, daß im Sonneninnern Veränderungen vor sich gegangen sind, die innerhalb der nächsten zehn Millionen Jahre die

Erde für alle Zeiten unbewohnbar machen werden, doch besteht eine gewisse Chance, daß auf der mondartigen Erde das Himalaja-Gebirge erhalten bleibt, wie es ja auch auf dem Mond Gebirge gibt. Und es gibt eine, wenn auch lächerlich geringe Chance, daß in den vielen Milliarden Jahren, in denen die ausgebrannte Erde um den Weißen Zwerg kreisen wird, den wir jetzt unsere Sonne nennen, und in den unzähligen Milliarden Jahren, da sie sich um die zum Schwarzen Zwerg gewordene Sonne bewegen wird, Raumfahrer einer anderen zukünftigen Welt die Erde betreten. Und es gibt eine noch unsäglich geringere Chance, eine Chance, die eigentlich unwahrscheinlich ist, daß diese fremden Wesen das Höhlensystem im Himalaja entdecken und erforschen werden. Meine Inschrift wird das einzige sein, was sie von der Menschheit wissen werden. Auf diesen unwahrscheinlichen Fall hin habe ich geschrieben. In meiner Lage gibt es keine andere Aufgabe. Ich hatte eine Inschrift zu finden, aus der heraus das Schicksal der Menschheit zu lesen ist: Diese Inschrift kann nicht etwas Privates sein, etwas, was nur mich angeht, auch wenn ich zur Menschheit gehöre; ja, es darf nichts sein, was mit der Menschheit zu tun hat. Die fremden Wesen, welche die Inschrift einmal lesen, in unzähligen Milliarden Jahren, würden nichts begreifen, denn sicher sind, falls die Unwahrscheinlichkeit eintritt, daß diese Inschrift gelesen wird, diejenigen, die sie lesen, keine Menschen: Die Natur, so stur sie ist, wird die Dummheit, Primaten zu schaffen, kaum wiederholen; der Zufall, der uns als Gattung schließlich schuf, wird kaum ein zweites Mal eintreten. Mit diesen Wesen läßt sich nicht über uns, sondern nur über etwas reden, das sie und uns gemeinsam angeht: über die Sterne. Sie werden zwar aus meinen Inschriften nichts über unsere Religionen,

Ideologien, Kulturen, Künste, Gefühle usw. erfahren, ebensowenig darüber, wie wir uns ernähren und vermehren, jedoch werden sie aus meinen drei Inschriften auf unser Denken schließen, gleichgültig, welche Stümpereien meine Inschriften enthalten. Sie werden aus ihnen den Stand unseres Wissens erraten, aber auch, daß wir Atom- und Wasserstoffbomben besaßen und daß es zum Dritten Weltkrieg kommen mußte. Sie werden den Code meiner Inschriften erraten, denn der Mensch beschreibt, was immer er beschreibt, sich selber. Die fremden Wesen werden aus meinen Inschriften folgern, daß auf dem nackten, versengten Steinplaneten, den sie betreten haben, einmal mit Intelligenz begabte Wesen existierten, die in ihrer Gesamtheit die Grenze Chandrasekhars überschritten. Ist die Sonne eine Ansammlung von Wasserstoff, ist der Staat eine Ansammlung von Menschen. Beide sind den gleichen Gesetzen unterworfen. Beide sind stabil, wenn ein Druck-, Energie- und Oberflächengleichgewicht besteht. Bei beiden wirkt die Gravitation. Sie beginnt einen Kern und um ihn herum eine Konvektionszone zu bilden. Zuerst unmerklich: Der Kern und die Konvektionszone einer Protosonne sind noch kaum ausgebildet, sie sind mehr die Anlagen dazu. Auf den Staat bezogen: Die Konvektionszone stellt die Behörden, der Kern das Volk dar. Einst zog ein Kaiser mit seinem Kanzler auf einem Ochsenkarren von Kloster zu Kloster und von Reichsstadt zu Reichsstadt, um sich verköstigen zu lassen. Der Kaiser und sein Kanzler waren die Behörde: Ihr Heiliges Römisches Reich Deutscher Nation war mit einer Protosonne vergleichbar. Kaum fünfhundert Jahre später war diese Protosonne zu einer instabilen Sonne geworden: zum Dritten Reich. Doch brauchen nicht weitere historische und daher unverständliche Beispiele gegeben zu werden. Die Funktion des Staates bestand ursprünglich darin, Schutz nach außen, Schutz nach innen und Schutz gegen die Beschützer zu geben, um deren willen der Einzelne seine Macht an den Staat abtrat. Wird diese Funktion dem Druck-, Energie- und Oberflächengleichgewicht einer stabilen Sonne gleichgesetzt, so lassen sich in diesem das Verhältnis des Staates zu jedem Einzelnen sowie das Verhältnis der Einzelnen untereinander darstellen. Das Druckgleichgewicht eines stabilen Staates besteht darin, daß sich der Einzelne möglichst frei bewegt, so frei nämlich, wie es den anderen Einzelnen gegenüber möglich ist; je größer deren Masse, desto beschränkter wird die Freiheit des Einzelnen: der Druck auf den Einzelnen ist angestiegen und damit die Temperatur innerhalb der Masse; sie beginnt, den Staat zu spüren, Emotionen gegen den Staat werden frei usw. Das Energiegleichgewicht besteht bei der Sonne darin, daß sie nicht mehr Materie in Energie umsetzt, als sie auszustrahlen vermag, bei den Staaten, daß sie nicht mehr produzieren, als sie ausgeben. Das Energiegleichgewicht bricht zusammen, wenn der Druck nachläßt oder wenn er zunimmt. Bei einem Blauen Riesen wie S-Doradus, achtzigtausendmal heller als die Sonne, ist die Konvektionszone zu schwach; damit wird der Druck nach innen ungenügend, der Stern setzt die Materie seines Kerns ungehindert in Energie um, er zerstrahlt. Es gab auch solche Staaten. Bei den meisten freilich, vor dem Dritten Weltkrieg, siegte die Konvektionszone: die Behörde. Die Macht des Staates stieg an. Besonders die überschweren Staaten begannen weniger abzustrahlen, als sie umsetzten. Sie wurden die Gefangenen ihrer Behörde. Ein Energiegleichgewicht stellt sich dann ein, wenn sich das Angebot nach der Nachfrage richtet. Bei einem Blauen Riesen, einer Sonne mit einer schwachen Konvektionszone – obgleich diese, verglichen mit der Konvektionszone unserer Sonne, um vieles mächtiger ist –, übertrifft das Angebot die Nachfrage, ein Konkurrenzkampf ohnegleichen findet im Innern eines solchen Sterns statt. Das gleiche ließ sich vor dem Dritten Weltkrieg eine Zeitlang in den Industriestaaten beobachten. Bei einer überschweren Sonne dagegen beginnt die Nachfrage das Angebot zu übertreffen, sie setzt zwar ihre Materie in Energie um, aber diese wird von der Konvektionszone absorbiert. Ein solcher Staat wird von der Behörde mißbraucht. Diese benötigt Waffen, um sich gegen innen und außen abzusichern. Und nicht nur Waffen, sie benötigt auch eine Ideologie, sie baut gleichsam ein gewaltiges geistiges Kraftfeld auf. Die Konvektionszone duldet keine andere Ideologie als die ihre, wer anders denkt, wird für asozial oder für verrückt erklärt oder gar wie ein Landesverräter behandelt. Damit erhöht ein solcher Staat seine Dichte und damit seinen Druck nach innen. Der Kernprozeß, der im größten Teil seiner Bevölkerung vor sich geht, kommt nur dem Staat zugute, genauer: seiner Behörde, deren Machtpotential ständig zunimmt, nicht aus Böswilligkeit, sondern aus Hilflosigkeit. Überschwere Staaten sind durchgeplant. Ein Energiegleichgewicht ist damit an sich unmöglich, weil ihr Druck nur noch zunehmen und nicht abnehmen kann, so daß es zum Gravitationskollaps kommt. So waren die politischen Zustände vor dem Dritten Weltkrieg. Die überschweren Sterne wollten die Welt nicht erobern, aber sie erpreßten sie dank ihrer Schwere. Ihre Gravitation saugte gleichsam die zerstrahlte Materie der Blauen Riesen in sich auf. Dadurch schrumpften diese, und nun nahm auch ihr Druck zu; aus dem ökonomischen Gleichgewicht gebracht, ›sozialisierten‹ sie, wurden nun ihrerseits zu überschweren Sonnen – unabhängig von ihrer wirtschaftlichen, gesellschaftlichen und ideologischen Struktur –, denn auch ›freiheitliche‹ Staaten begannen nach innen durch Erlasse gegen Andersdenkende Druck auszuüben. Der Prozeß war irreversibel. Ein Wettrüsten setzte ein. Jeder Staat produzierte nun mehr, als er an Energie abgab. Der Innendruck jedes Staates stieg ins Unerträgliche. Der gewaltige Druck ließ im Sonneninnern jede Gesellschaft entarten: die Großfamilien krachten zu Kleinfamilien zusammen, selbst diese wurden unstabil und verklumpten zu Kommunen oder Wohngemeinschaften, die wieder zerstrahlten, eine ungeheure Hektik herrschte, ein Wahnsinnsbetrieb, ein unbarmherziger Lebenskampf, verbunden mit einem unstillbaren Lebenshunger. Die Gesellschaft zerfiel immer mehr in zwei Klassen, in jene, die in der Konvektionszone angesiedelt waren, sich abgesichert hatten, und in jene, die schutzlos dem Druck und der ebenso ungeheuren Temperatur des Sonneninnern ausgesetzt waren. Doch die gewaltige Energie des Sonneninnern, die aus dieser Hektik entstand, wurde auch hier von der Konvektionszone aufgesogen, von der Behörde, die immer höhere Steuern benötigte, um dem Sonneninnern standzuhalten. Die Politik spielte sich daher nur noch auf der Sonnenoberfläche ab, ohne auf die Kernprozesse des Sonneninnern einwirken zu können, sie wurde zur Phrase, und so geriet denn auch das Geschehen im Sonneninnern außer Kontrolle: der Druck wurde zu groß, immer häufiger wurde die Konvektionszone von innen durchstoßen, mächtige Wirtschaftsimperien stiegen auf, fielen wieder zurück, Krisen wüteten, Inflationen, phantastische Schiebereien, irrsinnige Terrorakte, die Kriminalität und die Katastrophenanfälligkeit nahmen explosionsartig zu – die Staaten wurden instabil.

Diesen ungeheuren Protuberanzenausbrüchen gegenüber hilflos, wurde die Politik zynisch und damit wie eine tote Kirche kultisch, okkultisch endlich. Man predigte entweder Klassenkampf oder Liberalismus, ahnungslos, daß alles davon abhängt, wie sich Masse in Energie umwandelt; ohne daran zu denken, wie ein Volk sich verhält, wenn es zur Masse wird: unberechenbar. Man propagierte den sozialen Staat, den liberalen Staat, den Wohlfahrtsstaat, den christlichen, jüdischen, mohammedanischen, buddhistischen, kommunistischen, maoistischen Staat usw. ohne den leisesten Verdacht, ein überlasteter Staat könnte ein ebenso gefährliches Gebilde wie ein überschwerer Stern werden. Er wurde es auch: der Dritte Weltkrieg brach aus. Die nicht vorausgeahnte Wirkung von Wasserstoffbomben auf Ölfelder war nur noch ein gleichsam symbolischer Hinweis, daß es zu einer Supernova gekommen war, von der Wirkung der anderen Bomben ganz zu schweigen. Der Innendruck und damit die Innentemperatur waren zu gewaltig geworden, das Oberflächengleichgewicht gab nach, die riesigen Konvektionszonen – die von der Behörde unmäßig aufgerüsteten Armeen, die als Teil der Behörde diese längst kontrollierten – fegten in den Raum: um so katastrophaler, weil hier Sonne an Sonne grenzte, während im Weltraum eine durchschnittliche Distanz von dreieinhalb Lichtjahren die Sterne trennt. Nach der Supernova der Endzustand: die Menschheit als Neutronenstern. Der auf wenige bewohnbare und bewohnbar gemachte Landstriche zusammengepferchte Rest der Menschen – wie viele mögen allein beim Sahara-Projekt umgekommen sein – ist zu einer einzigen Konvektionszone geworden, astronomisch mit einem ›entarteten Neutronengas‹ zu vergleichen, zu einer total verwalteten Masse, zur ›Verwaltung‹ eben, wobei Verwalter und Verwaltete nicht mehr unterschieden werden können. Freilich blieb, wie bei einem Neutronenstern, auch der Menschheit vorerst ihr alter Drehimpuls, ihre Aggressivität, erhalten. Daß er abgebaut wird, dafür sorgt bei einem Neutronenstern die Zeit, bei der Menschheit der Winterkrieg im Gaurisankar: In ihm schlachten sich jene gegenseitig ab, deren Aggressivität ein Feindbild braucht, unter welchem Vorwand, ist gleichgültig. (Vor dem Dritten Weltkrieg waren die Vorwände der Terroristen am grotesken, eine Art Selbsthypnose. Sie bildeten sich wirklich ein, sie kämpften für eine brüderliche Weltordnung: Hätte man sie in jene versetzt, wären sie in ihr vor Langeweile umgekommen.) Chandrasekhars Berechnung war aufgegangen.

Doch bevor ich fortfahre, muß ich an dieser Stelle einem Einwand begegnen, den vielleicht auch die fremden Wesen vorbringen werden, wenn sie einmal meine Inschriften lesen: Die Materie ist der Entropie unterworfen und strebt ihrem wahrscheinlichsten Zustand zu. Ihr Anfang, die Zusammenballung aller Materie in einem Raum von der Größe der Neptun-Bahn: so viel Platz nahmen die Elementarteilchen des Universums ein, solange sie aneinandergedrängt waren. Dieser Zustand war der unwahrscheinlichste Zustand, den die Materie einnehmen konnte. Ihr wahrscheinlichster Zustand ist ihr Ende: die Materie zu fünfundneunzig Prozent zerstrahlt, die Trümmer der Sterne als schwarze Rote Zwerge, schwarze Weiße Zwerge, Schwarze Löcher, Haufen von toten Planeten, Asteroiden, Meteoren usw. Umgekehrt das Leben: Die Bedingungen, unter denen es entstand, waren zwar auch unwahrscheinlich, aber diese Unwahrscheinlichkeit erzeugte das Wahrscheinlichste, den Virus, darauf den Einzeller. Von ihm aus gesehen wird das Leben immer unwahrscheinlicher, ein denkendes Wesen ist das unwahrscheinlichste, weil komplizierteste Wesen des Weltalls. Dieses Wesen scheint dem Weltgesetz, der Entropie, zu widerstehen, um so mehr als es sich im Verlauf von drei Millionen Jahren aus einer seltenen Spezies zu einer Masse von sechs Milliarden entwickelt hatte. Doch der Schein trügt: Je unwahrscheinlicher das Leben ist, desto wahrscheinlicher ist sein Endzustand: der Tod. Ein Virus, ja ein Einzeller, vermag ›ewig‹ zu leben; die Tiere sterben zwar, haben aber kein Wissen davon. Indem der Mensch weiß, daß er sterben muß, wird sein Tod mehr als sein wahrscheinlichster Endzustand, er wird sein gewisser Endzustand. Der Tod und die Entropie sind das gleiche Weltgesetz, sie sind identisch; damit sind wir ›Menschen‹ (dieses Wort wird Euch nichts sagen) und Ihr, die Ihr diese Inschriften lesen werdet, identisch: denn auch Ihr werdet sterben.

[Die folgende Inschrift in einem anderen Stollen.] Der Verwaltung liegt das Gesetz homo homini lupus zugrunde: der Mensch ist für den Menschen ein Wolf. Merkwürdigerweise dachte ich an den Taubstummen, während ich diesen Satz in den Felsen ritzte, und der Gedanke schoß mir durch den Kopf, der Taubstumme könnte Jonathan gewesen sein. Ein unsinniger Verdacht, der wahrscheinlich nur zustande kam, weil ich mich erst wieder an Jonathan erinnerte, als ich an den Taubstummen dachte: Jonathan war verschwunden, als ich mich in die Höhle des Kommandanten rollte. Vielleicht kratzt er wie ich irgendwo in die Stollenwände.

Den Taubstummen traf ich nach dem Dritten Weltkrieg in meiner alten Heimatstadt: Schon vor dessen Ausbruch hatten sich die Regierung, die Staatsbehörde und die beiden Parlamente in die großen Bunker unter der Blümlisalp zurückgezogen, schien doch eine gegen jeden Angriff geschützte Legislative und Exekutive die Vorbedingung jeder Landesverteidigung. Das Parlamentsgebäude der Hauptstadt war unter der Blümlisalp genau nachgebildet, samt der Geheimanlage darunter und den Funkanlagen. Sogar die gleiche Aussicht, Dekorateure vom Stadttheater hatten mit vergrößerten Fotografien und Scheinwerfern dafür gesorgt. Um die Anlage herum waren die Wohnungen, die Kinos, die Kapelle, die Bars, die Kegelbahnen, das Spital und das Fitness-Center in die Blümlisalp gebaut. Darum herum lagerten sich die drei ›Ringe‹: der Versorgungsring mit den Lebensmitteln und den Weinkellern (besonders Waadtländer), der innere und der äußere Verteidigungsring. Unter der ganzen Riesenanlage die Tresorräume mit den gehorteten Goldbarren der halben Welt, und unter diesen ein Atomkraftwerk. Die Regierung und das Parlament tagten in Permanenz. Die Behörden arbeiteten auf Hochtouren. Als ich meinen Geheimauftrag entgegengenommen hatte und mich abmeldete, um offiziell meine Funktion als Verbindungsoffizier beim Kommandanten aufzunehmen, hatten sie eben eine neue Landesverteidigungskonzeption verabschiedet und beschlossen, innerhalb der nächsten zehn Jahre hundert Gepard-9-Panzer und fünfzig Vampir-3-Bomber anzuschaffen. Ich salutierte, die Regierung und die beiden Parlamente hatten sich erhoben und sangen ›Trittst im Morgenrot daher‹. Die Stimmung war gedrückt. Zwar glaubte eigentlich niemand an den Ausbruch des Dritten Weltkriegs, wenn auch mobilisiert worden war, aber man hoffte, daß die Bomben es nicht dazu kommen lassen würden, und Bomben besaßen schließlich alle, auch wir. Trotz des erbitterten Widerstands der Progressiven, Atomkraftgegner, Dienstverweigerer, Pfarrer und noch anderer mieser Kreise hatten wir die Bombe hergestellt – sogar erst nach dem Fürstentum Liechtenstein –, jeder afrikanische Staat besaß sie längst! So waren wir denn überzeugt, es käme, wenn überhaupt, nur ein konventioneller Krieg in Frage, an den wir aber nicht glaubten, weil uns einerseits die Herstellung der Bomben so viel gekostet hatte, daß wir für einen konventionellen Krieg zu wenig gerüstet waren, und weil wir andrerseits die Bombe ja gerade gebaut hatten, um einen konventionellen Krieg zu verhindern. Was uns bedrückte, war die außenpolitische Misere. Immer wieder beteuerten wir den Standpunkt der politischen bewaffneten Neutralität, aber uns beschlich immer bedrohlicher die Ahnung, daß weder die eine noch die andere Seite an unser heiliges politisches Credo glaubte. Für die einen gehörten wir ihrem politischen und damit militärischen Lager an, für die anderen waren wir militärisch potentielle Feinde. So waren wir denn gezwungen, unser mobilisiertes Heer – immerhin achthunderttausend Mann – an die Ostgrenze zu verlegen; die Westmächte wären sonst zu unberechenbar geworden, sie hätten in ihrer Front eine geschwächte Stelle vermutet. Auch läßt sich nicht verschweigen, daß die Bevölkerung der Regierung mißtraute und die Soldaten nur mitmachten, weil sie mußten: Seit einiger Zeit waren wir gezwungen, Dienstverweigerer zu lebenslänglichem Zuchthaus zu verurteilen; der Erschießung – wie das Militärdepartement sie forderte – entgingen sie nur durch Gnadenakte. Die Haltung der Bevölkerung gegenüber der Regierung war geradezu feindselig. Sie wußte die Regierung, die Behörden und das Parlament – fünftausend Leute – unter der Blümlisalp in Sicherheit, sich selber aber nicht; zum Glück konnte noch vor den allgemeinen Wahlen mobilisiert werden. Der Dritte Weltkrieg begann die ersten zwei Tage konventionell und für unsere Armee zum erstenmal seit 1512, als wir Mailand eroberten, durchaus ruhmvoll: Als die große Bombe auf die Blümlisalp fiel und die anderen großen Bomben auf die Regierungsbunker der anderen Länder – eine einzige Kettenreaktion von Schlägen und Gegenschlägen –, hatten wir die Russen bei Landeck aufgehalten, während sie in Oberitalien einfielen. Die Nachricht, daß die verbündeten und die feindlichen Armeen kapituliert hätten, erreichte den Kommandanten in einem Kurhotel im Unterengadin. Wir saßen in der großen Halle in bequemen Ohrensesseln, um uns der Stab. Getränke waren noch reichlich vorhanden. Eine Bombenstimmung. Der Kommandant frönte seiner musischen Neigung. Ein Quartett spielte Schubert: ›Der Tod und das Mädchen‹. Der Ordonnanzoffizier überreichte das Telegramm. »Da, Hänschen, lies den Wisch vor«, grinste der Kommandant, nachdem er ihn überflogen hatte. Draußen Freudengeschrei, der Funker hatte den Inhalt des Telegramms schon verkündet. Der Kommandant ergriff die Maschinenpistole. Ich erhob mich. Das Quartett verstummte. Ich las das Telegramm vor. Die Wirkung war ungemein. Das Quartett fiedelte eine Ungarische Rhapsodie von Liszt. Die Offiziere jubelten und lagen sich in den Armen. Die Maschinenpistole des Kommandanten mähte sie nieder. Er ließ drei Magazine durch. Der Saal bot ein unbeschreibliches Durcheinander von Leichen, zerfetzten Sesseln, Glasscherben, zerschmetterten Champagner-, Whisky-, Kognak-, Gin- und Rotweinflaschen; das Quartett spielte auf Leben und Tod das Andante con moto des

Schubert-Quartetts, die Variationen über ›Sei guten Muts. Ich bin nicht wild, sollst sanft in meinen Armen schlafen‹. Im Jeep sagte der Kommandant: »Alles Hosenscheißer und Landesverräter.« Dann kehrte er noch einmal zurück und schoß das Quartett über den Haufen. In Scuol nahmen wir voneinander Abschied. Der Kommandant setzte sich Richtung Innsbruck ab, ich fuhr ins Oberengadin. Vor Zernez zählte ich am Straßenrand, schön aneinandergereiht, über dreihundert Offiziere, vom Korpskommandanten bis zum Leutnant, alle von ihren Soldaten erschossen. Ich salutierte im Vorbeifahren. In Sankt Moritz wurde geplündert, die Luxushotels brannten lichterloh, das Chalet des Stardirigenten zischte in die Wolken. Ich kleidete mich zivil ein, in einer piekfeinen Herrenboutique für den Jet-set, ich wählte einen Jeans-Anzug, das Preisschild hing noch daran: 3000; in einem Discount-Geschäft hätte er keine 300 gekostet, vom Personal ließ sich niemand blicken. Treibstoff war nicht mehr aufzutreiben. Ich ließ meinen Jeep stehen und meine zwei Maschinenpistolen liegen, lud meinen Revolver, fand ein Velo und radelte über den Maloja. Nach der Paßhöhe die erste klare Nacht, die dunkle Seite des Halbmonds von einem bösartigen Rot: auf der Erde mußten unermeßliche Brände wüten. Vor der ehemaligen Grenze suchte ich in einem kleinen Dorf Unterkunft. Es lag im Halbschatten, die gegenüberliegende Talseite leuchtete wie Zinnober. Ich schlich mich zu einem Gebäude, das ich für eine unbewohnte Scheune hielt. Ich fand hinter dem Gebäude eine Treppe, die nach oben führte. Die Türe ließ sich leicht öffnen. Das Innere war dunkel, ich leuchtete mit einer Taschenlampe herum. Ich befand mich im Atelier eines Malers. An einer Wand stand ein Bild: verschiedene Personen, alle wie hingeworfen, die Leere des Bildes war gespenstisch, die lose aufgespannte, kaum grundierte Leinwand wirkte wie ein Netz, in dem sich Menschen verfangen hatten. Das Bild an der anderen Wand stellte einen Friedhof dar: weiße Grabmonumente, in die das überlebensgroße Porträt eines Menschen hineingefetzt war, unsinnig, als ob durch einen hintergründigen Protest der Maler sein Bild absichtlich hätte zerstören wollen: Der Untergang der Welt schien sich in diesem Atelier schon abgespielt zu haben. In der Mitte des Ateliers stand ein scheußliches Eisenbett mit einer gestreiften Matratze, aus der überall Roßhaar herausquoll. Neben dem Bett stand ein uralter, farbverklebter, zerfetzter Ledersessel. Im Hintergrund unter einem Fenster stand das Bild einer krepierenden Hündin, verloren in einer Unendlichkeit von Ocker. Dann tauchte das Porträt eines Menschen auf, der dem Kommandanten glich. Er lag nackt und dick auf einem Bett, sein Bart quoll wirr auf die Brust, die vom geblähten Bauch hochgedrückt wurde, die Leber war geschwollen, die Beine gespreizt, sein Blick stolz und irr. Ich fror. Ich schnitt das Bild aus dem Rahmen, legte mich aufs Bett und benutzte die nach Ölfarbe stinkende Leinwand als Decke. Im schmutzigen Licht des Morgens wachte ich auf. Ich griff nach meinem Revolver. Vor dem leeren Holzrahmen, dessen Leinwand ich herausgeschnitten hatte, stand in klobigen Schuhen ein schwarzgekleidetes altes Weib mit einer spitzen Nase und nach hinten geknoteten weißen Haaren. In den Händen hielt sie eine große bauchige Tasse. Sie schaute mich mit unbeweglichen rotunterlaufenen Augen an. »Wer bist du?« fragte ich. Sie antwortete nicht. »Chi sei?« fragte ich auf italienisch. »Antonia«, antwortete die Alte. Sie kam feierlich auf mich zu und reichte mir die Tasse. Sie war mit Milch gefüllt. Ich trank und rollte mich aus der Leinwand. Sie starrte darauf, lachte, »l'attore«, und als ich an ihr vorbeiging, sagte sie feierlich: »Non andare nelle montagne. Tu sei il nemico.« Wie viele, war sie verrückt geworden. Ich ging aus dem Atelier. Mein Fahrrad war gestohlen, das Dorf verlassen, die Grenze unbewacht. Das Städtchen Chiavenna wurde von türkischen Offizieren geplündert, die sich vor ihrer Mannschaft zu retten versuchten. In einer Garage nahm ich ein Motorrad, der Besitzer sah mir gleichgültig zu, man hatte seine Frau und seine zwei Töchter vergewaltigt und erschlagen. Auf dem Splügen warf ich einen russischen Offizier in den Stausee, das Motorrad versank ebenfalls. Er hatte mich überfallen, als ich angehalten hatte, den Atompilz zu bewundern, der am westlichen Himmel stand. Ich sah den Pilz zum ersten Mal. Etwas später stieß ich auf einen zerschellten Helikopter. Ich durchsuchte ihn und fand Papiere, die dem Offizier gehört hatten. Seinen Namen habe ich vergessen, ich erinnere mich nur noch, daß er aus Irkutsk stammte. Thusis war verwüstet. Ich begann zu begreifen, was sich in unserem Lande abspielte. Daß ich zwei Jahre brauchte, um mein Ziel zu erreichen, sagt alles. Meine Wanderung durch das Inferno dieser Zeit braucht deshalb nur angedeutet zu werden: Die Menschen, welche die Bombe überlebt hatten – wenn es überhaupt ein Überleben gab –, machten die gesamte Technik und die Bildung für den Dritten Weltkrieg verantwortlich. Nicht nur die Atomkraftwerke, auch die Staudämme und die Elektrizitätswerke wurden zerstört, Aberhunderttausende kamen in den Fluten um und in den Giftgaswolken der brennenden Chemiewerke, vor denen die Wut der Bevölkerung nicht haltgemacht hatte. Überall explodierten Tankstellen, brennende Autos; die sinnlos gewordenen Rundfunk- und Fernsehgeräte, die Plattenspieler, die Waschmaschinen, die

Schreibmaschinen, die Computer wurden zertrümmert; die Museen, die Bibliotheken, die Spitäler wurden vernichtet. Es war wie der Selbstmord eines ganzen Landes. Chur zum Beispiel war ein Tollhaus. In Glarus verbrannte man »Hexen«: Stenotypistinnen und Laborantinnen. Die Appenzeller verwüsteten das Kloster St. Gallen unter dem Vorwand, das Christentum hätte die Wissenschaft hervorgebracht. Die kostbare Bibliothek mit dem Nibelungenlied ging in Flammen auf. Im riesigen Schutthaufen, der einst Zürich gewesen war, übernahmen Rocker die Macht. Sie ersäuften in der Limmat die Progressiven und die Sozis sowie die Professoren und die Assistenten beider Hochschulen. In der Ruine des Schauspielhauses versammelte sich eine Sekte. Sie glaubte an die Hohlwelt-Theorie. Ihre Priesterinnen waren schwanger. Sie brachten scheußliche Mißgeburten zur Welt, die auf der Bühne geboren und geschlachtet wurden. Der Gottesdienst war eine Orgie. Die Gläubigen fielen übereinander her in der Hoffnung, noch fürchterlichere Mißgeburten zu zeugen. In Olten waren an großen Gerüsten Tausende von Primar- und Sekundarlehrern aufgeknüpft. Man hatte sie aus dem ganzen Land zusammengetrieben. Das »große Sterben« dagegen hatte schon in Graubünden eingesetzt. Gaben sich die Menschen zuerst unbeschreiblichen Ausschweifungen hin, plünderten, zertrümmerten, vernichteten, was ihnen in die Hände fiel, entfachten ungeheure Brände und legten jeden Verkehr lahm, wurden sie später apathisch. Sie wurden von einer bleiernen Müdigkeit befallen. Sie saßen vor den Ruinen ihrer Häuser, die sie selber zerstört hatten, und stierten vor sich hin, blieben irgendwo liegen, starben. Allmählich ließen die Zerstörungen nach. Es gab keine Autos, keine Bahnen mehr, nur Ruinen, ungeheure Ansammlungen von Lebensmitteln, gedacht für ein Acht-Millionen-Volk, das nun nicht einmal mehr hunderttausend zählte. Mit den Menschen starben auch die Tiere. Auf den Feldern lag Kadaver an Kadaver. Nur die Vögel hatten sich ins Unermeßliche vermehrt. Die Menschen beerdigten die Toten feierlich. Särge wurden gezimmert, aber man hatte nie genug Särge, man plünderte die alten Friedhöfe, scharrte heraus, was noch an Särgen vorhanden war, oder beerdigte die Leichen in Schränken. Endlose feierliche Leichenzüge; in der enormen Hitze, die auch im Herbst nicht abnahm, schritten alle schwarzgekleidet den Särgen nach oder zogen mit langen Seilen die Karren, auf denen die Särge geschichtet waren. Gewaltige Beerdigungsessen wurden abgehalten, die für die meisten die letzte Mahlzeit waren, dann wurden auch sie begraben, und die Leichenzüge, kleiner geworden, zogen aufs neue den Totenäckern entgegen. Es war, als ob das Volk sich selbst begrübe. Dann muß sich unser N-Bombenlager in der Schratten-Ruh von selbst entzündet haben. Im Emmental ging ich durch ein Dorf mit einer großen Milchsiederei. Es war sauber, gepflegt, die Geranien vor den Fenstern von einem feurigen Rot, doch die Straßen menschenleer. Ich hatte Hunger. Ich betrat einen Gasthof ›Zum Kreuze‹. In der Gaststube war niemand. In der Küche lag der tote Wirt, ein friedlicher Koloß, mit dem Gesicht in einer Eisbombe. Ich betrat den Speisesaal. Etwa hundert Menschen saßen an feierlich gedeckten Tischen, Männer, Frauen jeden Alters, auch Mädchen und Knaben. Am langen Tisch in der Mitte saßen Braut und Bräutigam. Die Braut im weißen Brautkleid, neben dem Bräutigam eine mächtige Frau in Berner Tracht. Alle waren tot und überaus friedlich in ihren sonntäglichen Gewändern. Ihre Teller halb leergegessen, sie mußten nachgefüllt worden sein.

Zwischen den Tischen lagen die Leichen der Serviertöchter. Auf den Tischen standen mächtige ›Bernerplatten‹: Bauernschinken, Schweinerippchen, Siedfleisch, Speck, Zungenwurst, Bohnen, Sauerkraut, Salzkartoffeln. Neben der Braut war ein Sessel zur Seite geschoben, am Boden lag ein älterer Mann, sein mächtiger Bart wie ein Schleier über seine Brust ausgebreitet. In der rechten Hand hielt er ein Blatt Papier, ich schaute hin, ein Gedicht. Ich nahm seinen Sessel, setzte mich neben die Braut, häufte von der Bernerplatte auf meinen Teller, das Essen war noch warm.

Doch ritze ich diese Erinnerungen nur zögernd in die Stollenwände: sie sind mir in vielem unglaubhaft geworden. So ist mir vor allem, als ob die Hitze auch den ganzen Winter über nicht nachgelassen hätte: denke ich zurück, sehe ich immer wieder gewaltige Überschwemmungen. Zu meiner Heimatstadt gelangte ich auf der leeren Autobahn wandernd. Je mehr ich mich ihr näherte, desto menschenleerer wurde das Land. Kilometerlang war die Autobahn schon von Gras überwuchert, es hatte den Beton gesprengt, auch kam ich an Autoschlangen vorbei, die von Efeu überwuchert waren. Einmal glaubte ich, am Himmel ein Flugzeug zu erspähen, es flog so hoch, daß es nicht zu hören war. Als ich die Stadt erreichte, waren ihre Vorstädte Ruinen: sinnlos gewordene Einkaufszentren, ausgebrannte Hochhäuser. Ich verließ die Autobahn. In der Abendsonne sah ich dann die Altstadt vor mir. Sie lag scheinbar unberührt auf dem Felsrücken über dem Fluß. Das Licht durchbrach die Mauern wie warmes Gold. Die Stadt schien von einer so wunderbaren Schönheit, daß in der Erinnerung an sie sogar der Anblick des Makalu und des Chomo-Lungma verblaßt. Doch die Brücken zu ihr hinüber waren zerstört. Ich kehrte zur Autobahn zurück, auf ihren Ruinen ließ sich der Fluß überqueren. Der Atompilz stand nun im Süden. Er wurde zu einer strahlenden Glocke, die sich über die Alpen stülpte und den nächtlichen Himmel erhellte, als ich in den Wald eindrang. Die Bunker waren unberührt, die Betten sauber bezogen. Ich wartete. Bürki kam nicht. Ich schlief ein. Am Morgen machte ich mich auf den Weg zur Innenstadt. Die Universität war eine Ruine, der Raum des Philosophischen Seminars verkohlt, die Fensterseite eingestürzt, die Bücher der Bibliothek eine schwarze zusammengepappte Masse. Der Tisch, an dem wir gesessen hatten, war zusammengebrochen. Nur die Wandtafel war unversehrt. Vor ihr stand ein Mann. Er kehrte mir den Rücken zu und hatte seine Hände in einem zerschlissenen Soldatenmantel vergraben. »Hallo«, sagte ich. Der Mann regte sich nicht. »He!« rief ich. Der Mann schien mich nicht zu hören. Ich ging zu ihm hin und berührte seine Schulter. Er kehrte mir sein Gesicht zu. Es war strahlenverbrannt und ausdruckslos. Er nahm ein Stück Kreide, das unter der Wandtafel lag, und schrieb: »Kopfschuß. Taubstumm. Lippen lesen. Langsam sprechen.« Dann wandte er sich mir zu. »Wer bist du?« fragte ich langsam. Er zuckte die Achseln. »Wo ist die Soldatenfürsorge?« fragte ich. Er nahm die Kreide und schrieb auf die Wandtafel. »Tibet. Krieg.« Er schaute mich an. »Die Soldatenfürsorge«, sagte ich langsam, jede Silbe betonend, »wo befindet sie sich?« Er schrieb 60231023, eine sinnlose Zahl, die ich behalten habe, nur weil ich als Offizier gewohnt bin, mir Nummern einzuprägen: sechzig, dreiundzwanzig, zehn, dreiundzwanzig. Er schaute mich an. Sein verbrannter Mund verzog sich. Es war nicht auszumachen, ob er lächelte oder grinste. Ich tippte an meine Stirn. Der Taubstumme schrieb: »Denken genügt«, und betrachtete mich wieder. Ich nahm ihm die Kreide aus der Hand, strich durch, was er geschrieben hatte, schrieb »Quatsch« darunter, warf die Kreide auf den Boden, zertrat sie und verließ die Ruine der Universität. Vor der ausgebrannten Mensa kam mir ein kleiner Mann entgegen. Auf seiner rechten Wange war ein großes schwarzes Geschwür. Er schob einen Handkarren mit Büchern vor sich her. Er komme vom Deutschen Seminar, sagte er und wies in die Richtung der Ruinenfelder hinter der Universität. Die Bücher habe er noch gefunden. Ich nahm ein Buch aus dem Handkarren, *Emilia Galotti* »Ich bin Buchbinder«, erklärte der Mann, »und ein Buchdrucker, nun, der arbeitet auch mit. Und jetzt geben wir ein Buch heraus, hundert Stück und dann noch einmal hundert Stück. Die Leute lesen wieder, richtige Leseratten werden die Leute noch. Ein Bombengeschäft.« Er strahlte. »Ich sterbe nämlich nicht. Ich habe es überstanden. Auf meiner Backe ist nur ein Melanom.« Ich meinte, Lessing sei eine etwas schwierige Lektüre. Der Mann fragte, wer Lessing sei. Ich zeigte ihm das Buch. »Das da?« wunderte sich der Mann, »das ist doch nicht zum Lesen, das ist zum Verbrennen. Ich drucke *Heidi.* Von der Johanna Spyri. Merken Sie sich den Namen: Johanna Spyri. Ein Klassiker.« Dann wurde er argwöhnisch. »Bist du Soldat gewesen?« Ich nickte. »Offizier?« fragte er drohend. Ich schüttelte den Kopf. »Und vorher?« fragte er. »Student«, sagte ich. Er blickte auf seinen Handkarren. »Solche Bücher gelesen?« fragte er finster. »Auch«, sagte ich. »Einen Riesenmist habt ihr gebaut mit eurer Bildung«, brummte er. »Ihr mit diesen Scheißbüchern.« Ich erkundigte mich nach der Soldatenfürsorge. »Beim Rathaus«, antwortete er. »Vielleicht bist du doch Offizier gewesen.« Er trottete mit seinem Handkarren davon.

Ich ging in die Ruinen zurück. Sie waren überwuchert. Der Wald, der im Norden der Stadt lag, war in sie hineingewachsen. Im zerstörten Seminar fand ich nur noch Teile einer *Tragischen Literaturgeschichte* und einige Seiten einer Einleitung, die von *Grundbegriffen der Poetik* handelte. Der Bahnhof unter der Universität war ein einziger Schutthaufen. Die Häuser, die Spital- und die Marktgasse waren verwahrlost, die Fenster der leeren Geschäfte eingeschlagen. Das Münster stand noch. Ich ging zum Hauptportal, das ›Jüngste Gericht‹ war zertrümmert. Als ich am Mittelschiff vorbeikam, prasselte ein Wasserspeier hinter mir aufs Pflaster. Am Eingang der Kreuzgasse lehnte sich ein zerlumpter Mann gegen eine Hausmauer. »Macht Lebensgefahr Spaß?« fragte er. Ich erkundigte mich, wer das ›Jüngste Gericht‹ zerschlagen habe. »Ich«, sagte der Mann. »Wir brauchen kein ›Jüngstes Gericht‹ mehr.« Die Soldatenfürsorge befand sich nicht weit vom Rathaus und mußte einmal eine Kapelle gewesen sein, wie ich mich zu erinnern glaubte. An den Mauern entlang lagen einige Matratzen und ein Stapel Wolldecken. Um den Taufstein drei Stühle und auf ihm ein Teller mit einem Stück Torte. An den Wänden waren die blassen Überreste eines Freskos, doch es war nicht mehr zu erkennen, was es einmal dargestellt hatte. Die Kapelle war leer. Ich ging einige Male hin und her. Es kam niemand. Ich öffnete eine Tür seitlich des Taufsteins. Ich betrat die Sakristei. Hinter einem Tisch saß eine dicke alte Frau mit einer Nickelbrille und aß Torte. Auf meine Frage, ob hier die Soldatenfürsorge sei, antwortete die Frau mampfend: »Ich bin die Soldatenfürsorge«, und nachdem sie den Bissen hinuntergeschluckt hatte, fragte sie: »Wer bist du denn?« Ich nannte meinen Decknamen: »Rückhardt.« Die dicke Frau dachte nach. »Von einem Rückhardt hat mein Vater ein Buch gehabt«, sagte sie dann, »›Brahms Weisheiten‹.« »*Die Weisheit des Brahmanen* von Friedrich Rückert«, korrigierte ich sie. »Möglich«, sagte die dicke Frau und schnitt sich ein Stück Torte ab. »Rüeblitorte«, erklärte sie. »Wo ist der Stadtkommandant?« fragte ich. Sie aß. »Die Armee hat kapituliert«, sagte sie. »Es gibt keinen Stadtkommandanten mehr. Es gibt nur noch die Verwaltung.« Das war das erste Mal, daß ich von ihr hörte. »Was meinen Sie damit?« fragte ich. Die Frau leckte ihre Finger ab. »Womit?« fragte sie. »Mit der Verwaltung«, sagte ich. »Die Verwaltung ist die Verwaltung«, erklärte sie. Ich schaute zu, wie sie die Rüeblitorte verschlang. Auf meine Frage, wie viele Soldaten sie betreue, antwortete sie: »Einen Blinden.« »Bürki?« fragte ich vorsichtig. Die Frau aß und aß. »Stauffer«, sagte sie endlich. »Der Blinde heißt Stauffer. Vorher hatte ich noch mehrere Soldaten. Sie sind alle gestorben. Sie waren alle blind. Du kannst auch hier wohnen, du bist ja auch Soldat gewesen, sonst wärst du nicht hierhergekommen.« »Ich wohne anderswo«, sagte ich. »Das ist deine Sache«, antwortete sie und schob den Rest der Torte in den Mund. »Wir essen Punkt zwölf mittags und Punkt acht abends Rüeblitorte.« Ich ging. In der Kapelle saß ein alter Mann am Taufstein. Ich setzte mich ihm gegenüber. »Ich bin blind«, sagte er. »Wie hat es dich erwischt?« fragte ich. »Ich habe den Blitz gesehen«, sagte er. »Die andern haben auch den Blitz gesehen. Sie sind alle tot.« Er schob den Teller von sich. »Ich mag keine Rüeblitorte. Nur die Alte mag Rüeblitorte.« »Stauffer?« fragte ich. »Nein«, antwortete er, »Hadorn. Ich heiße Hadorn. Stauffer ist tot. Heißt du Rüeger?« »Ich heiße Rückhardt«, sagte ich. »Schade«, sagte er, »wenn du Rüeger wärest, hätte ich etwas für dich.« »Was denn?« »Etwas von Stauffer.« »Der ist doch tot. « »Er hatte es auch von einem Toten.« »Von welchem Toten denn?« »Von Zaugg.« »Kenn ich nicht.« »Der hatte es noch von einem anderen Toten.« Ich überlegte. »Von Bürki?« fragte ich. Er dachte nach. »Nein«, entschied er dann, »Burger.« Ich gab nicht nach. »Vielleicht doch Bürki.« Er dachte wieder nach. »Ich habe ein schlechtes Namengedächtnis«, meinte er dann. »Ich heiße nämlich doch Rüeger«, sagte ich. »Dann hast du eben auch ein schlechtes Namengedächtnis«, sagte er, »vorher hast du gesagt, du bist nicht Rüeger. Aber es ist mir egal, wer du bist.« Er schob mir etwas zu. Es war Bürkis Schlüssel. »Wer ist die Verwaltung?« fragte ich. »Edinger«, antwortete der Blinde. »Wer ist Edinger?« fragte ich. »Ich weiß es nicht«, antwortete der Blinde. Ich erhob mich und steckte den Schlüssel in meine Manteltasche. »Ich gehe«, sagte ich. »Ich bleibe«, sagte er, »ich muß ohnehin bald sterben.« Die Metzgergasse war ein Schutthaufen, der Zytgloggeturm zusammengebrochen. Es war Nacht, als ich das Regierungsgebäude erreichte, aber so hell, als schiene der Vollmond. Den beiden Statuen neben dem Haupteingang fehlte der Kopf. Die Kuppel war eingebrochen, das große Treppenhaus nur mit Gefahr passierbar, doch der Saal der Großen Kammer war erstaunlich unbeschädigt, sogar das scheußliche Riesenfresko war erhalten, die Bänke der Abgeordneten dagegen waren weg. Der Saal war statt dessen mit zerschlissenen Sofas ausgestattet, auf denen in ebenso zerschlissenen Morgenröcken Frauen saßen, einige barbusig, alle von einigen Petroleumlampen nur spärlich beleuchtet. Die Zuschauerlogen waren mit Vorhängen zugedeckt. Die Rednertribüne war erhalten. Auf dem Platz des Parlamentspräsidenten saß eine Frau mit einem runden, energischen Gesicht. Sie trug die Uniform eines Heilsarmee-Offiziers. Es roch nach

Zwiebeln. Ich blieb unschlüssig in der Eingangstüre stehen. »Komm her«, befahl die Salutistin, »such dir eine aus.« »Ich habe kein Geld«, antwortete ich. Die Frau starrte mich an. »Mein Sohn«, sagte sie, »woher kommst du denn?« »Von der Front.« Sie staunte. »Da mußt du aber lange gewandert sein. Hast du einen Radiergummi?« »Wofür denn?« »Für ein Mädchen natürlich«, sagte sie. »Wir nehmen, was wir nötig haben. Noch besser wäre ein Bleistiftspitzer.« »Ich besitze bloß einen Revolver«, sagte ich. »Mein Sohn«, sagte die Frau, »her damit, sonst muß ich dich der Verwaltung melden.« »Edinger?« fragte ich. »Wem denn sonst?« antwortete die Frau. »Wo ist die Verwaltung?« fragte ich. »Am Eigerplatz«, antwortete die Frau. »Ließ Edinger diesen Puff –« »Dieses Etablissement, mein Sohn!« – »– dieses Etablissement einrichten?« »Natürlich«, antwortete sie. »Wir sind von der Bombe verseucht, mein Sohn. Wir müssen sterben. Jede Freude, die ein Mensch dem Menschen gewährt, ist ein göttlicher Liebesdienst. Ich bin Major. Ich bin stolz, daß meine Brigade es begriffen hat.« Sie wies auf die Frauen auf den zerschlissenen Sofas. »Dem Tode geweiht, zur Liebe bereit.« »Ich suche Nora«, sagte ich. Die Majorin ergriff die Glocke, läutete. »Nora«, rief sie. Oben in der Diplomatenloge öffnete sich ein Vorhang, Noras Kopf wurde sichtbar. »Was ist?« fragte Nora. »Ein Kunde«, sagte die Majorin. »Ich hab noch zu tun«, antwortete Nora, verschwand wieder. »Sie ist noch im Dienst«, stellte die Majorin fest. »Ich warte«, sagte ich. Die Majorin nannte den Preis: »Für den Revolver.« Ich gab ihr den Revolver. »Setz dich, mein Sohn«, sagte sie, »und warte.« Ich setzte mich zwischen zwei Frauen auf eines der zerschlissenen Sofas. Die Majorin nahm eine Gitarre hinter ihrem Präsidentensitz hervor, stimmte an, und alle sangen:

»Nichts kann unsre Reinheit nehmen,
wenn im Herz die Liebe haust.
Alle Qualen sind nur Schemen,
wenn des Todes Sense saust.
Daß Gott einst am Kreuz gehangen,
war für den nicht allzu schwer.
Seit die Bombe losgegangen,
sind wir schlimmer dran als er.«

Nora kam. Zuerst glaubte ich, sie trage einen Knaben, aber es war ein etwa sechzigjähriger Beinloser mit einem zerknitterten Kindergesicht. »So, mein Hopser«, sagte Nora und setzte ihn auf ein Sofa. »Jetzt geht es dir seelisch besser.« »Nora«, sagte die Majorin, »dein nächster Kunde.« Nora schaute mich an und tat, als kenne sie mich nicht. Sie war nackt unter ihrem Morgenrock. »Dann rauf mit uns beiden, mein Bester«, sagte sie und ging durch die Türe, die zum Wandelgang führte. Ich folgte ihr. Die Majorin begann wieder Gitarre zu spielen, und die Brigade sang:

»Schwestern öffnet eure Mieder,
gebt euch hin und spendet Freud.
Wer so tief fiel, legt sich nieder,
will die Lust der Ewigkeit.«

»Hast du den Schlüssel?« fragte Nora. Ich nickte. »Gehen wir«, sagte sie. Wir gingen vorsichtig durch die zerstörte Kuppelhalle und durch die Passage zum Ostflügel. Wir drangen in den Korridor ein und blieben unwillkürlich stehen. »Ich sehe nichts«, sagte ich. »Wir müssen uns an die Dunkelheit gewöhnen«, antwortete sie, »etwas sieht man immer.« Wir standen unbeweglich. »Wie konntest du nur!«

sagte ich. »Was?« fragte sie. »Du weißt schon, was ich meine«, sagte ich. Sie schwieg. Die Finsternis vor uns war undurchdringlich. »Die Stellung hier mußte behauptet werden«, antwortete sie. »Hat Edinger dich gezwungen?« Sie lachte. »Aber nein. Aber es hätte sonst keinen Grund für mich gegeben, hier zu wohnen. Siehst du jetzt etwas?« Ich log: »Etwas.« »Gehen wir.« Wir gingen vorsichtig in den Korridor hinein. Ich kam mir wie ein Blinder vor. »Warum bist du vorhin wütend gewesen?« fragte Nora. »Ich trieb es doch vorher auch mit euch allen ziemlich tüchtig.« Ich tappte mich weiter in die Dunkelheit hinein. »Ja, aber mit uns«, sagte ich verärgert. »Mein Lieber«, sagte Nora, »ich glaube, eure Zeit ist ganz schön vorbei.« Wir stiegen in den Keller hinunter. »Hier«, sagte sie, »paß auf, die Treppe, zweiundzwanzig Stufen.« Ich zählte sie im Hinabsteigen. Sie blieb stehen. Ich hörte ihr Atmen. »Jetzt rechts«, sagte sie, »in dieser Mauer.« Ich tastete die getäfelte Wand ab, fand die Stelle, sie schnappte auf. Ich tastete nach dem Schlüsselloch, der Schlüssel paßte. »Schließ die Augen«, sagte ich. Die Bunkertüre öffnete sich. Wir spürten, daß es hell wurde. Wir tasteten uns hinein, die Türe schloß sich hinter uns. Wir öffneten die Augen und standen im Computer-Raum. Nora überprüfte die Instrumente. »Die Generatoren sind in Ordnung«, sagte sie. Wir gingen zur Funkanlage. Nora stellte sie ein, und zu unserer Überraschung ertönte ›Trittst im Morgenrot daher‹ mit einer solchen Lautstärke, daß wir zusammenfuhren. »Die Blümlisalp«, schrie Nora. »Die automatische Funkanlage«, beruhigte ich sie, »es ist unmöglich, daß dort noch jemand lebt.« Aber dann ertönte eine Stimme. Es war Hosmann, der populäre Sprecher der Nachtsendung mit leichter Musik, Anekdoten und Interviews: ›Aus den Hosen, jetzt kommt

Hosmann‹. »Meine lieben Hörerinnen und Hörer«, sagte die Stimme, »es ist jetzt zweiundzwanzig Uhr.« Dann nannte Hosmann das Datum und kündigte die Wiederholung einer patriotischen Sendung an. »Sie leben noch«, schrie Nora, »sie leben noch. Das Datum ist von heute.« Und dann ertönte im Lautsprecher die Stimme des Vorstehers des Militär-Departements. »Mein Chef!« Nora war außer sich. Der Vorsteher hielt mit seiner sonoren Stimme eine Rede an das Volk. Er erklärte, daß sie alle, Regierung, Parlament, Behörde, viertausend im ganzen, Frauen und Männer, wenn auch hauptsächlich Männer, dazu tausend Stenotypistinnen, unter der Blümlisalp heil davongekommen seien, ohne Strahlenschäden, mit Lebensmitteln noch für zwei, drei Generationen, daß das Atomkraftwerk arbeite, ihnen Licht und Luft spende – womit die Einwände der Atomkraftgegner wohl ein für allemal widerlegt worden seien –, daß die Regierung, das Parlament und die Behörde daher imstande seien, das Land weiter zu regieren und dem Volk weiter zu dienen, wenn es auch unmöglich sei, die Blümlisalp zu verlassen, weil doch der Feind so heimtückisch gewesen sei, gerade auf die Blümlisalp eine Bombe zu werfen; doch hätten sie nicht zu klagen, die Exekutive, die Legislative und die Staatsverwaltung hätten sich zu opfern und nicht das Volk, und so hätten sie sich denn geopfert. Und während der Vorsteher des Militärdepartements weiterredete, starrte ich Nora an. Sie stand da, ihr Morgenrock hatte sich geöffnet, und sie hörte ihrem Chef atemlos zu. Ich fiel über sie her, riß sie nieder, riß ihre Schenkel auf, eine Ewigkeit hatte ich keine Frau gehabt. Und der Chef redete, daß er mit großer Freude vom Sieg über den heimtückischen Feind in Landeck gehört habe, und er sei überzeugt, daß die Armee mit ihren tapferen Alliierten schon tief in den Steppen Asiens dem Endsieg entgegeneile, ja ihn wahrscheinlich schon errungen habe, daß er aber leider samt der übrigen Regierung noch nichts von der Außenwelt gehört habe, weil die überaus starke Radioaktivität der Blümlisalp offenbar jeden Funkempfang verhindere. Er redete und redete. Nora hörte ihm immer noch zu. Ich keuchte, stöhnte, sie preßte ihre rechte Hand auf meinen Mund, um ihren Chef zu hören, kein Wort von ihm zu verlieren. Ich war auf ihr, auf und ab, unersättlicher, weil sie nur dieser Stimme im Lautsprecher zuhörte, während ihr Leib alles mit sich geschehen ließ. Natürlich sei es möglich, erklärte der Chef in nicht überhörbarer Besorgnis, natürlich sei es nicht ganz ausgeschlossen, wenn auch unwahrscheinlich, daß der Krieg einen anderen Verlauf genommen habe als vorausgesehen, daß bei der numerischen und in den klassischen Waffensystemen geradezu gigantischen Überlegenheit des Feindes dieser obsiegt, der das Land erobert habe, aber eben nur das Land und nicht das Volk, das unbezwingbar sei, wie in den Tagen von Morgarten, Sempach und Murten. Ich raste, tobte auf Noras Leib, immer wütender, weil sie immer noch zuhörte, weil ich ihr immer noch gleichgültig war. Gerade diese Tatsache müsse dem Feind nun wohl allmählich klargeworden sein, nicht allein durch den heldenhaften Widerstand, den das Volk immer noch leiste – wer zweifle daran –, sondern vor allem deshalb, weil die rechtmäßige, vom Volk gewählte Regierung, Parlament und Behörde des Landes, unter der Blümlisalp frei ihrer Pflicht nachgehe, Tag und Nacht; sie regiere, sie verordne, sie beschließe Gesetze, sie sei das eigentlich wahre Volk und niemand anders, und damit allein befugt, mit dem Feind zu verhandeln, nicht als Besiegte, sondern als Siegerin, denn möge das Land noch so verwüstet sein – dieser unwahrscheinliche Fall einmal angenommen –, ja möge das Land keinen Widerstand mehr leisten, oder – auch das sei leider denkbar – existiere es gar nicht mehr, seine intakte Regierung, sein von ihm gewähltes Parlament und seine perfekte Behörde existierten. Diese kapitulierten nie. Im Gegenteil, sie seien bereit, im Interesse des Weltfriedens erneut ihre Unabhängigkeit, gestützt auf ihre ewigwährende bewaffnete Neutralität, zu bekräftigen.

Eigentlich sind es nur Wortfetzen, an die ich mich erinnere, die ich zusammenfüge, es kam mir, wie es mir noch nie gekommen war, mir war, als ob es nie aufhöre, und als ich von Nora ließ, tönte aus dem Lautsprecher wieder ›Trittst im Morgenrot daher‹. Wir erhoben uns. Ich war schweißüberströmt. Wir gingen ins Labor, beide nackt. Sie entnahm mir Blut und untersuchte es. »Du bleibst am Leben«, sagte sie. »Und du?« fragte ich. »Die Verwaltung hat mich untersucht«, sagte sie. »Ich hatte auch Glück. Wie du.« Ich warf mich noch einmal auf sie, riß sie neben dem Labortisch auf den Boden, aber wieder wurde ich wütend, weil sie, während ich sie zu nehmen versuchte, mit kalter, sachlicher Stimme sagte: »Eine intakte Regierung ohne Volk ist für die Regierung doch eigentlich ideal«, und dann lachte sie und hörte nicht auf zu lachen, und ich ließ sie los. »Wie viele arbeiten in der Verwaltung?« fragte ich, nachdem sie sich beruhigt hatte. »Zwanzig, dreißig Leute, mehr nicht«, antwortete sie, erhob sich und blieb vor mir stehen. »Wo wohnt denn Edinger?« fragte ich, immer noch auf dem Boden sitzend, nackt, erschöpft. Sie schaute mich nachdenklich an. »Warum willst du das wissen?« »Nur so«, antwortete ich. »In Bethlehem. In einem Penthouse«, sagte sie endlich. »Weißt du seinen Vornamen?« Sie zögerte. »Jeremias«, sagte sie dann. Ich ging zum Computer. Nur wenige Edinger waren gespeichert, darunter auch Jeremias Edinger. Ich überflog die Fakten: Philosophiestudium ohne Abschluß. Umweltschützler. Dienstverweigerer, zum Tode verurteilt, vom Parlament zu lebenslänglichem Zuchthaus begnadigt. Ich ging noch einmal in den Funkraum, schloß die Tür, der Code lag im Geheimfach. Ich kehrte zu Nora zurück, kleidete mich an. Sie war wieder im Morgenrock. Ich ging ins Arsenal, wählte eine Pistole mit Schalldämpfer, sagte ihr, sie solle den Schlüssel behalten und abschließen, ich hätte etwas vor, das nicht ungefährlich sein könnte. Nora schwieg. Ich verließ das Regierungsgebäude durch eine Tür im Ostflügel.

In Bethlehem stand nur noch ein Hochhaus, wenn auch mehr einem gespenstischen Gerüst ähnlich. Ich betrat das Gebäude, unten war alles ausgebrannt, die Liftschächte leer. Endlich fand ich eine Treppe. Die Stockwerke bestanden nur noch aus Eisenträgern, die eine Betondecke trugen. Das oberste Stockwerk war leer, nur vom überaus hellen Nachthimmel beleuchtet. Ich glaubte schon, ich hätte mich getäuscht, das Hochhaus sei unbewohnt, als ich eine Leiter entdeckte. Ich kletterte hoch und stand auf dem Flachdach unmittelbar vor der dunklen Fläche eines Penthouses, durch dessen Türritzen ein Lichtschein fiel. Ich klopfte. Ich hörte im Penthouse Schritte, dann öffnete sich die Türe, und in der hellen, bläulichen Fläche stand eine Silhouette. »Ist Jeremias Edinger hier?« fragte ich. »Mein Papa ist noch im Büro«, antwortete eine Mädchenstimme. »Ich warte unten auf ihn«, sagte ich. »Wart doch bei mir«, sagte das Mädchen. »Komm herein. Mein Muetti ist auch noch nicht gekommen.« Das Mädchen ging ins Penthouse, und ich folgte ihm, die Hände in den Jackentaschen. Der Tür gegenüber war eine riesige Glaswand, und ich begriff, warum das

Innere des Penthouses erleuchtet schien. Hinter der Glaswand stand die helle Nacht, aber sie war nicht so blausilbern durchscheinend, weil der Mond schien, sondern weil die Berge gleichsam phosphoreszierten, die Blümlisalp leuchtete so stark, daß sie Schatten warf. Ich schaute das Mädchen an. Es sah im Licht gespenstisch aus, es war schmal, die Augen sehr groß und die Haare vom gleichen Weiß wie die Blümlisalp, die in den Raum hineinleuchtete. An der einen Wand waren zwei Betten, in der Mitte des Raumes ein Tisch mit drei Stühlen. Auf dem Tisch lagen zwei Bücher, *Heidi* und Schweglers *Geschichte der Philosophie im Umriß – Ein Leitfaden zur Übersicht*. An der anderen Wand stand ein Kochherd und an der Glaswand ein Schaukelstuhl. Das Mädchen zündete einen Leuchter mit drei Kerzen an. Das warme Licht verwandelte den Raum. An den Wänden waren farbige Kinderzeichnungen. Das Mädchen war in einem roten Trainingsanzug, seine Augen waren groß und fröhlich, sein Haar weißblond, es mußte etwa zehn Jahre alt sein. »Du bist erschrocken«, sagte es, »weil die Blümlisalp so leuchtet.« »Na ja«, sagte ich, »etwas bin ich schon erschrocken.« »In den letzten Wochen hat das Leuchten zugenommen. Papa ist besorgt«, sagte das Mädchen. »Papa glaubt, ich müsse mit Muetti fortgehen.« Ich schaute nach den Zeichnungen. »*Heidi*«, sagte das Mädchen. »Ich habe das ganze *Heidi* gezeichnet, das ist der Alp-Öhi, und das ist der Geißen-Peter. Willst du dich nicht setzen?« fragte das Mädchen. »In den Schaukelstuhl, der ist für die Gäste da.« Ich ging zur Glaswand, schaute nach der Blümlisalp und setzte mich in den Schaukelstuhl. Das Mädchen las am Tisch *Heidi*. Es mußte gegen drei Uhr morgens sein, als ich Schritte hörte. In der Tür erschien ein großer, dicker Mann. Er schaute mich flüchtig an, wandte sich dem Mädchen zu.

»Du solltest längst im Bett sein, Gloria«, sagte er. »Marsch, in die Federn.« Das Mädchen schloß das Buch. »Ich kann nicht schlafen, bevor du kommst, Papa«, sagte es. »Und Muetti ist auch noch nicht gekommen.« »Es kommt gleich, dein Muetti«, sagte der große, schwerfällige Mann und kam zu mir. »Mein Büro befindet sich am Eigerplatz«, sagte er. »Ich möchte Sie persönlich sprechen, Edinger«, sagte ich. »Wollen Sie sich nicht vorstellen?« fragte er. Ich schaukelte. »Mein Name tut nichts zur Sache«, antwortete ich. »Schön«, sagte er, »trinken wir einen Kognak.« Er ging zur Kochstelle, bückte sich, holte eine Flasche hervor und zwei Kognakgläser. Er kehrte wieder in den Raum zurück, strich dem Mädchen, das schon im Bett lag, über das Haar, blies die Kerzen aus, öffnete die Türe, winkte mir, und wir traten beide auf das Flachdach hinaus, das im gespenstischen Licht der phosphoreszierenden Berge wie eine von Trümmern, Gestrüpp und kleinen Bäumen übersäte Ebene vor uns lag. Wir setzten uns auf die Trümmer eines Kamins, unter uns das verwüstete Bethlehem. Hinter einem der niedergesackten Hochhäuser in der Ferne nur ahnbar die Stadt mit der hochgereckten, schmalen Silhouette des Münsters. »Soldat gewesen?« Ich sei noch Soldat, antwortete ich. Er gab mir ein Glas, schenkte mir ein, dann sich. »Von der französischen Botschaft«, sagte er. »Auch die Gläser. Kristall.« Ob die noch existiere, fragte ich. »Nur der Keller«, antwortete er, die Verwaltung habe auch ihre Geheimnisse. Wir tranken. Was ich vorher gewesen sei, fragte er. »Student, beim alten Katzbach«, antwortete ich. »Ich war dabei, eine Dissertation zu schreiben.« »So«, sagte er. »Über Platon.« Und dann fragte er: »Über was denn bei Platon?« »Über den *Staat*«, antwortete ich, »über das Siebente Buch.« Er habe auch bei Katzbach studiert, meinte er. »Ich weiß«, sagte ich.

Ich sei über ihn im Bilde, stellte er fest, doch ohne sich zu verwundern, und trank. »Was ist aus Katzbach geworden?« fragte ich. Als die Bombe gefallen sei, habe seine Wohnung Feuer gefangen, berichtete er und schwenkte den Kognak im Glas, »zu viele Manuskripte.« Philosophenpech, sagte ich, vom Seminar sei auch nichts übriggeblieben. Nur der Schwegler, sagte er, das einzige, was er noch gefunden habe. »Ich hab ihn auf Ihrem Tisch gesehen«, antwortete ich. Wir schwiegen, starrten nach der Blümlisalp. »Kommen Sie morgen zur Untersuchung«, sagte Edinger, »Eigerplatz.« »Ich werde leben«, antwortete ich, »schon untersucht.« Er fragte nicht, wer mich denn untersucht habe, schenkte mir wieder Kognak ein und sich auch. »Wo ist die Armee, Edinger?« fragte ich. »Wir haben achthunderttausend Mann mobilisiert.« »Die Armee«, sagte er, »die Armee.« Er trank. »Auf Innsbruck fiel eine Bombe.« Er trank wieder. »Ein Spätzünder. Sie kommen von der Armee. Dann hatten Sie Glück.« Wir schwiegen, starrten auf die Stadt, tranken. Dieses Land müsse man wahrscheinlich aufgeben, sagte Edinger. Überhaupt Europa. Auch was im mittleren und südlichen Afrika geschehen sei, ließe sich nicht beschreiben. Von den anderen Kontinenten nicht zu reden. Von den Vereinigten Staaten hätte man bis jetzt noch kein Lebenszeichen. Es gäbe auf der Erde kaum noch hundert Millionen Menschen. Und vorher seien es zehn Milliarden gewesen. Ich schaute zur Blümlisalp hinüber. Sie war heller als der Vollmond. »Wir haben eine Weltverwaltung gegründet«, sagte er. Ich schwenkte den Kognak im Glase. »Wir?« fragte ich. Er antwortete nicht gleich. »Du bist ein Dienstverweigerer gewesen, Edinger«, sagte ich und hielt mein Glas gegen die Blümlisalp. Es leuchtete gespenstisch auf. »Du lebst, weil die Zuchthausmauern dich schützten. Ein Witz. Hätte das Parlament etwas Courage gehabt, wärst du längst erschossen.« »Du hättest wohl die Courage gehabt«, meinte er. Ich nickte. »Darauf kannst du zählen, Edinger.« Ich trank einen Schluck, genoß ihn. Von der Stadt her war eine dumpfe Explosion zu hören. Die Silhouette des Münsters neigte sich, dann ein fernes Donnern, und eine bläuliche Staubwolke erhob sich, senkte sich, vom Münster war nichts mehr zu sehen. »Die Münsterterrasse ist eingestürzt und hat das Münster mit sich gerissen«, sagte er gleichgültig. »Wir haben das längst erwartet. Im übrigen hast du recht, Oberst«, fuhr er fort. »Wir Dienstverweigerer haben hier die Verwaltung gegründet, anderswo sind es die Dissidenten oder die Opfer der Radikalenerlasse.« Edinger hatte sich verraten. Er wußte, wer ich war. Aber das war vorerst nicht wichtig. Wichtiger war, etwas über die Verwaltung zu erfahren. »Anderswo gibt es also auch Zweigstellen eurer Weltverwaltung«, sagte ich, »darum bist du informiert, Edinger.« »Durch Funk«, sagte er. »Es gibt keine Elektrizität mehr«, warf ich ein. »Einige von uns sind Bastler«, antwortete er. Sein Gesicht war geisterhaft im Licht der Nacht, und irgend etwas Unerklärliches ging von ihm aus, etwas merkwürdig Starres. »Einmal glaubte ich, ein Flugzeug zu sehen«, berichtete ich. Er trank. »Von der Zentralverwaltung in Nepal«, sagte er. Sie besitze eines zur Überprüfung der Radioaktivität. Ich überlegte. Etwas stimmte nicht an der Geschichte. »Du weißt, wer ich bin, Edinger«, stellte ich fest. »Ich wußte, daß du kommen würdest, Oberst«, antwortete er. »Bürki bereitete mich vor.« Wir schwiegen. »Gab er dir auch den Schlüssel?« fragte ich. »Auch«, sagte er. »Nora?« fragte ich. Die wisse nichts davon, antwortete er. Der Bunker unter dem Ostflügel sei leicht zu finden gewesen. Er hätte sich einige Reden der Regierung angehört, dann den Schlüssel Bürki zurückgegeben. Der sei gestorben, und über Zaugg, Stauffer, Rüeger und Hadorn sei der Schlüssel zu mir gekommen. »Du bist im Bilde«, sagte ich. Er trank seinen Kognak aus. »Die Verwaltung ist im Bilde«, antwortete er. Ich deutete auf die glühende Blümlisalp. »Dort ist die Verwaltung, Edinger«, sagte ich, »eine intakte Regierung, ein intaktes Parlament, eine intakte Behörde. Wenn wir die befreien, haben wir eine bessere Verwaltung als eure Weltverwaltung von Dienstverweigerern und Dissidenten. Die wird gewaltig zusammenimprovisiert sein. Schenk mir noch einmal ein, Edinger.« Er schenkte mir ein. »Vor allem sollte dir eines langsam klar sein, Edinger«, fuhr ich fort, »von uns beiden bin ich der Stärkere.« »Du meinst, weil du eine Waffe hast?« fragte er und trank. »Meinen Revolver gab ich der von deiner Verwaltung eingesetzten Puffmutter im Regierungsgebäude«, sagte ich. Er lachte. »Oberst, im Bunker unter dem Ostflügel stand dir ein Waffenlager zur Verfügung. Und der Code.« Ich stutzte. »Was weißt du vom Code?« Er antwortete nicht gleich. Er starrte auf die Blümlisalp, und sein großes, schweres Gesicht hatte wieder etwas sonderbar Starres. Bürki habe ihm den Code im Geheimfach unter dem Ostflügel gezeigt, erzählte er, und dann hätten sie zusammen einige Geheimbotschaften entziffert, welche die Regierung von der Blümlisalp gesendet habe. Übrigens sei das nur möglich, weil das unterirdische Kabel intakt sei, der Radiosender in der Blümlisalp sei durch die Radioaktivität außer Betrieb gesetzt, die Regierung sei nur noch vom Ostflügel des Regierungsgebäudes zu erreichen. Die Regierung sei verzweifelt. Sie habe vergeblich versucht, mit mir in Kontakt zu kommen, und habe den Versuch jetzt aufgegeben. Sie hätte gehofft, daß ich sie befreie, und nun richte sie diese Bitte an die, von denen sie überzeugt sei, daß sie gewonnen hätten, an die Feinde, ahnungslos, daß es keine Sieger, sondern nur Besiegte gebe; daß sich die Soldaten aller Armeen geweigert hätten weiterzukämpfen und ihre Offiziere erschossen hätten, daß die Weltverwaltung die Macht übernommen habe und daß diejenigen Soldaten, welche die Katastrophe überlebt hätten, nun versuchten, die Sahara fruchtbar zu machen: Vielleicht sei es so für die Menschheit möglich, doch noch davonzukommen. Er schwieg. Ich hatte mir seinen Bericht angehört und überlegte. »Was schlägst du mir vor?« fragte ich. Er trank sein Glas leer. »Die Menschen in der Sahara arbeiten, um zu überleben«, sagte er. Die Möglichkeit, daß die Radioaktivität auch dorthin vordringe, sei nicht auszuschließen. Die Menschen versuchten, die Wüste mit unglaublich primitiven Mitteln zu bewässern. Sie arbeiteten wie Urmenschen. Sie haßten die Technik. Sie haßten alles, was sie an die alte Welt erinnere. Sie lebten unter einem Schock. Diesen Schock müßten wir überwinden. Ich hätte wie er Philosophie studiert. Er besitze den Schwegler. Wir hätten einmal über diese *Philosophie im Umriß* gelacht, aber vielleicht könne ich den Menschen in der Sahara beibringen, daß Denken nicht nur etwas Gefährliches sei. Er schwieg. Der Vorschlag war grotesk. »Denken lernen anhand des Schwegler«, lachte ich. »Wir haben nichts anderes«, sagte er. »Eine andere Möglichkeit hast du mir wohl nicht anzubieten?« fragte ich. Er zögerte. »Doch«, antwortete er endlich, »aber ich biete dir diese Möglichkeit nur ungern an.« »Die wäre?« fragte ich. »Macht«, sagte er. Ich betrachtete Edinger nachdenklich, er verschwieg mir irgend etwas. »Du willst mich in die Verwaltung aufnehmen, Edinger?« fragte ich. »Nein«, antwortete er, »in die Verwaltung kannst du nicht aufgenommen werden, Oberst.« Er kehrte mir sein schweres Gesicht zu. »Die Verwaltung ist ein Schiedsgericht, sonst nichts. Es steht jedem Einzelnen frei zu entscheiden, ob er die Ohnmacht will oder die Macht, ob er ein Bürger sein will oder ein Söldner. Auch du kannst wählen. Deine Wahl muß von der Verwaltung angenommen werden.« Ich überlegte. »Worin besteht die Macht eines Söldners?« fragte ich mißtrauisch. »Worin jede Macht besteht«, antwortete er, »in Macht über Menschen.« »Über welche Menschen?« forschte ich weiter. »Über Menschen, die den Söldnern ausgeliefert werden«, antwortete Edinger undurchsichtig. »Red nicht um den Brei herum, Edinger«, sagte ich. »Du hast keine Übersicht, Oberst«, antwortete er. »Der Dritte Weltkrieg ist noch nicht zu Ende.« »Ach«, sagte ich, »wo geht er denn noch weiter?« Er zögerte wieder, starrte aufs neue in sein Glas. »In Tibet«, antwortete er endlich, »dort kämpft man weiter.« »Wer?« fragte ich. »Die Söldner.« Die Angelegenheit kam mir unglaubwürdig vor. »Wer greift die Söldner an?« fragte ich. »Der Feind«, antwortete Edinger. »Wer ist dieser Feind?« wollte ich wissen. »Angelegenheit der Söldner«, antwortete er ausweichend. »Die Verwaltung mischt sich nicht in ihre Angelegenheiten.« Unser Gespräch drehte sich im Kreise. Entweder mußte der Feind mächtiger sein, als Edinger zugeben wollte, oder der Krieg in Tibet war eine Falle. Ich durfte nichts riskieren. »Edinger«, sagte ich, »ich bin der Verbindungsoffizier unserer Armee beim Kommandanten gewesen. Als die Alliierten kapitulierten und der Stab diese Kapitulation feierte, erschoß der Kommandant eigenhändig seinen Stab.« »Und?« fragte Edinger. Ich schaute ihn an. »Edinger«, sagte ich, »am Straßenrand vor Zernez lagen über dreihundert Offiziere. Von unseren Soldaten erschossen.«

Edinger trank sein Glas aus. »Unsere Soldaten wollten nicht mehr kämpfen«, sagte er. Ich zog die Pistole mit dem Schalldämpfer. »Schenk dir noch einmal ein, Edinger«, sagte ich. »Die Söldner in Tibet gehen mich nichts an, und deine Verwaltung auch nicht. Mich geht nur die Regierung etwas an, der Blümlisalp. Das Land ist voller Sterbender. Mit ihnen, die ohnehin sterben, werde ich die Regierung retten.« Edinger füllte sein Glas, schwenkte es. »Du wirst trotzdem nach Tibet gehen, Oberst«, sagte er ruhig und stellte die Flasche neben sich aufs Flachdach, kostete den Kognak. »Steh auf«, befahl ich, »geh an den Rand des Flachdachs. Du bist ein Dienstverweigerer und ein Landesverräter.« Edinger gehorchte, wandte sich am Rand des Flachdaches noch einmal mir zu, eine Silhouette gegen die leuchtende Blümlisalp. »Die Blümlisalp«, sagte er, lachte und fragte mich: »Weißt du, woran ich denken muß, Oberst, wenn ich die Blümlisalp so leuchten sehe?« Ich schüttelte den Kopf. »Daran«, sagte er, »daß ich bei meinem Prozeß, als man mich zum Tod verurteilte, vorschlug, mit dem Geld, das man sparen könnte, würde man die Armee abschaffen, etwas Verrücktes zu tun: Man solle auf der Blümlisalp die größte Sternwarte der Welt errichten.« Er lachte. Er winkte mir zu. Dann leerte er das Glas, warf es hinter sich in die Ruinen, kehrte mir den Rücken zu. »Im Namen meiner Regierung«, sagte ich und schoß dreimal in die Silhouette. Sie versank. Der helle Nachthimmel vor mir war leer. Ich hörte, wie Edinger tief unten aufschlug. Mir begann etwas zu fehlen. Ich nahm die Flasche, warf sie ihm nach.

Ich spürte, daß jemand hinter mir stand. Ich fuhr herum, die Pistole in der Hand. Es war Nora. Sie trug einen Overall, wie ihn Arbeiter tragen. Ihr Haar fiel ihr über die Schultern.

Es schien in der Nachthelle ebenso weiß wie jenes des Mädchens im Penthouse. »Nora«, sagte ich, »ich habe den Landesverräter Edinger getötet. Es war nicht nötig, daß du mir folgst.« Sie sagte nichts. Ich ging einige Schritte zum Rande des Flachdachs, kehrte um. »Nora«, sagte ich verwirrt, »mir fehlt etwas, und ich weiß nicht, was mir fehlt.« »Ich bin schon lange hier«, antwortete sie. »Ich habe euch zugehört. Gloria ist mein Kind, und Edinger war mein Mann.« Ich starrte sie an. »Davon stand nichts im Computer«, sagte ich. »Hätte es im Computer gestanden, wäre ich nicht im Regierungsdienst gewesen«, antwortete sie, ging an mir vorbei bis an den Rand des Flachdaches und schaute hinunter. »Ich bin froh, daß du ihn getötet hast. Als die Bombe fiel, arbeitete er mit anderen Häftlingen auf dem Großen Moos. Er war nicht mehr zu retten. Seine Schmerzen waren schlimm. Er mußte durch eine Hölle.« Sie wandte sich um und kam auf mich zu. »Ich weiß, was du jetzt denkst, weil du nur in einer Kategorie zu denken vermagst.« Sie blieb vor mir stehen, eine dunkle Gestalt vor dem immer heller werdenden Himmel. »Aber ich bin keine Verräterin. Edinger war mein Mann und nicht mehr. Ein Mann. Aber ich dachte, er sei ein Narr. Ich glaubte an den ganzen Unsinn der Landesverteidigung. Ich war schwanger, als er acht Jahre vor Kriegsausbruch als Dienstverweigerer zum Tod und dann zu lebenslänglichem Zuchthaus verurteilt wurde. Ich hatte ihm das Studium ermöglicht. Er nannte mich im Scherz seine Xanthippe. Diese Frau, sagte er, habe mehr für die Philosophie getan als alle anderen Frauen. Er wurde Dienstverweigerer, weil es ihm die denkerische Redlichkeit vorschrieb: was einer denke, müsse er vollziehen. Es gebe keine Gewissensnotwendigkeit, sondern eine Denknotwendigkeit. Gewissen und Denken seien eins. Er liebte unser Land, aber er warf ihm vor, es drücke sich vor dem Denken. Er haßte niemanden. Aber ich fühlte mich von ihm im Stich gelassen. Ich hatte Angst. Mein Instinkt sagte mir, daß wir die Landesverteidigung brauchten. Er sagte mir, daß sich die Regierung, das Parlament und die Staatsverwaltung als einzige retten würden. Er sah alles voraus, was dann geschah. Ich glaubte ihm nicht. Als er ins Zuchthaus kam, begann ich mich zu rächen: ich ging mit jedem von euch ins Bett.« Es war so hell geworden, daß ich nun ihr Gesicht erkennen konnte. Es war steinern und von einer vollkommenen Ruhe. »Und weil ich mich an dem Manne rächte, den ich liebte, und weil ich mit jedem von euch von der höheren Militärverwaltung ins Bett ging, wurde ich eine Patriotin, und ich bin eine geblieben, auch als alles eintraf, was Edinger vorausgesagt hatte.« Sie lächelte, und auf einmal bekam ihr Gesicht etwas Zartes, das ich ihr nie zugetraut hätte. »Ich blieb so sehr Patriotin, daß ich im Bordell mitmachte, welches er im Regierungsgebäude einrichten ließ, auch das aus reiner Logik: weil die Sterbenden ein Bordell brauchten. Er war es auch, der die Heilsarmee überzeugte.« Sie lachte. »Und so wurde ich eine Dirne, um auf dich zu warten und auf deinen Auftrag. Ich dachte, Edinger wisse nichts davon, aber nun weiß ich, daß er doch davon wußte.« »Du bist ihm gleichgültig gewesen«, sagte ich. Sie schaute mich an. »Jede Nacht um diese Zeit kam ich hierher. Er konnte vor Schmerzen nicht mehr schlafen, aber nie hatte ich eine schönere Zeit mit einem Menschen als diese Stunden vor dem Morgengrauen. Wir sprachen miteinander, und wenn er zum Buch griff, das er in den Ruinen der Universität gefunden hatte, wußte ich, daß er nun weiterdenken wollte, und ich schlief ein. Er habe die ganze Philosophie in sich wiederaufgebaut, sagte er mir einmal, aus einem lächerlichen Lehrbuch. Manchmal kam ein Taubstummer in der Nacht zu ihm. Sie bauten zusammen die Mathematik, die Physik und die Astronomie wieder auf. Alles sei wiederaufbaubar, sagte er, weil kein Gedanke verlorengehen könne.« Ich trat an den Rand des Flachdachs und schaute hinunter. Tief unten lag Edinger, ob auf dem Rücken, war nicht auszumachen, die Arme ausgebreitet, die Beine gespreizt. Ob Edinger ein Genie gewesen sei, hin oder her, sagte ich, indem ich zu Nora zurückkehrte, darum hätten wir uns jetzt nicht zu kümmern. »Du willst die Sterbenden organisieren«, sagte sie. Es gelte, meinen Auftrag zu erfüllen, antwortete ich, darum wolle ich so schnell als möglich die Regierung in der Blümlisalp informieren, bevor mich die Verwaltung daran hindere. »Das kannst du nicht mehr«, sagte sie ruhig. »Nachdem du den Bunker unter dem Ostflügel verlassen hast, stellte ich die automatische Sprenganlage ein und folgte dir. Ich sah dich ins Penthouse gehen. Ich wartete draußen. Auch Edinger sah mich nicht. Ich stand hinter euch, als die Explosion erfolgte. Der Rest der Kuppel blieb stehen. Aber das Münster versank. Es gibt keine Verbindung mehr mit der Regierung.« Ich starrte sie entsetzt an. Ich begriff nichts mehr. Nora war verrückt geworden. Sie schaute nach der Blümlisalp. »Als wir im Funkraum waren und plötzlich die Stimme des Rundfunksprechers hörten und dann diese Rede unseres Chefs, begriff ich plötzlich, daß Edinger recht hatte«, sagte sie. »Ich habe dich genommen«, schrie ich. Sie trat auf mich zu und blieb vor mir stehen. »Oberst«, sagte sie ruhig, »hast du denn nicht begriffen, was der Chef sagte?« »Ich habe dich genommen«, schrie ich sie an. »Kann sein«, antwortete sie. »Es ist mir egal, was du mit mir angestellt hast. Aber ich habe auf die Rede gehört und mit einem Schlag begriffen, was man mit uns angestellt hat: Eine Regierung, ein Parlament, eine Behörde, die sich für das Volk halten, für die das Volk nur eine Ausrede ist, sich in Sicherheit zu bringen, das ist doch alles saukomisch; Oberst, die sollen doch in alle Ewigkeit in ihrer Blümlisalp sitzen! Und nun kommst du mit deiner idiotischen Idee, diese Regierung ohne Volk mit Sterbenden aus ihrem selbstgeschaufelten Grab zu kratzen. Kapierst du eigentlich immer noch nicht, daß jeder Patriotismus lächerlich ist? Wozu ist diese Regierung überhaupt noch da? Und meinst du, es sei die einzige Regierung, die in ihrer Blümlisalp sitzt? Die Regierungen der ganzen Welt sind in ihren Bunkern gefangen, behauptete Edinger, Regierungen wie die unsrige, Regierungen ohne Volk und ohne Feinde.« Plötzlich begriff ich, was mir fehlte, seit ich Edinger getötet hatte. »Der Feind«, sagte ich langsam. »Ich habe keinen Feind mehr.« Ich war plötzlich unsäglich müde und ohne Hoffnung. Es war taghell geworden, die Blümlisalp verschwamm. Der Morgen war da. Das Mädchen huschte an mir vorbei, schmiegte sich an seine Mutter, die vor mir stand, stolz und schön. »Geh nach Tibet«, sagte sie, »in den Winterkrieg ...«

[Hier bricht die Inschrift ab. Teile der Fortsetzung sind in einem weit entlegenen Stollen gefunden worden.] ... bin ich seit einiger Zeit (Monaten, Jahren?) verwirrt. Nicht etwa, weil ich in völliger Dunkelheit lebe, ich kenne mich aus und finde immer wieder zu meiner Munition und zu meinen Konserven zurück. Gewiß, für den Feind ist es möglich, in das Stollensystem vorzudringen, das ich unter Kontrolle hatte, als die Beleuchtung funktionierte – vielleicht ist er schon eingedrungen –, aber dafür schwieriger, mich zu finden. Auch Schreiben macht mir Mühe: Ich muß

mit dem winzigen Teil meines rechten Oberarms, der noch nicht Prothese ist, oder manchmal mit meinen Wangen an der Felswand nachspüren, ob ich sie schon beschrieben habe. Ich schreibe Zeilen von zwei Kilometer Länge, wie ich an den Drehungen meines Rollstuhls abschätze, und schreibe nur noch zwei Zeilen untereinander. Doch beunruhigen mich weder die Möglichkeiten eines feindlichen Überfalls noch die persönlichen Beschwerlichkeiten. Ich habe mich mit meiner Lage abgefunden. Sie erfüllt mich mit Stolz, habe ich doch Edingers Position übernommen: Ich bin in diesem Labyrinth unter dem Chomo-Lungma der einzige Verteidiger der Verwaltung. Ich sühne Edingers Tod; auch wenn es nur der Gnadenschuß war, den ich ihm gab. Sein Vorschlag, jenen, die die Sahara bewässern, Philosophie beizubringen, ist verständlich. Er versuchte die Philosophie zu rekonstruieren. Doch Nora hatte recht: Der Verwaltung bin ich im Winterkrieg durch meine Funktion und durch mein Schicksal nützlicher. Mag dies auch grausam sein, es ist sinnvoll. Ich erinnere mich an jene Nacht unter dem Gipfel des Gosainthan im Befehlsstand des Kommandanten, als wir das ›Trittst im Morgenrot daher‹ vernahmen. Auf Kurzwellen. Zufällig mußte der Sender auf der Blümlisalp die Radioaktivität durchbrochen haben. Wir hörten auch eine Rede des Regierungspräsidenten: er sei bereit, mit dem Feind ehrenvoll zu verhandeln. Der Gedanke, dieser Regierung gedient zu haben, war mir peinlich. Bisweilen hörten wir auch andere Landeshymnen und andere Regierungschefs, die sich zum Frieden bereit erklärten, endlos redete einmal einer verzweifelt in russischer Sprache, aber wir verstanden kein Russisch. Am Schluß bot er in allen Sprachen die Kapitulation an. Die Verwaltung, der ich jetzt diene, kennt solche Erwägungen nicht. Sie wird sich nie dem Feind ergeben. Was mich jedoch verwirrt, ist ein Ereignis, das ich nicht begreife. Daß der Winterkrieg eine für die Verwaltung fatale Wendung genommen hat, ist jedoch auszuschließen. Ich glaube an den Endsieg. Das ist selbstverständlich. Aber als ich letzthin mit meinen Inschriften bis an eine Stelle vorgerückt war, die nicht weit vom Bordell sein konnte, das schon lange geschlossen ist, bemerkte ich von ferne einen Lichtschein. Es konnte der Feind sein, der sich seit Jahren nicht mehr bemerkbar gemacht hatte. Vielleicht war er zur Generaloffensive angetreten. Ich rollte mich vorsichtig vorwärts, fand die große Bordellhalle taghell erleuchtet und voller Menschen: Männer, Frauen, ganze Familien, viele fotografierten, und andere, uniformierte Männer, erläuterten die Anlagen. Ich war so überrascht, daß ich mitten unter die Masse rollte, vom Licht geblendet, hätte ich beinahe geschossen, erkannte jedoch noch, daß ich mich nicht unter feindlichen Söldnern, sondern unter Reisenden befand. Ich gab eine Warnsalve ab aus meiner Maschinenpistole: Die Reisenden waren in Gefahr, sie konnten vom Feind angegriffen werden. Es war leichtsinnig, diesen Besuch des alten Bordells zu erlauben und zu organisieren. Die Reisenden schrien entsetzt auf und rannten durch einen großen Stollen davon. Ich rollte ihnen nach, es war möglich, daß es sich um Feinde handelte, die sich als Reisende getarnt hatten. Der Stollen war wie das Bordell erleuchtet, der Boden asphaltiert. Plötzlich gelangte ich ins Freie. Aus einer Gletscherhöhle starrten mir Söldner mit Sauerstoffmasken und Maschinenpistolen entgegen. Ich schoß. Glas splitterte: die Söldner waren Wachsfiguren, ausgestellt hinter einer Glasscheibe und kunstvoll beleuchtet. Ich befand mich in einer großen Ausstellungshalle, hinter weiteren Glasscheiben waren mit Wachsfiguren immer neue Szenen aus dem Winterkrieg dargestellt. Ich erschrak, als ich hinter einer Glasscheibe den Kommandanten und mich erkannte; unser Gefechtsstand im Gipfel des Gosainthan war täuschend genau dargestellt. Ich war in ein Museum geraten. Wütend schoß ich in die Schaufenster hinein. Schattenhaft sah ich Menschen in Uniformen flüchten, es waren Museumsdiener. Ich rollte ihnen nach und befand mich plötzlich dem Ausgang gegenüber. Draußen ein Park voll Rhododendron, ein blauer, wolkenloser Himmel, ein Mann in einem weißen Kittel, kahlköpfig, bebrillt, ein weißes Tuch schwenkend, als sei er Arzt. Ich schoß ihn nieder und rollte durch das Museum zurück in den Stollen und in das verlassene Bordell. Ich hob mit der Greifzange meiner rechten Handprothese einen Prospekt vom Boden auf. Es war ein ›Führer durch das Söldnerbordell im Gasherbrum III‹, der ›Leuchtenden Wand‹. Ich griff weitere Prospekte auf, alle mit dem gleichen Titel. Erst nach Tagen erreichte ich die alte Höhle.

In undurchdringlicher Finsternis ritze ich diese Inschrift in einen neuen Stollen. Ich bin nicht durch das Vordringen des Feindes verwirrt. Ich bin irritiert, weil ich seit jeher angenommen habe, das Bordell sei unter dem Kangchendzönga, in den ›fünf Schatzkammern des großen Schnees‹, im östlichen Himalaja; der Gasherbrum jedoch, von dem die Prospekte behaupteten, daß sich unter ihm das Bordell befinde, liegt im Karakorum-Gebirge, über tausend Kilometer entfernt in nordwestlicher Richtung. Es kann natürlich auch sein, daß diese Prospekte vom Feind absichtlich gefälscht wurden. Wie dem auch sei, mein alter Aufenthalt ist nicht mehr sicher. Ich erinnere mich an eine Höhle, wo ich als Leutnant meinen ersten Stoßtrupp zusammenstellte, eine grausame Auswahl: kaum ein Drittel der Söldner übersteht. Ich beschließe, dieses Übungslager aufzusuchen, vielleicht finde ich meine Truppe wieder, wenn auch die Gefahr besteht, daß das Lager vom Feind besetzt worden ist, eine Möglichkeit, mit der ich nun zu rechnen habe. Zwar weist der Umstand, daß Reisende das Bordell besuchen, wie man früher Ausgrabungen besuchte, darauf hin, daß die Kämpfe nun weit westlicher toben, aber der Feind kann auch schon weite Teile des von der Verwaltung regierten Gebiets erobert haben, was ich freilich nicht glaube. Dennoch: Den Mann im weißen Kittel erschoß ich, obwohl er wahrscheinlich der Verwaltung angehörte. Er war vielleicht doch ein Feind. Ich beende die Inschrift in diesem Stollen. *[Ende der Inschrift.]* Ich rollte vorsichtig in das Stollensystem hinein, das zum Ausbildungslager führt, mit Proviant für mehrere Tage ausgerüstet. Ich hatte den Weg noch genau in Erinnerung – ohne ein vollkommenes Gedächtnis ist dieser Krieg nicht zu überstehen. Bei einer Kreuzung zweier Stollen, die sich durch die fast unmerkliche Zugluft bemerkbar machte, die bei jeder Kreuzung entsteht, schien es mir, als höre ich in einem Nebenstollen ein Kratzen. Es tönte, als ritze jemand in die Felswand. Ich rollte langsam in den Stollen hinein, Zentimeter um Zentimeter, hielt an, das Kratzen war nicht mehr zu vernehmen. Dagegen war es, als rolle mir etwas entgegen. Dann Stille. Ich rollte vorsichtig vorwärts, wieder Zentimeter um Zentimeter, hielt an, horchte: Wieder rollte es mir entgegen, wieder Stille. Ich rollte weiter, hielt an, horchte. Das Einander-näher-Rollen dauerte Stunden. Plötzlich atmete jemand dicht vor mir, ich blieb unbeweglich, hielt den Atem an. Es atmete wieder. Da sich noch mehrere Feinde in der Nähe befinden konnten, war es besser, die Maschinenpistole nicht zu verwenden. Ich holte mit meiner rechten Greifprothese aus, schlug zu und ins Leere, rollte vor, schlug wieder zu, es klang, als ob Stahl gegen Stahl pralle. Ich schlug weiter zu, fiel aus meinem Rollstuhl, wälzte mich mit etwas anderem auf dem Boden herum, schlug immer wieder zu, bald auf Metall, bald in etwas Weiches. Dann war das andere unbeweglich. Ich suchte meinen Rollstuhl. Es war ein Durcheinander von Stahl. Ich kroch auf meinen Stümpfen, suchte, fiel in einen Schacht, prallte irgendwo mit dem Gesicht auf, wälzte mich herum und fiel in einen weiteren Schacht. Ich muß lange ohnmächtig gelegen haben. Als ich wieder zu mir kam, lag ich in etwas Klebrigem, das mein Gesicht bedeckte. Ich wollte losschießen – ich konnte mitten unter die Feinde gestürzt sein –, aber meine linke Armprothese fehlte. Ich war waffenlos.

Ich bin es noch. Ich befinde mich offenbar in einer Höhle. Ich spüre, daß mein Gesicht eine blutige Masse ist. Der Boden ist Geröll. Ich schleppe mich mühsam der Höhlenwand entlang, die Höhle muß unermeßlich sein. Manchmal ist die Zugluft eisig, manchmal herrscht unerträgliche Hitze: Wahrscheinlich liegen in der Nähe die gewaltigen Werkstätten, wo die Waffen hergestellt werden; ob die unsrigen oder die des Feindes, weiß ich nicht. Meine Lage ist hoffnungslos. Jetzt nur noch auf mich angewiesen, der Wand der ungeheuren Höhle nachkriechend, die oft die seltsamsten Windungen macht, darf ich mir aber die Frage stellen, die ich mir während des Kämpfens nie gestattet habe: Wer ist der Feind? Die Frage vermag mich nicht mehr zu lähmen, und auch die Antwort nicht. Ich habe nichts mehr zu verlieren. Das ist meine Stärke. Ich bin unüberwindlich geworden. Ich habe das Rätsel des Winterkriegs gelöst.

Zwar habe ich keinen Rollstuhl mehr, meine Maschinenpistolen-Armprothese liegt irgendwo hinter mir in einem der Stollen, aber mit dem Stahlgriffel ritze ich mit winziger Schrift meine Erkenntnis in den Fels, nicht damit sie gelesen wird, sondern damit ich meine Gedanken besser formen kann. Denn indem ich sie in den Fels grabe, grabe ich sie in mein Hirn: Der Weg, der zur Erkenntnis führt, ist schwer zu begehen, schwerer noch als die Wege, die ich zurückgelegt habe, seit ich in einer nepalesischen Kleinstadt nackt eine schmierige Treppe hinuntergestürzt bin. Ohne das Wagnis von Fiktionen ist der Weg zur Erkenntnis nicht begehbar. So stelle ich mir im absoluten Dunkel, das um mich herrscht, ein Licht vor; nicht das absolute Licht, sondern ein Licht, das meiner Lage entspricht: Ich stelle mir nämlich Menschen in einer Höhle vor, Menschen, die von Jugend auf an Schenkeln und Hals in Fesseln eingeschmiedet sind, so daß sie unbeweglich sitzen bleiben und nur vorwärts, auf die Wand der Höhle, zu schauen vermögen. In den Händen halten sie Maschinenpistolen. Über ihnen scheint ein Feuer. Zwischen dem Feuer und den Gefesselten ist ein Querweg. Längs diesem stelle ich mir eine kleine Mauer vor. Auf dieser Mauer würden von mächtigen Gefängniswärtern Menschen vorgeführt, die ebenfalls gefesselt wären und ebenfalls Maschinenpistolen in den Händen hätten. Aber dann, über das Geröll des Höhlenbodens weiterrutschend und meine Inschrift weitergrabend, frage ich mich, ob ich wohl von mir und von anderen je etwas anderes zu sehen bekomme als die Schatten, die das Feuer auf die Höhlenwand wirft, die meinem Gesicht gegenüberliegt, und ob ich wohl nichts anderes als die Schatten jener Gestalten für wahr halte. Ja, und wenn eine Stimme von irgendwoher mir zuriefe, diese Schatten, die ja auch die Schatten von Maschinenpistolen aufweisen, seien meine Feinde, ob ich da nicht auf die Schatten auf der Wand der Höhle vor mir schießen und auf diese Weise, weil die Kugeln von der Wand zurückprallten, gewissermaßen jene töten würde, die wie ich an Schenkeln und Hals gefesselt wären; und ob nicht die, weil sie ja das gleiche glaubten und handelten wie ich, mich auch töten würden. Wenn ich aber entfesselt und genötigt würde, plötzlich aufzustehen, den Kopf zu drehen, herumzugehen, in das Licht zu sehen, und wenn ich dabei Schmerzen empfände und wegen des grellen Lichts nicht jene Menschen anschauen könnte, deren Schatten ich vorher zu sehen pflegte, Menschen in der gleichen Lage wie ich: wäre ich da nicht der Meinung, die vorher geschauten Schattengestalten hätten mehr Realität als die, welche ich jetzt gezeigt bekomme? Und wenn man mich zwänge, in das Licht selbst zu sehen, so würde ich vor Schmerzen davonlaufen und mich wieder jenen Schattenmenschen zuwenden, die ich ansehen konnte; und ich bliebe dabei, diese seien wirklich deutlicher als die, welche ich gezeigt bekommen habe, denn diese seien meine Feinde; und würde ich nicht wieder zu schießen beginnen, um sie wieder zu töten und mich von ihnen immer wieder töten zu lassen? Ich brauche mir keine weiteren Antworten zu geben. Irgendeinmal schlug ich mich schon mit diesem Gleichnis herum; vielleicht las ich es irgendwo, oder ich erdachte es, ich weiß es nicht mehr. Wahrscheinlich erfand ich es, während ich es in den Fels ritzte. Das Feuer, das die Schatten wirft, muß vor Urzeiten entstanden sein, nicht umsonst fürchtet sich jedes Tier vor dem Feuer, das Feuer ist etwas Feindliches, und des Menschen Feind ist sein Schatten. Darum habe ich Edinger und den in der Höhle hängenden Mann erschossen, den Kommandanten getötet: sie glaubten nicht mehr, daß die

Schatten Feinde sind; sie glaubten, sie seien Gefesselte wie ich einer bin. Und jetzt, da ich dies denke, begreife ich plötzlich die Verwaltung: indem sie aus den drei Weltkriegen als Sieger hervorging, verwaltet sie eine Menschheit, die, dadurch, daß sie verwaltet wird, ihren Sinn verlor: Das Tier Mensch hat keinen Sinn, sein Dasein auf Erden hat kein Ziel mehr. Wozu Mensch überhaupt? ist eine Frage ohne Antwort. Der Wille für Mensch und Erde fehlt. Der Mensch leidet auch sonst, er ist in der Hauptsache ein krankhaftes Tier; aber nicht das Leiden selbst ist sein Problem, sondern daß die Antwort fehlt auf den Schrei der Frage ›wozu leiden‹? Der Mensch, das tapferste und leidgewohnteste Tier, verneint das Leiden an sich nicht; er will es, er sucht es selbst, vorausgesetzt, man zeigt ihm einen Sinn dafür, einen Sinn des Leidens. Die Sinnlosigkeit des Leidens, nicht das Leiden, ist der Fluch, den die Verwaltung nicht vom Menschen nehmen konnte, es sei denn, sie gäbe ihm den alten Sinn wieder, von dem sie ihn, grotesk genug, befreit hatte: den Feind. Der Mensch ist nur als Raubtier möglich. Auch wenn kein schwereres Los zu ersinnen ist als das des Raubtiers, welches von der nagendsten Qual durch das Stollengenist unter dem Chomo-Lungma, dem Chooyu, dem Makalu und dem Manaslu oder dem Gosainthan gejagt wird, selten befriedigt, und auch dies nur so, daß die Befriedigung zur Pein wird, im zerfleischenden Kampf mit anderen Raubtieren oder durch ekelhafte Gier und Übersättigung in den unterirdischen Bordellen. So blind und toll am Leben zu hängen, um keinen höheren Preis; fern davon zu wissen, daß und warum man so gestraft wird, sondern gerade nach dieser Strafe wie nach einem Glück zu lechzen – das heißt Raubtier sein; und wenn die gesamte Natur sich zum Rauben hindrängt, so gibt sie dadurch zu verstehen, daß dies zu ihrer Erlösung vom Fluche des Lebens nötig ist und daß endlich in ihm das Dasein sich einen Spiegel vorhält, auf dessen Grund das Leben nicht mehr sinnlos, sondern in seiner metaphysischen Bedeutsamkeit erscheint. Doch überlege man wohl: Wo hört das Raubtier, dieser grausame, blutige Raubaffe auf, der sich Mensch nennt, wo fängt der Übermensch an? Bei dem, der die Hölle der Höhle übersieht, in die er verbannt ist; der der Täuschung nicht erliegt, die Schatten, seien die seiner Feinde und nicht sein eigener Schatten; der auch diesen raffiniertesten Schleier vor der Wahrheit zerreißt, hinter dem sie sich versteckt: Das Ziel des Menschen ist, sich Feind zu sein – der Mensch und sein Schatten sind eins. Wer diese Wahrheit begreift, dem fällt die Welt zu, der gibt der Verwaltung den Sinn zurück. Der Herr der Welt bin ich. Im übergrellen Licht sehe ich mich in meinem Rollwagen aus einem Stollen in eine Höhle gelangen; und aus dem Stollen mir gegenüber rolle ich mir entgen, beide haben wir nun je zwei Maschinenpistolen-Prothesen, in die Wand zu ritzen gibt es nichts mehr, wir richten unsere vier Maschinenpistolen auf uns und feuern gleichzeitig.

[Der Leichnam des Söldners wurde von Bergsteigern am Fuße des Gasherbrum III, 7952 m, im Karahorum-Gebiet, auf einer Geröllhalde gefunden. Der Söldner hatte sich den Felsen entlang etwa 150 m weitergeschleppt und mit seiner rechten Prothese die Inschrift in die Wand und auf größere Steine geritzt, die er offenbar auch für die hier sehr steile Wand des Gasherbrum III oder eines anderen Berges hielt. Sein Gesicht war eine blutige Masse. Er muß blind gewesen sein. Im übrigen war die Leiche von einem Aasfresser (Geier, Schakal?) angefallen, dann aber in Ruhe gelassen

worden. Die Inschrift war insofern schwer zu entziffern, als sie sehr bald auch in den Stollen des Gasherbrum III fast ausschließlich von rechts nach links geschrieben war statt von links nach rechts, ebenso auf der gegenüberliegenden Wand, wahrscheinlich durch den Rollwagen bedingt: weil es dem Söldner in der Finsternis leichter fiel, so zu schreiben. Draußen, auf der Geröllhalde, am Fuße des Gasherbrum III, muß er weitergeritzt haben, ein 150 m langes Band von rechts nach links, von sehr kleinen, oft fast nicht entzifferbaren Buchstaben, ohne Lücke zwischen den Wörtern und ohne Interpunktion. Der Schlußtext bestätigt seine früheren Philosophiestudien, sie sind offenbar Reminiszenzen, eine Collage von Platon (Staat, Höhlengleichnis) *und Nietzsche* (Genealogie der Moral, Schopenhauer als Erzieher). *Kaum noch fähig, selbst zu denken, sind ihm Zitate geblieben. Er baute, ohne zu wollen, zwar nicht die Philosophie, sondern seine Philosophie auf. Jedenfalls müssen wir das annehmen, seit wir in Jamestown (Australien) zufällig die Bibliothek, offenbar eines Philosophen, gefunden haben, unsere wichtigste Ergänzung zum Schwegler. (Außer Platons* Staat *und Nietzsches* Gesammelten Werken *enthielt die Bibliothek noch den* Mythos des zwanzigsten Jahrhunderts *von Rosenberg. Da weder Nietzsche noch Rosenberg bei Schwegler vorkommen, werden sie von der heutigen Forschung als philosophische Fiktionen betrachtet.) Doch ist diese Inschrift widersprüchlich. Die schwierige Lage, in der sich die Menschheit nach dem Dritten Weltkrieg immer noch befindet, erlaubte es der Verwaltung nicht, mehr als eine Forschergruppe für das Gasherbrum-Massiv zu finanzieren. Kurz nach Abschluß ihrer Arbeit brach das Massiv in sich zusammen, die Söldner müssen es zu sehr ausgehöhlt haben. Warum sie glaubten, sich im Hi-*

malaya zu befinden, ist unerfindlich. Von der Inschrift existiert nur eine Abschrift. Verschiedene Forscher glauben, die Inschrift sei von zwei ›Ichs‹ geschrieben. Die Zahl $6023\ 10^{23}$, welche der Taubstumme auf die Wandtafel schrieb, kann auch als identisch mit der Loschmidtschen Konstanten $6.023 \cdot 10^{23}$ gelesen werden. Übrigens verdanken wir die Wiederentdeckung dieser Konstanten der Inschrift. Das andere ›Ich‹ wäre dann der Taubstumme. Knührböhl, Hoppler und Arthur Poll glauben, dieser Taubstumme sei Jonathan. Auch dieser habe in den Fels geritzt. Es sei auffällig, daß er später nicht mehr vorkomme. Nora erzähle dem »Oberst«, Edinger habe mit dem Taubstummen die Mathematik, die Physik und die Astronomie wiederaufgebaut, den »Oberst« beschäftige die Frage nach dem Feind, ein Teil der Inschrift beschäftige sich aber mit dem Schicksal der Menschheit und verbinde diese Frage mit den »Sonnen«; es sei unmöglich, daß dieser Teil der Inschrift auch vom »Oberst« stamme. Andere, wie Stirnknall, de la Poudre und Theilhard von Zähl, weisen daraufhin, daß im Archiv der Verwaltung ein »Edinger« nicht vorkomme, die Inschrift sei eine Art Traum, den der Oberst erfunden habe, indem er sich in seiner hoffnungslosen Lage gleichsam aufgeteilt hätte in einen handelnden und in einen denkenden Söldner. Zu all dem ist zu bemerken, daß wir vom untergegangenen Europa eigentlich nichts Konkretes wissen. Nur seine Musik ist erhalten. Sie war die Leistung dieses Kontinents. Auch die Melodie ›Trittst im Morgenrot daher‹ gibt es. Daß sie allerdings letzthin ein Radiobastler auf Kurzwelle gehört haben will, bezweifeln wir: der Mann ist ein notorischer Säufer.]

Am 2. Oktober 1975 wurde ich in ein Spital in Bern eingeliefert: die nur zu gut bekannten Schmerzen, die ich seit sieben Jahren zum ersten Mal wieder spürte. Meine Frau begleitete mich, sie verzog keine Miene, als mir das gleiche Zimmer zugewiesen wurde, in dem ihre Mutter gestorben war. Um meine Frau nicht zu erschrecken, tat ich, als hätte ich es nicht bemerkt, obgleich ich wußte, daß sie es wußte. Der Schwester, die plötzlich hereinstürzte, um zu fragen, ob ich nicht ein anderes Zimmer wolle, antwortete ich, dieses sei schon recht. Das EKG war weder besonders in Ordnung noch besonders in Unordnung, mein Arzt – ruhig wie immer – meinte, ich solle jetzt einmal vierzehn Tage bleiben, das tue mir auf alle Fälle gut. Lektüre hatte ich mitgenommen, auch Zeichenpapier und Filzstifte. Meine Frau konnte ruhiger, als sie mich hergebracht hatte, nach Neuchâtel zurückfahren. Allein gelassen, wurde ich nachdenklich. Ich hätte doch ein anderes Zimmer nehmen sollen. Schon in der ersten Nacht begann ich zu zeichnen. Atlas, das Weltgebäude tragend. Zuerst überlegte ich, wie denn das »Weltgebäude« darzustellen sei, ob man das eigentlich mit unserem heutigen Wissen noch könne. Ich hatte schon einmal einen Atlas gezeichnet, allerdings auf mehr konventionelle Weise: einen Riesen, der gigantische Sonnen und Planeten fallen ließ. Nun zeichnete ich Atlasse, keuchend unter der Weltkugel, zerriß sie, weil sie mir nicht gefielen, endlich – nach einer Woche – stellte mich ein Atlas halbwegs zufrieden, einer, der mühsam umherkriecht, auf seinen Schultern das Weltall, das wie ein Wirbel von einem Schwarzen Loch eingesogen wird. Doch während ich ihn zeichnete, hartnäckig, hellwach, verloren in der zeitlosen Nacht des Spitals, der ebenso zeitlose Nächte vorangegangen waren, immer wacher trotz zwei Rohypnol 2 mg und einem Valium 10, wurde mir deutlich, daß ich damit meinem Zustand mein Zeichnen entgegensetzte. Und während ich weiterzeichnete, überlegte ich mir, ob Atlas die Welt nicht nur trage, weil er sich einbildete, sie tragen zu müssen; ob der Fluch der Götter, der Atlas zwang, die Welt zu tragen, im geheimen sein Wille sei, die Welt zu tragen; und ob nicht auch ich mir einbildete, es sei notwendig, in diesem Krankenbett zu liegen, weil ich insgeheim krank sein wollte. Noch in der Nacht rief ich meinen Arzt und meine Frau an, ich komme heim, und am nächsten Mittag war ich zu Hause. Aber am 29. November, neun Tage nach dem Tode Francos, dessen Sterben durch dreißig Ärzte, wie es hieß, ins Unmenschliche verlängert worden war, als ob es nicht stattfinden dürfe, war ich wieder im Spital, diesmal in einem anderen Zimmer, in jenem, das ich vor sieben Jahren sechs Wochen lang bewohnt hatte; mit der *Fischer Weltgeschichte* und Proust beschäftigt und mit Besuchern, die es mir nachträglich nie verziehen, daß ich noch einmal davongekommen war. Das EKG war zwar besser, aber eine Untersuchung, die nichts mit dem Herzen zu tun hatte, stimmte den Arzt unzufrieden. Er forderte kategorisch, ich solle wieder Insulin spritzen, das ich nun immerhin fast sechs Jahre nicht mehr hatte spritzen müssen. Ich weigerte mich, ich mochte den Rückschritt nicht wahrhaben. Aus der Müdigkeit, die mich besiegt hatte, und aus dem Ärger über diese Müdigkeit hatte ich es unterlassen, Filzstifte und Zeichenpapier mitzunehmen, mir war unproduktiv zumute, als Lektüre hatte ich – mehr um wenigstens schlafen zu können – einige philosophische und wissenschaftliche Werke mitgebracht; aber schachmatt gesetzt, mit dem Arzt zerstritten, der nicht aus der Ruhe zu bringen war, begann ich, mich gegen ihn, der gewußt hatte, daß ich zurückkommen würde, und gegen die Schwestern, die es auch gewußt hatten, aber auch gegen meinen Spitalaufenthalt, an dessen Sinn ich immer noch nicht glaubte, erneut zur Wehr zu setzen: Ich beschloß, auf eigene Faust meinen weit günstigeren Gesundheitszustand vom Sommer wiederherzustellen, mit einer 500-Kalorien-Diät und ungestümen Spaziergängen. Kurzentschlossen verließ ich um halb zwölf, nach dem spärlichen Mittagessen, das Spital und rannte durch die Stadt, und das jeden Tag, ahnungslos, daß ich mich damit auf ein Abenteuer einließ, welches ich hätte voraussehen sollen; doch ich war immer noch der Meinung, eine Stadt zu kennen, die ich nun nicht mehr wiedererkannte, so fremd erschien sie mir: das Kellerhafte, Unterirdische, Durchlöcherte hatte zugenommen. Ringsum entstanden Satellitenstädte, Hochhäuser um Hochhäuser, Einkaufszentren, auch dort, wo wir zuletzt gewohnt hatten; wo einst mit wenigen Schritten das Land zu erreichen gewesen war, Äcker, Felder, in der Ferne Tannenwälder, noch ferner die Berge. Nun war alles verbaut, verbetoniert, ich verlor die Orientierung, eine Autobahn durchschnitt die neu errichtete babylonische Vorstadt. Doch noch gespenstischer hatte sich die Altstadt verwandelt: sie war luxuriöser, aber gerade darum unheimlicher geworden. Ich eilte jedesmal zuerst zur Universität. Der Platz davor war nun eine weite Fläche gepflegten Rasens; zu meiner Zeit einige alte Bäume, eine kleine Terrasse und dann gleich der Absturz zum rostigen Gewirr des Bahnhofs. Jetzt fuhr man mit einem Lift in ihn hinab, er war eine unterirdische Anlage geworden, erfüllt von hastenden, schemenhaften Menschen, die zu den Zügen hinaufeilten, an den Kiosken standen oder vor den Cafés und Snackbars saßen; überall Läden, Rolltreppen, die in die Höhe führten, aber nicht ins Freie, sondern zu weiteren

Läden und Restaurants und zu weiteren Rolltreppen, man ging nicht mehr, man wurde transportiert, irgendwohin, als sei man die Speise eines außerirdischen Monstrums. Es schien, als ob man diese Unterwelt gar nicht zu verlassen brauchte, ja gar nicht verlassen könne; dazu Spuren eines Immer-weiter-Bauens (bis wann und bis wohin eigentlich?), plötzlich tauchten Schuppen auf, Latten, Holzpfähle. Man konnte sich in der Unterwelt dieses Bahnhofs Reisende denken, die seit Tagen von einem Perron zum andern eilten, Koffer schleppten, aber immer war der Zug schon abgefahren, es war ohnehin der falsche gewesen; oder die Reisenden waren angekommen und fanden nun den Ausgang nicht, bald standen sie unverhofft unter dem Bahnhof in einem noch untereren Bahnhof, bald starrten sie verwirrt von einer Terrasse auf die Stadt hinunter und hinein in dieses Gassengeäder oder auf die Heiliggeistkirche, die entgeisterter, verlegener, zerstreuter wirkte als je zuvor, wie ein längst vergessener Gegenstand; oder dann glotzten sie auf die lange niedrige Fassade des Bürgerspitals, das feudale Altersheim der reichsten Bürgergemeinde der Schweiz. Doch tauchte ich dann endlich aus dem Bahnhof, gelangte ich nicht ins Freie: Ich tauchte gleich in die Stadt hinein und hinab, die Lauben umfingen mich, heller erleuchtet denn je, auch tagsüber, ein Schaufenster am anderen, Lauben untereinander verbunden mit Passagen, die ich nicht kannte, die zu anderen Lauben führten oder in jene zurück, von denen sie ausgingen; überall Kioske, Restaurants, Geschäfte mit Namen, an die man sich zwar erinnerte, die aber einmal anderswo gewesen waren, in Gebäuden der Gründerjahre, die inzwischen als unrentabel abgebrochen waren, zu weiträumig für die horrenden Bodenpreise; wieder andere Geschäfte, die einst der ganzen

Stadt bekannt gewesen waren, gab es überhaupt nicht mehr. Ich flüchtete mich dann aus dem Dschungel der Gassen und Gäßchen, Passagen und Plätze, die auf einmal wie Kahlschläge wirkten, ins Bekannte, in die untere Altstadt, auch sie luxuriöser, voller Galerien, voller Kellertheater, Keller, unter denen man weitere Keller ahnte, auch die unterkellert, ein unerforschliches Kellersystem, über das man dahin ging, immer gegangen war. Beim Käfigturm lief mein Vetter an mir vorbei, der Nationalrat, mit Pelzmütze, alt, ich folgte ihm, aber vielleicht war es gar nicht mein Vetter; ich trottete zurück, nun schon müde beim Zytglogge-Turm immer noch der Kiosk, wo ich früher Zigaretten gekauft hatte, ›Komet blau‹, und einmal eine Kiste Zigarren für meinen Vater, die zu zahlen ich nie das Geld hatte, so daß ich nie mehr an diesem Kiosk vorbeigegangen war. Nun ging ich vorbei. Die Museen waren auch verändert, das Kunstmuseum auf moderne Kunst umfunktioniert, nur der Hodler-Saal der gleiche: monumentale Allegorien, muskelstrotzende Schweizer, eurhythmische Weiber, mit denen ich nie etwas hatte anfangen können. Das Böcklin-Bild, das ich so geliebt hatte – die Meeresstille –, war verschwunden, auch ein Marc, eine dahinstürmende gelbe Kuh mit einem kornblumenblauen Fleck, der mich einst so fasziniert hatte, blieb unauffindbar (oder existierte dieses Bild nur in meiner Phantasie?), dafür Klee, Braque, Juan Gris, bei denen man die Zeit vergaß, um fast schmerzhaft wieder in sie aufzutauchen. Vor dem Historischen Museum sprach mich ein älterer Herr an, duzte mich, ob ich historische Studien treiben wolle, meinte er spöttisch, benützte einen Nebeneingang, er müsse zu einer Sitzung; keine Ahnung, wer mich da gegrüßt hatte, war ich mit ihm auf dem Gymnasium gewesen, auf welchem, auf der Universität? Die Sammlung Mittelasien war geschlossen, ich hatte mich darauf gefreut, die Panzerreiter zu sehen, die ich einst lange angestarrt hatte, oder war es nur einer gewesen? Verloren verweilte ich beim Modell der Stadt vor Beginn der Napoleonzeit oder kurz danach: idyllisch. Ich lief über die Kirchenfeldbrücke in die Altstadt zurück, halb drei, drei, halb vier, setzte mich in irgendein Kino, gleichgültig, ob der Film angefangen hatte oder nicht. Die Kinos hatten sich vermehrt, um den Bahnhofplatz häuften sie sich, überall Sex- oder Karatefilme, und so geriet ich denn in den Edelporno ›L'Histoire d'O‹. Ich hatte mich eigentlich geschämt hineinzugehen, hatte mir vorher ein Kino um das andere angeschaut, obgleich der Entschluß hineinzugehen schon gefaßt war, und so bin ich denn auch hineingegangen. Der Film hatte begonnen, auf der Leinwand trieb man es gewaltig, das Kino war fast leer, in den Logen junge Leute, die sich johlend amüsierten, um mich herum, in höflich eingehaltenen Abständen, Weißköpfe, Professoren oder Pfarrherren, oder professoral und pfarrherrlich wirkende ältere bebrillte Männer – schwer zu entscheiden, was da Schein und was da Sein war –, irgendwie verschämt, ein betont intellektuelles Klima verbreitend; mit leichtem Entsetzen bemerkte ich, daß ich einer von ihnen war, ebenfalls weißköpfig, bebrillt. Die Welt, in die ich mich verirrt hatte, war nicht plötzlich, sondern sehr allmählich verändert worden, doch diese stetige, allmähliche Veränderung genügte, mich, der sich wie jeder von uns seiner Anlage nach nicht verändern kann, in der Vergangenheit zurückzulassen, wie Treibholz, das an einem verlorenen Ufer hängengeblieben ist. Und wenn sich mir jetzt auf der Leinwand darbot, was ich damals verbotenerweise in dubiosen Antiquariaten heimlich erstanden und weitergeborgt hatte, und wenn dieses einst illegale, nun unendlich

Übertroffene bei den Gymnasiasten und Lehrlingen in den Logen nur noch unbändiges Gelächter auslöste, lachten diese, ohne es zu wissen, nicht über jene, die sich auf der Leinwand paarten, sondern über uns, die Weißhaarigen, Bebrillten, die aus einer anderen Zeit hereinglotzten, aus einer so ganz anderen Zeit, daß sich mir mit einem plötzlichen Schreck die Frage stellte, ob ich mit der Welt, die mich geformt hatte, diese Welt, in die es mich verschlagen hatte, noch gestalten, ja, mich ihr wenigstens noch verständlich machen könne, denn was sagten dieser Welt noch meine Atlasse, Labyrinthe und Minotauren. Und indem ich nach einer Antwort suchte, kamen mir all meine Unternehmungen, auf die ich mich in meinem Leben eingelassen hatte, die Welt auf der Bühne, auf Schreibpapier oder Zeichenkartons als Stoff für meine Stoffe zu nehmen, indem ich sie in Geschichten und Gestalten umwandelte und verwandelte, derart wahnwitzig vor, daß ich auch zu lachen begann, vorerst über die Situation, in die mich die Gegenwart gebracht hatte, dann über mich, der ich von der Vergangenheit geformt war, ohne die doch keine Gegenwart sein kann, auch diese nicht, und endlich über den Film, dessen unfreiwillige Komik darin bestand, daß der vorweltliche Urstier – dieser bos primigenius, der mit Pasiphae den Minotaurus zeugte, mehr noch, dessen Zeugungskraft seit Anbeginn die bedenkliche Chose anrichtete, die sich unsere Welt nennt – von einem pomadigen älteren Schauspieler markiert wurde. Es kam mir, weiterlachend, vor, als sei aus dem Welttheater, dessen Statisten wir alle sind – von den Hanswürsten, welche die Hauptrollen spielen, ganz zu schweigen –, eine Weltschmiere geworden.

Drei Jahre später, kurz vor meiner Abreise nach Wien, wo ich den *Meteor* zu inszenieren hatte, holte ich den Mennoniten-Prediger Cornelius Claesz von Anslo vom Estrich meines Arbeitshauses in Neuchâtel. Er hing bis zum Tode meiner Mutter in ihrem Zimmer, das vorher mein Vater bewohnt hatte, im Altersheim ›Favorite‹. Von der Terrasse ihres Zimmers aus sah man über jenes Außenquartier der Stadt, das im Westen an die Vorstadt Bethlehem grenzt, jetzt ein scheußliches Konglomerat von Hochhäusern. Ich setzte die Rembrandt-Kopie auf die Staffelei, nicht ganz frei von einem schlechten Gewissen, doch der Rahmen war allzu prächtig. Ich benutzte die dunkelbraune Farbe der Kopie als ›Grundierung‹ und malte darüber einen elfenbeinernen, bald ins Zitronengelbe, bald ins Rötliche spielenden, sanft ansteigenden Hügel, mit knorrigen schwarzen, braunen und zinnoberroten Baumstämmen bestückt, die sich nur bei näherem Hinschauen als Beine herausstellten, die aus der Erde ragen; auch sieht man Hände, die sich aus der Erde wühlen; über dem Hügel schwebt Aas suchend ein riesiger schwarzer Vogel; am Himmel zwei rote Gestirne, in dem einen das Gesicht des Mennoniten-Predigers, in dem anderen jenes der alten Frau, die er tröstet, wenn auch beide nur zu ahnen sind. Daneben blaue Gestirne und eine Milchstraße, in der noch die Kerzen durchschimmern, die auf der Kopie die Bibel des Predigers beleuchtet hatten, sichtbar noch dessen Trost spendende rechte Hand. Doch so grausam das Bild mit den vielen kopfvoran in die Erde gepfählten Menschen auch ist, allzu weit von Cornelius Claesz von Anslo ist es nicht angesiedelt: Die Mennoniten waren die Nachfahren der Wiedertäufer. Und jene dreitausend, die auf Befehl des Perserkönigs Chosroes I. so entsetzlich umkamen, waren die Anhänger des Mazdak, eines gnostischen Mystikers, der, wie die Wiedertäufer tausend Jahre nach ihm, glaubte, den Menschen sei alles gemeinsam, ein Glaube, den er vielleicht von den Urchristen übernommen hatte. Die erste christliche Gemeinde ging bei der Eroberung von Jerusalem unter. Auch die Wiedertäufer wurden zu Abertausenden getötet: ersäuft, verbrannt, gerädert, gehenkt, geköpft. So ist denn der Tod, den die Anhänger Mazdaks erlitten, ein Sinnbild für alle, die für eine Idee starben. Die in den Boden Gepfählten schlugen Wurzeln. Der Perserkönig pflanzte ihren Glauben in die Erde: Menschen, nicht Ideen, können vernichtet werden. Gleichgültig, ob diese Ideen uns genehm sind oder nicht, sie beginnen, uns zu überwuchern. Aber mit ihnen auch das, was sie hervorbringen: der Zustand, den sie nicht bedachten, aber ermöglichten. Daß den Menschen alles gemeinsam sei, ist ein Idealzustand, er setzt die Freiheit und die Gerechtigkeit absolut und damit identisch. Der Idealzustand ist der unwahrscheinlichste, er strebt danach, der wahrscheinlichste Zustand zu werden. Auf den *Winterkrieg* bezogen: wir können dem Labyrinth nicht entgehen. Ein Stoff, auf den wir einmal stießen, entläßt uns nie mehr. Wir bleiben in seiner Schwerkraft gefangen.

Mondfinsternis

Noch einmal zu den Ursprüngen zurück: Mein Vater war Pfarrer. In meiner Bibliothek steht seine hebräische Bibel, dicht mit meist unleserlichen Randbemerkungen versehen, in winziger Schrift. Vor dem ersten Buch Mosis notierte er am 25. November 1920, zweiundvierzig Tage vor meiner Geburt: »Zum zweiten Mal das Alte Testament durchgelesen.« Weitere Notizen folgten. Am 25. Juli 1949 hatte er es zum sechsten Mal durchgelesen, dann ging die Lektüre – er war nun bald sechzig – gemächlicher: Seine Augen wurden immer schwächer. Die letzte Eintragung, die ich finde, mit zittriger Hand gekritzelt, ist vom 30. Oktober 1964. Er las noch den Propheten Jesaia zu Ende, begann vielleicht noch mit Jeremias, das ist nicht genau auszumachen. Er starb am 8. Februar 1965, neun Tage nach seinem 84. Geburtstag. Neben dem Alten Testament auf hebräisch las er jeden Tag das Neue Testament in griechisch und lateinisch. Zwei Tage vor seinem Tod besuchten ihn meine Frau und ich in der Stadt im Altersheim, wo er mit meiner Mutter wohnte. Die Möbel im Zimmer kannte ich noch vom Dorf her; an den Wänden die alten Bilder, die zwei Porträts vom Dorfmaler, zwei Bilder vom Burgäschisee, Cornelius Claesz von Anslo im goldenen Rahmen; die alte Bibliothek, freilich stark gelichtet. Es war Samstag. Es ging gegen Abend, die Stehlampe brannte schon. Mein Vater lag im Bett, meine Mutter spielte am Tisch mit einem langweiligen Verwandten meines Vaters Karten. Ich dachte nicht daran, daß mein Vater sterben würde, obwohl er meiner Frau, die er sehr liebte, und mir dankte; es sei freundlich, daß wir gekommen seien, von ihm Abschied zu nehmen. Ich war erleichtert, daß er mich erkannte, er war in der letzten Zeit hin und wieder etwas verwirrt gewesen, hatte mich mit einem Vetter verwechselt, der Arzt war und ihn pflegte. Er erzählte, er sei diesen Morgen erwacht und glücklich gewesen, nur in der Nacht hätten die Schwestern ihn vergiften wollen, aber meine Mutter hätte sich geweigert mitzumachen. »Hulda, du bist immer eine gute Frau gewesen.« Meine Mutter weinte etwas und spielte weiter Karten mit dem langweiligen Verwandten, der vollkommen unbeteiligt dasaß; er hatte nichts als das Kartenspiel im Kopf und saß nur da, weil er eben ein Verwandter war, wahrscheinlich ein Vetter meines Vaters, und weil er jeden Samstag kam, um Karten zu spielen. Dann sprach mein Vater ein Gebet, ich war, wie immer in solchen Momenten, geniert. Wir nahmen von ihm Abschied und fuhren mit dem Wagen nach Zürich. Unterwegs sagte mir meine Frau, mein Vater liege im Sterben; ich glaubte ihr nicht, er war ja nicht krank. Am Sonntag hielt ich eine Rede bei einer Gedenkfeier im Schauspielhaus. Am Montagmorgen telefonierte mir meine Mutter ins Hotel, mein Vater sei gestorben. Wir fuhren nach Bern zurück, es schneite, ich mußte vorsichtig fahren, und dann sah ich meinen Vater wieder, die Hände gefaltet, die Augen geschlossen, Blumen auf dem Kissen, auf der Bettdecke. Ich erkannte ihn nicht mehr, ein Fremder lag vor mir. Lange erforschte ich das tote Antlitz. Ich entdeckte nichts, das mich an meinen Vater erinnerte. Als ich mehr als zehn Jahre später vor dem gleichen Bett stand und auf meine tote Mutter starrte, war es mir dagegen, als sähe ich sie zum ersten Mal, merkwürdigerweise als junge Frau, wie sie vor meiner Geburt gewesen war; sie hatte etwas ungemein Freudiges. Varlin dagegen, als ihm der Arzt das Tuch vom Gesicht zog, war eine wilde Leiche, Augen und Mund aufgerissen, nichts von Stille, ein eingefrorener, eiskalter, wütender Protest, aber es war immer noch Varlin, der da drohend in seinem Sarg lag. Nur mein Vater schien sich davongemacht zu haben, irgendeine anonyme Hülle zurücklassend, die man aus Verlegenheit mit Blumen schmückte, er eignete sich nicht als Leiche. Am Donnerstag war die Beerdigung. Wir wünschten uns keine Blumen, man solle für eine wohltätige Stiftung spenden, trotzdem stand der Sarg in der Abdankungshalle zwischen zwei riesigen Kränzen: Diakonissenhaus Bern und Schauspielhaus Zürich; und bevor der Pfarrer die Abdankung halten konnte, traten zwei Zähringer auf, Studenten in Vollwichs, die sich samt Fahne neben den Sarg pflanzten. Wir hatten vergessen, daß mein Vater in seiner Studentenzeit um die Jahrhundertwende Zähringer gewesen war, zumal wir ihn nur als einen eifrigen Förderer des Blauen Kreuzes kannten. Bloß Jesus vermochte einen Menschen zu retten, der dem Suff verfallen war; ja mein Vater setzte es durch, daß beim Abendmahl alkoholfreier Traubensaft verwendet wurde, damit bei der heiligen Handlung nicht etwa ein bekehrter Trunkenbold in Versuchung kommen könnte. Seine Abneigung gegen den Alkohol nahm immer merkwürdigere Formen an, er weigerte sich schließlich, Nahrung zu sich zu nehmen, auch diese verwandle sich im Verdauungsprozeß in Alkohol. Oft konnte meine Mutter ihn nur mit Mühe dazu bringen, doch etwas zu essen. Und nun, während der Pfarrer uns zu trösten suchte, hielten zwei Studenten in Vollwichs an seinem Sarg Wacht, die mir ebensowenig zu meinem Vater zu passen schienen wie der Kranz des Schauspielhauses. Selbst auf dem Weg zum Grab schritten die Studenten mit gesenkter Fahne der Trauerfamilie voran, um dann später in ihrem Stammlokal einen Trauersalamander zu reiben, wie ich mir verdutzt vorstellte, während ich gemessen hinter ihnen schritt, meine Mutter führend, die zwischen meiner Schwester und mir ging. Die beiden Studenten hatten meinen toten Vater in

Obhut genommen, als hätten sie ein Vorrecht darauf. Vielleicht hatten sie eines. Denn mein Vater kam aus einer anderen Zeit. Er war schon vierzig, als ich zur Welt kam, während im Jahr seiner Geburt, 1881, Bismarck noch Reichskanzler war, Zar Alexander II. ermordet und die russische Geheimpolizei Ochtana gegründet wurde, Dostojewski starb und Böcklin die ›Toteninsel‹ malte. Dafür, als walte in der Kunstgeschichte eine ausgleichende Gerechtigkeit, wurde im gleichen Jahr Picasso geboren. Die Generationen überschlagen sich wie Wellen, werden von der Zeit davongetragen, und ihre Spuren sind für spätere Generationen oft rätselhaft, oft rührend, selten grandios, und manchmal nicht ohne höhere Komik, wie die beiden Studenten: im Vollwichs durch einen winterlichen, schneebedeckten Friedhof einem ausgehobenen Grab entgegenschreitend, hinter einem Sarg mit einem Toten darin, den sie nicht kannten und der sie nicht gekannt und den – was mir, als ich hinter den beiden Studenten seinem Grab entgegenging, immer deutlicher wurde – ich auch nicht gekannt hatte. Mein Vater hatte nur selten von seiner Jugend und von seinem Vater gesprochen, der ein bekannter Politiker gewesen, doch schon im Jahre 1908 gestorben war. Ein seltsamer, einsamer und eigensinniger Rebell: klein, gebückt, bärtig, bebrillt, mit scharfen Augen, ein Berner, der eine eigene Zeitung herausgab; der den Freisinn, den Sozialismus und die Juden haßte; auf den kein politisches Klischee paßte und der für eine christliche, föderalistische, bäuerliche Schweiz kämpfte, zu einer Zeit, als sie sich anschickte, ein moderner Industriestaat zu werden, ein politisches Unikum, dessen Titelgedichte berühmt waren und von einer Schärfe, die man heute selten wagt. Auch von seiner Mutter hörte ich meinen Vater nie reden, ebenso schwieg er von seiner Studentenzeit, die ihn nach Berlin und Marbach gebracht hatte. Es war seine Welt, die uns Kinder nichts anging, die er sich zu bewahren suchte, kann ich mir denken, vor allem mir gegenüber, als ich älter wurde und alles in Frage zu stellen begann. Mein Vater war auf eine kindliche Art fromm, doch fürchtete er sich vor dem Tod. Wenn ich ihm sagte, ich könne nicht verstehen, wie der Gedanke, nach dem Tod ›nichts‹ mehr zu sein, schrecklich sein könne – was sich ja nur denken und nicht sich vorstellen läßt –, widersprach er mir stets hastig, ja aufgeregt, als wäre dieser Gedanke noch schrecklicher als der an eine Hölle. Obwohl er ein Gelehrter war, predigte er einfach und sorgfältig, er schrieb seine Predigten auf, in Stenogrammschrift, auch sie winzig, doch predigte er frei, denn er vermochte seine stenografierte Schrift nicht zu lesen. Sie sei an und für sich unleserlich, erklärte er, weil er eigentlich gar nicht stenografieren könne, die unleserliche Niederschrift sei eine bloße Gedächtnisübung. Er erzählte auch, er habe in seiner Jugend Volapük gelernt, das durch das Esperanto verdrängt worden war, er sei vielleicht der einzige, meinte er dann schmunzelnd, der noch Volapük verstehe. Vor allem war mein Vater ein guter Seelsorger, der noch bis ins hohe Alter Kranke besuchte. Er besaß einen versteckten Humor und wußte zuzuhören, eine Begabung, die ich nicht geerbt habe. Er vermochte nie zu begreifen, daß ich ein schlechter Schüler war, doch verlor er nur einmal die Selbstbeherrschung: Er erklärte mir in Gegenwart meiner Mutter schroff, gleichsam offiziell, ich sei für das Gymnasium nicht intelligent genug, auch für einen Maler lange es nicht, wie ich mir einbilde, ich solle meine Pläne zurückstecken. Als ich dann Schriftsteller wurde, schwieg er zu meiner Schreiberei, in die ersten Premieren kam er noch, später nicht mehr, aber er interessierte sich für das, was ich schrieb, ohne mit mir darüber zu diskutieren, freute sich auch über Erfolge, aber die Literatur war ihm fremd – außer daß er Theodor Körner ungemein schätzte. Dafür las er schon früh Kierkegaard, als dieser unter den Pfarrherren der umliegenden Dörfer noch nicht bekannt war, und Barths *Römerbrief*. Nietzsches *Also sprach Zarathustra* hielt er in seiner Bibliothek versteckt. Er sah es ungern, daß ich das Buch aufstöberte, ließ es mich aber lesen. Nur einmal versuchte er, mich davon zu überzeugen, Pfarrer zu werden. An einem Sonntagabend in der Stadt, kurz nach meiner Maturität. Wir saßen zusammen auf einer Bank im Englischen Garten, unter uns schimmerte der Fluß durch die Bäume. Mein Vater sprach zuerst nicht vom Glauben oder vom Christentum, er wollte nicht meine Opposition wecken. Er empfahl mir das Studium der Theologie als die interessanteste Disziplin in geistiger Hinsicht, wie er sich ausdrückte, die auch die Philosophie in sich schließe. Er sprach von der Klarheit der alten Sprachen, die er so liebte; erst jetzt, nach bestandener Maturität, während des Studiums der Theologie, werde mir ihre Schönheit aufgehen. Dann erst kam er auf den Glauben zu sprechen: ohne eifriges Studium der Heiligen Schrift sei er nicht zu festigen, meine Zweifel rührten daher, daß ich den Gegensatz zwischen dem Glauben und dem Intellekt übertreibe; im Gegenteil, nur ein Intellekt, den man in den Dienst des Höheren, des Glaubens stelle, als Diener und nicht als Feind, vermöchte mir weiterzuhelfen. Ich hörte ihm schweigend zu, das Gespräch war mir unangenehm, ich weiß nicht mehr, was ich geantwortet habe. Mein Vater konnte mich nicht überzeugen, doch zeigte er keine Enttäuschung. Wir gingen friedlich nach Hause. Er kam nie mehr auf unser Gespräch zurück.

Besonders enttäuscht muß meine Mutter gewesen sein. War mein Vater im Hintergrund, so führte meine Mutter im Dorf und später in der Stadt das Regiment über die Familie. Sie war die unmittelbare Instanz. Eine Auseinandersetzung zwischen Vater und Mutter erlebten wir nie. Höchstens im Schach. Meine Mutter war eine ausgezeichnete Schachspielerin. Im Dorf kamen der Arzt und der Zahntechniker regelmäßig: um mit meiner Mutter zu spielen; wurde sie einmal vom Zahntechniker geschlagen, weigerte sich dieser aus Furcht zu verlieren wochenlang, wieder mit meiner Mutter zu spielen. Auch mein Vater ärgerte sich, wenn er verlor, selbst wenn er dabei lachte, und warf dann die Schachfiguren durcheinander. Meine Mutter stammte aus einem Dorf, das näher bei den Bergen lag als das unsrige, am Fuß des Stockhorns. Im Gegensatz zu meinem Vater liebte es meine Mutter, von ihrem Vater zu erzählen. Dieser Mann, wie mein anderer Großvater vor meiner Geburt gestorben, wurde für mich eine legendäre Figur. Meine Mutter war ein Kind seiner zweiten Frau, ich stellte ihn mir als eine Art Abraham vor, als einen Patriarchen. Meine Mutter rühmte seinen schönen, sorgfältig gebürsteten langen Bart, wobei sie versicherte, er hätte das Haar »auf dem Kopf« kurz geschoren gehabt. Er war ein Bauer, der seine Bauernhäuser in Pacht gegeben hatte, sich noch ein Armeepferd hielt und nichts als Gemeindepräsident war. Er war der Gemeindepräsident. Er regierte sein Dorf allgewaltig wie ein Fürst. Am liebsten fuhr er mit seinem Armeepferd aus, in flottem Trab, meine Mutter saß hinten auf dem Fuhrwerk, einmal löste sich ihr Sitz, meine Mutter saß auf der Straße, und mein Großvater entfernte sich mit Roß und Wagen und bemerkte den Verlust erst zu Hause. Auch sonst muß das Dorf meiner Mutter voller Originale gewesen sein; so gab es einen Dorfschullehrer, der, wie sie erzählte, dick und unbeweglich neben seinem Pult gesessen und bald den linken, bald den rechten seiner Holzpantoffeln nach den Schülern geschleudert habe, die dichtgedrängt in der Schulstube saßen, welche alle Klassen vereinigte, von der ersten bis zur neunten. Einmal knallte meiner Mutter ein Holzpantoffel an die Stirn, da habe mein Großvater »aber dann mit dem Schulmeister ein sehr ernstes Wort gesprochen«. Dann spukte in der Erinnerung meiner Mutter noch ein geheimnisvoller Landstreicher herum, auf den sie oft zu sprechen kam. Unter anderem sei er – nach vielen Abenteuern mit Bundesräten, mit dem Kaiser und dem Zaren – in Paris beinahe Rothschilds Schwiegersohn geworden, nur habe er im letzten Augenblick, schon in der Kutsche sitzend auf dem Weg zur Synagoge, bemerkt, daß seine Frau nicht den Kopf eines Menschen, sondern den eines Schweines besessen hätte, worauf er die Flucht ergriffen, auf seine Millionen verzichtet und wieder ins Christentum zurückgefunden habe. Eine Geschichte, die mir geblieben ist, weil ich dabei zum ersten Mal erfuhr, daß es noch Juden gab, von denen wir im Dorf keinen Begriff hatten, sie kamen sonst bloß in der Bibel vor. Nur einmal, erinnere ich mich dunkel, herrschte im Dorf eine große Aufregung: der Ewige Jude sei gekommen, was sich hinter dieser vagen Erinnerung versteckt, weiß ich nicht mehr. Am meisten rühmte meine Mutter die Gottesfurcht ihres Vaters. Sie lebte in einer Welt des sieghaften Glaubens, ihr Christentum hatte etwas Kämpferisches, doch war sie realistischer als mein Vater und auch dem Sozialismus gegenüber mit weniger Vorurteilen behaftet. Da sie im Haus regierte, schickte mein Vater immer sie vor, wenn er sich über meine Leistungen in der Schule beklagte. Als sie einmal merkte, daß ich meine

Rechenaufgaben nie machte, rannte sie mir voller Wut mit einer Bohnenstange nach, meine Schwester schrie entsetzt auf. Sonst strafte sie uns, indem sie tagelang »traurig« war; wir lebten dann wie unter einem Schatten. Sie war für viele eine bedeutende Frau, die Pfarrfrauentagungen und Mütterabende im Land herum organisierte, wobei sie Gotthelf beinahe so gut aus dem Stegreif zu erzählen wußte, wie dieser geschrieben hatte. Aber es war immer eine Mauer zwischen ihr und mir, eine Mauer, die ich errichtet hatte und die ich nicht niederreißen konnte. Es waren zu viele Eigenheiten, die mich an ihr störten: sie spielte die Bescheidene, ohne es nötig zu haben; sie war überaus neugierig, was ich verdiene, ich gab ihr nie Bescheid; dafür pumpte sie mich hemmungslos an, was ich ihr hoch anrechnete, aber nie für sich, immer für andere. Es quält mich noch jetzt, ihr gegenüber kein nachsichtigerer Sohn gewesen zu sein. Während mein Vater, so weit ich zurückdenken kann, uns bei jedem Weihnachtsfest verkündete, das sei sein letztes – was uns zuerst traurig stimmte und später belustigte, ja wir warteten ungeduldig darauf, daß er es sagte –, erklärte meine Mutter an ihren Geburtstagen, ihr einziger Wunsch sei, nicht alt zu werden. Als sie diesen Wunsch an ihrem 87. Geburtstag mir gegenüber wiederholte, brachte ich den nötigen Humor nicht auf und meinte, mit siebenundachtzig sei sie schließlich doch ein wenig alt geworden; sie schwieg lange beleidigt und antwortete endlich, sie habe noch nie Finken getragen. Als sie dann achtundachtzig wurde, gestand sie mir, Pfarrer Hutzli sei hundert geworden, und das habe ihm »sehr, sehr gut getan«. Ich begriff, daß sie ein neues Ziel anstrebte. Am meisten störten mich aber ihre Gebetserhörungen, sie machten mich wütend, solange sie lebte; sie waren für mich etwas Unanständiges, das ich nicht akzeptieren konnte, denn meine Mutter war eine leidenschaftliche Beterin, und alles, was sich um sie herum ereignete, geschah als Erfüllung ihrer Gebete. Sie hatte etwas Triumphierendes, alles geschah durch Gottes Gnade; auch später war jeder meiner literarischen Erfolge von Gott inszeniert, eine Vorstellung, die mich maßlos ärgerte, um so mehr als sie meinen Ärger lächelnd ertrug. Überhaupt liebte sie nichts so sehr, wie von ihren Gebetserhörungen zu sprechen, aber ich ließ mich mit ihr nie auf solche Gespräche ein, ich schnitt ihr das Wort ab. Auch am letzten Abend, als ich mit meiner Schwester bei ihr war; ein Abend, der überhaupt unglücklich verlief. Am merkwürdigsten aber war, daß sie trotz der Förderung meiner Komödien durch den lieben Gott viele Szenen nicht ertrug und sich weinend an meine Frau wandte, ich müsse sie streichen, so die drei Geistlichen im *Mississippi* oder die Pfarrerszene in der *Alten Dame*, die meinen Vater wiederum amüsierten. Sie starb drei Monate vor ihrem 89. Geburtstag, ohne eigentlich krank gewesen zu sein. Zu unserer Überraschung wünschte sie sich, kremiert zu werden; offenbar wirkte noch ein Buch in ihr nach, das im Dorf zirkuliert hatte; ein Pfarrer, der sich für die Kremation einsetzte, schilderte darin auf grausige Weise, was mit den Leichen in den Gräbern geschieht. Mein Vater hatte sich damals über dieses Buch geärgert, er war für die Beerdigung. Nach der Kremation meiner Mutter versammelten wir uns im selben Café wie nach der Beerdigung meines Vaters. Verwandte aus dem Dorf meiner Mutter waren anwesend; ich kannte sie nicht mehr. Auch einige von meinem Dorf waren zugegen, so der Lehrer mit nur einem Daumen.

Ich wuchs in einer christlichen Welt auf, die mich auch später nicht losließ: mein Sohn ist Pfarrer geworden. Die Menschen, mit denen meine Eltern verkehrten, waren gottesfürchtig, überall stieß ich auf das Christentum wie auf eine Mauer aus Glauben, ob ich während der Ferien in Bern im Christlichen Seminar weilte oder ob ich bei einem Bauern, mit dem meine Eltern befreundet waren, das Vieh hütete und beim Heuen half. Die Erwachsenen, die mich umgaben, praktizierten ein bürgerlich-bäurisches Christentum, nicht verlogen, wie man heute so leicht glaubt. In den Augen dieser Menschen stimmte die Ordnung noch, in der sie lebten und an die sie glaubten, und wo sie nicht mehr stimmte, da lag die Schuld im Unglauben. Es war eine gottgewollte Ordnung, die auch den Staat umschloß, Patriotismus und Christentum standen nicht im Widerspruch zueinander. Aber auch die verschiedenen Klassen unter den Menschen waren gottgewollt: so wie es verschiedene Rassen gab, hatte Gott auch den Bürger, den Bauern und den Arbeiter geschaffen, den Reichen und den Armen, und einem jeden seine Würden, Bürden und Pflichten gegeben. Sie lehnten den Sozialismus ab, weil er nicht aus dem christlichen Glauben entstanden war, weil er mit dem Odium des Atheismus behaftet war; allein der tätige Glaube konnte dem Mitmenschen helfen – ein Zehntel der Besoldung legte mein Vater für die Armen auf die Seite. Sie waren nicht Antisemiten, aber die Juden hatten Christus ans Kreuz geschlagen und mußten nun dafür büßen; sie bemühten sich, biblisch zu leben, aber die Zeiten waren unbiblisch geworden. Sie standen fassungslos vor dem gewaltigen Geschehen, das die Welt veränderte. Eine Baltin, eine Frau Pfarrer Hahn, deren Mann in Riga umgekommen war – erschossen von den »Bolschewiken« – und die manchmal zu uns ins Dorf zu Besuch kam, wurde mit Ehrfurcht verehrt wie eine Märtyrerin. Sie waren stark im Glauben, lasen die Berichte der Basler- und der Mohammedaner-Mission wie Siegesberichte und ahnten nicht, wie ohnmächtig sie waren, verwurstelt in eine verlotterte Weltwirtschaft, Spielbälle von politischen Glücksrittern und Hasardeuren der Hochfinanz, Opfer gigantischer Schiebungen und Fehlplanungen. Die Kirche, verbacken mit dem Bürgertum, triumphierte zu sehr – gerade im Bernbiet, unter den Fittichen eines Kantons, der sie stets zur Erhaltung seiner durchaus nicht zimperlichen Obrigkeit benutzt hatte –, und doch kann ich nicht behaupten, daß diese Christen in einer bloßen Illusion lebten: Sie harrten aus in der Hoffnung auf einen endlichen Sieg ihres Glaubens über diese hoffnungslose Welt; und warum soll man diese Hoffnung auf eine Utopie, die heute jedem Marxisten zugebilligt wird und deren er sich rühmt, jenen nicht zubilligen? Nur weil sie Bürger und Bauern waren und einen anderen Glauben als den marxistischen hatten – denn auch hier handelt es sich um einen Glauben – und nicht an den Klassenkampf glaubten wie die Marxisten, sondern an einen Kampf des Glaubens mit dem Unglauben, eines Glaubens jedoch, der, beim Wort genommen – und viele nahmen ihn beim Wort –, die Klassengegensätze von selbst zersetzen sollte? Auch ihr Glaube war ohne Hoffnung unmöglich, wenn nicht lächerlich. Schon das Dorf war nicht mehr »christlich«, und in dem, was die Christen unter »christlich« verstanden, waren auch die Christen verschiedener Meinung, wie heute die Marxisten verschiedener Ansicht sind über das, was denn die reine Lehre sei. Daß mein Vater in dem verworrenen religiösen Zustand seiner Gemeinde den Frieden zu bewahren verstand, war sein eigentliches Verdienst, irgendwo sah er noch in der absurdesten Sekte eine Spur der Wahrheit, an die er glaubte. Je mehr ich über ihn nachsinne, desto mehr scheint mir, daß ihm die Problematik seines Glaubens und seines Berufs bewußter war, als ich ahnte, daß er oft zweifelte, aber daß er ein Mann der Pflicht war, daß darin seine Frömmigkeit lag. Er gehorchte seinem Glauben mit bewußter Blindheit. Darum übte er im Religiösen auch nie Druck auf mich aus. Ich spürte nicht, was in ihm vorging, weil er mein Vater war; es gibt keine größere Fremdheit als die, welche zwischen Vater und Sohn gesetzt ist, der Freiheit beider zuliebe. Die Bürger, Bauern und Arbeiter achteten ihn, und deshalb war es nicht leicht, sein Sohn zu sein. Die Eltern sind für das Kind die Wirklichkeit, sie sind realer als alles andere, als die Sagen und Geschichten, realer auch als der Einfluß der Schule, und nächst den Eltern sind es die anderen Erwachsenen, die zu den Eltern gehören, und nächst denen wiederum die anderen Kinder, mit denen man zusammen lebt in einer hierarchisch gestuften Welt. Besonders im Dorf. Es typisiert die Menschen. Es ist überschaubar, die Funktion eines jeden ist bekannt, er ist eins mit seiner Funktion: der Gemeindepräsident, der Pfarrer, der Arzt, der Lehrer usw. Der Sohn des Pfarrers hat im Dorf eine bestimmte Stellung. Er ist der Sohn seines Vaters, die schwache Stelle eines Menschen, der eine moralische Position einnimmt. An seinem Sohn läßt sich diese Position messen, an dieser Position der Sohn; und weil mein Vater für das Dorf ein Vorbild war, wurde ich nach meinem Vater gerichtet. Das Dorf ist grausam. Noch unerbittlicher die Kinder. Der Sohn des Pfarrers ist nicht einer der ihren. Er ist anders. Vor ihm verschweigt man vieles, auch die Erwachsenen reden nicht ohne Vorsicht, schweigen lieber, wenn er kommt. Der Sohn des Pfarrers lebt mit der Jugend des Dorfes, ohne ihr anzugehören. Er ist von ihr nur geduldet. Sie ist ihm gegenüber mißtrauisch, oft höhnisch. Ich wußte nie, zu welcher Gruppe ich gehörte. Bald spielte ich mit den Buben der Thun-, bald mit jenen der Bernstraße Fußball, oder mit jenen der Grünegg. Ich wurde ein Einzelgänger, und so begann ich, gegen den zu rebellieren, der mich zum Einzelgänger gemacht hatte, gegen meinen Vater. Mein Glaube war zuerst nur eine Angelegenheit der Phantasie gewesen, Bunyans *Pilgerreise* eben, die frommen Reden Kara ben Nemsis mit Hadschi Halef Omar. Daß ich mich gegen den Glauben meines Vaters stellte, wurde mir zum ersten Mal bewußt, als ich mich für diesen Glauben zu schämen begann. Ich war, zehnjährig etwa, vom Pfarrhaus mit dem Velo zur Hauptstraße hinuntergefahren. Vor dem Konsum stand ein Lastwagen mit Milchkesseln, ich bog um ihn herum, ein Motorradfahrer tauchte vor mir auf, in schwarzer Lederkleidung, wie aus dem Nichts materialisiert, er war, über den Kreuzplatz rasend und in die Thunstraße einbiegend, dem Lastwagen ausgewichen und auf die linke Straßenseite geraten. Im Konsum kam ich wieder zu mir. Leute umstanden mich, sie hatten mich hineingetragen. Ich betete laut, Gott solle mich nicht sterben lassen. Dann verlor ich wieder das Bewußtsein. Ich erinnere mich noch an einen Blutsturz in der Nacht darauf. Nachher schämte ich mich, gebetet zu haben. Mein Beten kam mir als eine Flucht in den Glauben vor, als eine Kapitulation. Die Religion wurde mir peinlich, ich mißtraute ihr und hatte ein schlechtes Gewissen, weil ich ihr, als es ernst wurde, doch nicht gewachsen gewesen war. Einmal feierten wir mit den Eltern Silvester im feudalen Chalet des Inspektors der Mohammedaner-Mission, hoch über dem Dorf. Ich freute mich, bis nach Mitternacht aufbleiben zu dürfen. Aber als es Mitternacht wurde, als die Glocken läuteten, als ich ins Freie eilen wollte, in die glasklare Nacht mit dem mächtigen Sternenhimmel, mußten wir alle auf die Knie stürzen. Der Gottesmann betete laut, und dann betete seine schwerreiche Frau, die bald danach starb, und die Millionärin, die Erbin einer Stumpenfabrik, die er bald darauf heiratete, und dann mein Vater und dann meine Mutter und wer sonst eingeladen war; alle lagen auf den Knien, ein für mich widerlicher Eindruck, der mich lange erröten und wütend machte, besonders weil ich mit auf die Knie gesunken war; ich hätte stehen bleiben, den frommen Erwachsenen Trotz bieten sollen. Die Scham blieb. Noch heute befällt mich Unbehagen, wenn ich in eine Kirche gehen muß, aus familiären Gründen oder sei es, um sie zu besichtigen. Ich schloß mich von der Welt meiner Eltern aus, eine Fotografie jener Zeit zeigt es deutlich. Alle stehen feierlich da, meine Eltern, meine Schwester, ich schneide eine Grimasse. Als wir später in die Stadt zogen, war ich schon zu sehr ein Einzelgänger geworden, um mich noch ändern zu können. Ich konnte mich keinem mehr anschließen. Meine pubertäre Opposition hatte sich gegen die Welt meines Vaters fixiert, doch blieb sie emotional. Unfähig, seinem Glauben ein rationales Weltbild entgegenzusetzen, wählte ich den Weg ins Irrationale. Ich nahm für Hitler Stellung. Ich erinnere mich noch gut an den Sonntagsspaziergang vom Dorf gegen den Ballenbühl, als ich zum ersten Mal den Namen Hitler hörte, es muß im Jahre 1931 oder 1932 gewesen sein: Wir gingen an grünen Bänken entlang, auf denen andere Sonntagsspaziergänger saßen – das Dorf weit unten, auch der Hochkamin –, und traten in einen Laubwald ein. Mein Vater diskutierte mit dem Kirchgemeindepräsidenten, und es ging um die Frage, ob Hitler ein Christ sei oder nicht. Der Antisemitismus wurde nicht besprochen, man war zwar nicht antisemitisch, aber auch nicht judenfreundlich, das störrische Volk wollte und wollte den Messias nicht anerkennen und hatte sich selber verflucht: Am Antisemitismus waren die Juden selber schuld, und im übrigen geisterte auch in der Schweiz das Schlagwort vom jüdischen Bolschewismus herum. Was Hitlers »Christentum« betraf, so war der Kirchgemeindepräsident dessen sicher, mein Vater blieb skeptisch; über die Gläubigkeit Hindenburgs waren sich beide einig, der Generalfeldmarschall war ein Christ, konnte als Generalfeldmarschall auch gar nichts anderes sein; wie viele brave Schweizer glaubten die beiden an Offiziere.

Als sich später meines Vaters Zweifel an Hitlers »Christentum« bestätigten, war mir dieser als christlicher Bürgerschreck willkommen, um so mehr, als es für mich keine politische Alternative gab. Zwar war mein Vater ein überzeugter Antimarxist, ich hätte mich, um ihn und die christlichen Kreise zu provozieren, auch als Kommunist ausgeben können. Aber ich hatte vom Marxismus nur eine verzerrte Vorstellung, er war ein Gerücht, nicht eine mögliche Gegenwelt. So konnte für mich der Marxismus auch keine Opposition gegen die väterliche Welt darstellen. Was blieb, war vorerst ein nebulöses Parteinehmen für Hitler, das ich allein als Schutz gegen die väterliche Welt des Glaubens errichtete: Ich schloß mich in der Stadt für einige Wochen einer frontistischen Jugendorganisation an. Es ging dilettantisch zu, ein arbeitsscheuer Zwanzigjähriger mit Stiefeln, der sich als Detektiv ausgab, führte uns an; an einem Sonntag »besetzten« wir den Bantiger, einen Hügel in der Nähe der Stadt. Meine Unsportlichkeit übertraf meine Weltanschauung, und ich gab auf. Erst rückblickend wird mir die Welt meiner Jugend deutlich: sie war für mich gedanklich nicht zu bewältigen, wie für Minotaurus das

Labyrinth nicht zu bewältigen war. Das vermag wohl keine Jugend; bedenklich war, daß auch die Väter diese Welt nicht bewältigten. Ich lehnte mich dagegen auf, Kommunismus und Faschismus gleichzusetzen, wie die bürgerliche Ideologie es heute liebt, wobei freilich die Gleichung, die bürgerliche Ideologie sei faschistisch oder faschistoid, die politische Wirklichkeit ebenso verfälscht. Zwischen Faschismus und Kommunismus war von damals aus gesehen ein religiöser Unterschied. Zwei Heilserwartungen standen sich gegenüber, eine mystische und eine dogmatische. Heilserwartungen sind Religionen. Die erste Religion, die faschistische, war eine Antwort auf eine politische und militärische Niederlage, die ein nationales Minderwertigkeitsgefühl ausgelöst hatte und eine Sehnsucht, davon befreit zu werden. Sie war ein Ausweichen ins Völkisch-Wolkige, in eine Ressentiment-Metaphysik, in einen Höhenrausch von Blut, Boden und Rasse, der ein Siebzig-Millionen-Volk zum irrationalen Abenteuer verlockte, zum Versuch, sich gegen jede Vernunft zur Weltmacht aufzuschwingen, zu einem Tausendjährigen Reich endlich, als Welterlösung konzipiert und in einen blinden Amoklauf einmündend, um schließlich in einem stupiden Ausharren unterzugehen, bis endlich vom ganzen Spuk nichts weiter blieb als die Verwunderung darüber, daß es überhaupt möglich gewesen war; und bis, je ferner diese Zeit rückte, die Verwunderung über sie allmählich der Überzeugung wich, gar so schlimm sei sie offenbar nicht gewesen, ja, sie müsse auch ihre Meriten gehabt haben. Die zweite Religion, die kommunistische, trat mit einem höheren und logischeren Anspruch auf. Sie war auch die ältere, die rationaler entwickelte, schon dogmatisch gewordene, mit Evangelisten und Kirchenvätern, mit einer durchorganisierten mächtigen Inquisition versehen. Sie sah sich als das neue Rom einer neuen allmächtigen Kirche. Was der alten Kirche mißlungen war, wollte sie verwirklichen: die Welt im Zeichen eines Glaubens zu einigen, den sie für Wissenschaft hielt – hält doch jede Kirche ihre Theologie für eine Wissenschaft. Nun ist freilich nicht zu übersehen, daß beide Religionen, die kommunistische und die faschistische, gemeinsame Züge aufweisen und daß gerade das Gemeinsame sie vorläufig trennt, um sie später einander näherzubringen: so etwa ihr Manichäismus, die gnostische Vorstellung vom Kampfe des Lichtes mit der Finsternis; im Kommunismus kämpft das Reich der Freiheit mit dem der Notwendigkeit, im Nationalsozialismus die gute mit der schlechten Rasse. Was sie trennte – sehen wir vom ideologischen Instrumentarium ab –, war der Anspruch auf Internationalität; der Stalinismus gab sich als der einzig wahre Marxismus aus während jede mystische Bewegung, wie der Faschismus, dem Partikularismus zuneigt. Auch die Abhängigkeit jeder mystischen Religion von dogmatischen Religionen wird sichtbar, es sind gleichsam einzelne Dogmen, die sich selbständig machen und mystische Religionen werden: So war die Russische Revolution das Vorbild der nationalsozialistischen, war jedoch jene als Weltrevolution gedacht, so diese als völkisch-nationale. Bemerkenswert auch, wie beide Religionen den Neid einsetzten, diese große Stoßkraft aller Rebellionen: beim Kommunismus war es der Neid der Armen auf die Reichen, der Ausgebeuteten auf die Ausbeuter; bei den Nazis wurde der Neid der Habenichtse unter den Völkern auf jene, die alles hatten, genährt. Beide Religionen schließlich bildeten eine Führungsschicht heraus, die nicht Neid erweckte, der revolutioniert, sondern Furcht, die lähmt. Vor allem traten mit Hitler und Stalin wieder Kaiser und Papst gegeneinander an, wenn auch jetzt ein lächerlicher Kaiser, ein gescheiterter Kunstmaler, eine hoffnungslos verkrachte Existenz, die in einer hoffnungslos verkrachten Zeit nur noch Politiker werden konnte, gegen einen fürchterlichen Papst, gegen einen Großinquisitor, der, seine persönlichen Machtkämpfe ideologisch tarnend, den Kampfring bestieg; beide von Millionen bedingungslos bewundert, beide von einem Heer von Henkern umgeben. Wie auch immer: der Kaiser ist ein mystischer, der Papst ein dogmatischer Begriff. Hinter dem Kaiser steht die Idee eines ewigen weltlichen Reiches, er ist der mystische Stellvertreter Gottes, während der Papst ein Stellvertreter seines Sohnes ist, auf den sich die Kirche gründet. Darin nun drückt sich die List des Dogmas aus, das aus der Kirche eine transzendentale Größe macht, eine Rolle, die die kommunistische Partei von ihr übernommen hat: ihre Logik ist der kirchlichen nachgebildet, die Partei ist der Träger der politischen Notwendigkeit, der Parteisekretär gleichsam der irdische Stellvertreter dieser metaphysischpolitischen Notwendigkeit. Dagegen ist der Kaiser ein chiliastisch-mystischer Begriff, seit den Bauernkriegen tief im deutschen Volk verwurzelt, schon damals verknüpft mit der mystischen Idee eines Volkskaisers. Nun mag dieser Vergleich gewagt sein, aber Irrationales läßt sich nur rational erklären. Es war die Zeit einer Weltwirtschaftskrise, die an sich das Irrationale begünstigt: dunkle geheimnisvolle Kräfte wurden als Urheber vermutet, die internationale Hochfinanz, die Freimaurer, das Weltjudentum. Doch weil diesen Kräften eine Art übermenschliche, bestialische Intelligenz unterschoben wurde, die auf eine Weltunterjochung ausgehe, machte sich ein Antiintellektualismus breit; nicht mehr ein falsches ökonomisches System war schuld, sondern der Materialismus als Geisteshaltung, der Verlust der großen Ideen wie Nation, Volk, Vaterland usw., die Glaubenslosigkeit, die zu kompliziert gewordene, mathematisierte Entwicklung der Physik, die auch von den Geisteswissenschaften nicht verstanden wurde. Etwas Neues mußte kommen, eine neue Hoffnung, etwas ganz anderes. Und etwas ganz anderes kam. Es war vielleicht das Weltpech an sich, daß Hitler und Stalin zeitlich zusammenfielen, daß gleichsam der eine den andern und der andere den einen zeugte. Mit Stalin nahm der Marxismus seine denkbar unglücklichste Form an, seine dogmatischste eben, notgedrungen an einen mittelalterlichen Begriffsaberglauben gekettet, daneben der konfuse Mystizismus der Nazis, falsch verstandener Nietzsche, halbverstandener Klages, Rosenbergs Geschwafel, Goebbels' Rhetorik, dann wieder Stefan Georges Urlaute, Wagners Mythologie usw., alles zu einem dampfenden Brei verkocht, an dem man sich die Hände wärmen konnte; und Wärme wollten alle nach der großen intellektuellen Kälte. So war dem Aufstieg Hitlers nichts entgegenzuhalten, nicht nur die Dummköpfe liefen über, auch ehrliche Arbeiter, auch brave, unbescholtene Bürger, auch Künstler, sogar Intellektuelle, eine einzige gewaltige Flucht in die Nestwärme eines mystischen Aberglaubens, dem als einziger politischer Gegner Stalins dogmatische Pseudodialektik gegenüberstand, auf die, sich gleichsam in die sterile Weltallkälte reiner Begriffe flüchtend, auch ehrliche Arbeiter, auch brave, unbescholtene Bürger, auch Künstler und vor allem Intellektuelle hereinfielen. Es mußte zum berüchtigten Pakt kommen: die Feinde beider waren doch die Demokratien mit ihren zur Ohnmacht verdammten Versuchen, die Welt rational zu ordnen, institutionell. Gerade deshalb begann der Zweite Weltkrieg nicht als ein Glaubenskrieg, sondern als ein Machtkampf Hitlers gegen die Demokratien, den er mit der Billigung der kommunistischen Kirche führte. Gerade darum wurde Stalin später von Hitlers Angriff überrascht, der Kampf des Mystikers Hitler mit den Demokraten war ihm willkommen gewesen, die eigentliche Auseinandersetzung – die religiöse, die zwischen Dogma und Mystik – kalkulierte er für später ein; es war sein Unglück, daß sie ihm so früh aufgezwungen wurde, denn er konnte über Hitler nur siegen, indem er nun seinerseits den Sowjetkommunismus mystifizierte: nicht die Internationale siegte über die Nazis, sondern das Vaterland, dem nach dem Krieg die mystische Aufgabe zufiel, nun den Kreuzzug gegen den Imperialismus anzuführen, analog der Aufgabe, die Hitler seinem Imperium aufgebürdet hatte, den Kreuzzug gegen den Bolschewismus nämlich. Stalin projizierte Hitler, den er mit Hilfe der Alliierten besiegt hatte, auf die westlichen Demokratien. Der Faschismus mußte der Weltfeind bleiben, damit der Kalte Krieg den Zweiten Weltkrieg fortsetzen konnte, der materiell nicht mehr möglich war, sondern nur noch ideologisch, verstärkt durch politische Schikanen. Das schloß freilich indirekte Auseinandersetzungen auf Nebenkriegsschauplätzen, wie sie auch heute noch stattfinden, nicht aus – um so mehr als sich die kommunistische Glaubenseinheit zersplitterte und immer mehr Gegen- und Nebenpäpste auftraten.

Nun ist mir freilich bewußt, daß ich die damalige Lage mehr aus jener Zeit deute als aus der heutigen, man mag sich daran stoßen, daß ich den Nationalsozialismus eine mystische Religion nenne, aber es gibt nun einmal primitive Religionen und primitive Mystiken, daran ändert die Tatsache nichts, daß es große Religionen, große Mystiker und große Denker gibt; die Menschheit äfft alles nach, sie wird bisweilen zu ihrer eigenen Parodie. In einem haben die Marxisten recht behalten: Der Faschismus ist der Weltfeind geblieben, zugegeben, aber ebensogut auf ihrer Seite wie auf der Seite der westlichen Demokratien; freilich nicht so, wie die meisten Linken ihn heute begreifen, als ob er die fürchterliche Alternative zum Marxismus wäre: damit wird der Faschismus in eine politische Ente verwandelt, deretwegen man jeden abschießen kann, den man abschießen will, mit der Ausrede, man hätte auf die Ente gezielt; wie ja auch jene, die im Marxismus die fürchterliche Alternative zur Freiheit sehen, ihre politische Ente mit der gleichen Absicht aus dem Entenstall ihres Geistes fliegen lassen. Begreift man aber den Faschismus nicht als Doktrin oder gar als Weltanschauung (als hätte ein Pinochet eine solche), was er einmal, wenn auch im Grotesken, war, sondern als ein Zurücksinken in zynisch-kultische Barbarei, die sich politisch tarnt – ob christlich oder marxistisch, ist gleichgültig – in eine Mystik, die nur noch Mystifikation ist; in ein politisch wortabergläubisches Denken mit dem einzigen Ziel, mit allen verbalen Mitteln die Macht zu begründen, hinter der als Drahtzieher stehen kann, wer will – Konzerne, Syndikate oder Imperien, kurz jede Macht, die, skrupellos geworden, zur Diktatur wird (auch wenn sie sich Demokratie oder Volksdemokratie oder was auch immer nennt): so verstanden, wird der Faschismus etwas, das verhindert, und der Marxismus etwas, das überwunden werden muß: durch ein neues politisches Denken. Wie sehr aber damals Kommunismus und Nationalsozialismus als neue Religionen begriffen wurden, zeigt die Haltung der Kirchen, vor allem die unentschiedene Haltung Pius XII. Mit dem Marxismus seiner Zeit stand ihm ein anderes Dogma gegenüber, ein anderes Papsttum, das er als Dogmatiker mehr fürchtete als den nebulösen Mystizismus der Nazis und Faschisten: mit ihnen suchte er zu paktieren. Mit Mystikern wird der Dogmatiker im Verlauf der Zeit immer fertig, die Inquisition kann warten, oder die Mystiker richten sich selbst zugrunde, in diesem Punkt waren sich Pius und Stalin einig. Was aber die deutschen Protestanten betrifft, so sahen sie im Nationalsozialismus vorerst durchaus nicht bloß etwas Negatives – viele Deutschnationale waren unter ihnen, und für die meisten war der Kommunismus die große Gefahr; *Holt den Kaiser wieder* war das bekannte Buch eines Pastors, das mein Vater gerne las, und er war stolz, daß Niemöller Unterseebootskapitän gewesen war. Der Protestantismus war schwankend, die Ehrfurcht vor der Obrigkeit eingewurzelt, Gott selbst hatte die Ordnung gesetzt, zwischen der Obrigkeit und den Untertanen gab es keine Instanz, der Protestantismus mußte sich gleichsam »katholisieren«. Der Widerstand entzündete sich denn auch am Dogmatischen, die Bekenntniskirche war eine dogmatische Kirche, ebenso wie Barths Riesenwerk eine Dogmatik der Kirche war, nicht die eines Einzelnen (darum kommt Kierkegaard darin auch kaum vor), ein Denkgebäude, das nicht nur mit den harmlosen ›Deutschen Christen‹ in Streit geriet, sondern auch mit der Theologie eines Albert Schweitzer oder eines Emil Brunner. Karl Barths Schrift *Nein*, herausgegeben 1934 im Chr. Kaiser Verlag München, verletzte meinen Vater, er schätzte Brunner, und alles Radikale stieß ihn ab. Daß Brunners *Natürliche Theologie* keine Waffe gegen Hitler war, vermochte mein Vater nicht einzusehen, für ihn war das Christentum eine positive, staatserhaltende

Macht. Daß es damals das Schicksal des Protestantismus war, im Kampf zwischen Kaiser und Papst wieder dogmatisch zu werden, so sehr, daß nicht einmal mehr das ›positive Christentum‹ genügte, konnte meinem Vater nicht einleuchten, er hoffte immer noch, Hitler sei so etwas wie ein göttliches Werkzeug zur Überwindung des atheistischen Kommunismus, ein Werkzeug freilich, das ihn immer mehr entsetzte. Nun, nachträglich gesehen ging auch die Taktik der ›bekennenden Kirche‹ nicht auf. Indem sie, ob katholisch oder protestantisch, ihr Dogma ausbaute und, um glaubhaft zu bleiben, auf jede Macht verzichtete – was nicht heißt, daß sie keinen geistigen Widerstand leistete –, wurde sie, nach dem materiellen Zusammenbruch des Kaisers und dem geistigen des Papstes, wieder ins politische Spiel eingemischt und mischte bald allzu willig mit. Nicht Hitlers Triumph, sein Untergang hat die Kirche, ob protestantisch oder katholisch, korrumpiert. Nicht damals, jetzt ist sie in der Krise.

Schon vor Kriegsausbruch lernte ich Emigranten kennen: daß die Greuelmärchen Märchen waren, wurde immer weniger glaubhaft. Mein naives politisches Weltbild stürzte zusammen – und ich ins Leere. Es war für mich unmöglich, im Weltgeschehen einen Kampf zwischen ›guten und schlechten Mächten‹ zu sehen, was damals die meisten taten, wenn auch etwas verwirrt, weil ja durch die Strategie des größten Feldherrn aller Zeiten sich auch die Sowjetunion auf die Seite der Alliierten schlug. Daß zur Beurteilung der blutigen Farce noch andere als moralische Kategorien anwendbar waren, kam meinem Radikalismus nicht in den Sinn. Das Zusammenkrachen Europas spielte sich für mich wie eine Naturkatastrophe jenseits aller Moral, aber auch jenseits aller Vernunft ab, für mich trugen alle die Schuld an einem Massaker ohnegleichen, die Opfer und die Henker, der Strudel einer unsinnigen Apokalypse riß alle hinab. Der Mensch erschien mir als kosmischer Mißgriff, als Fehlkonstruktion eines offenbar gleichgültigen, wenn nicht stumpfsinnigen Gottes, für den bestenfalls Hitler als Symbol dienen konnte, als Weltfratze, von der allgemeinen Unvernunft heraufbeschworen. *Der Winterkrieg in Tibet* ist daher nicht ein Modell des Zweiten Weltkrieges, auch wenn er sich nach dem Dritten Weltkrieg abspielt, sondern ein Gleichnis dessen, was ich in ihm sah und was sich ankündigte, der Ausgangspunkt einer innerlichen Rebellion gegen eine falsche Welt. Nun hat es diese Rebellion natürlich immer gegeben, und gerade jetzt scheint sie unter der Jugend mehr denn je verbreitet, doch neigt sie heute teils alten, wenn auch leicht variierten Ideologien, teils neuen Gesellschaftsformen, teils noch neueren Glaubensinhalten zu, so etwa im Jahre 1968 nach der Besetzung der Tschechoslowakei bei einer Protestkundgebung mit Basler Studenten: Der Saal überfüllt. Konrad Farner sprach eigenwillig. Dubček sei keine Lösung gewesen, überhaupt keine, ebensowenig der Sowjetkommunismus, der eine Farce sei, den einzigen wirklichen Kommunismus habe er in der Tschechoslowakei bei einer kleinen Gruppe christlicher Täufer gefunden, der Kommunismus verlange die Veränderung des gesellschaftlichen Systems durch den veränderten Menschen. Die Studenten glotzten ehrfurchtsvoll, aber verständnislos, was wollte der Mann, einst der Ideologe der Partei der Arbeit, der noch für die Unterwerfung Ungarns eingetreten war und es schwer hatte büßen müssen (denn damals ritt jedermann auf der Grundwelle des Volkszorns daher: die ganze Schweiz leistete sich in jenen Zeiten einen geistigen Widerstand, der sie nichts kostete – Österreich lag schließlich, Gott sei Dank, dazwischen). Was sollte man mit diesem Kommunismus anfangen, den er jetzt predigte, der nicht eine Weltanschauung oder eine Ideologie, sondern eine ökonomische Notwendigkeit war, die auch ein Christ, Jude, Muslim oder Buddhist annehmen konnte, ohne aufzuhören, Christ, Jude, Muslim oder Buddhist zu sein? Darauf sprach ich, improvisiert, sicher wirr, weil ich als Schriftsteller so gar kein Improvisator bin. Die marxistische Idee sei schön und gut, aber sie brauche Zeit, sich zu verwirklichen, enorme Zeit, und ich befürchte bloß, daß die Menschheit, der nicht mehr soviel Zeit zur Verfügung stehe, vorher zum Teufel ginge. Wohlwollende Ablehnung – man zieht auch nicht in einer Versammlung der Zeugen Jehovas Christi Wiederkunft in Zweifel. Ein junger Student fegte uns beide vom Platz, nicht unfreundlich, blonde Mähne, blonder Bart, ein junger Wotan: aber – zur Erleichterung der Gemeinde – ohne Ideologie gehe es nicht – tobender Beifall; ohne Reinheit der Lehre sei keine Politik möglich – der Saal toste. Wotan steigerte sich, wurde messerscharf: nun aufgepaßt und hingehört – aus dem blonden Gestrüpp blitzte es blau – warum es beim Kommunismus bis jetzt nie geklappt habe, darauf seien eben Dubček und die Prager Genossen gestoßen, Punkt so und Punkt so ihres Programms usw. – Begeisterung; wieder einmal lag die Lösung dort, wo sie zwar noch nie, aber doch beinahe realisiert wurde, wieder einmal hatten die Marxisten recht, aber einfach Pech gehabt; nur noch einen Schritt, eine winzige Korrektur, und das Ganze wäre erreicht gewesen, war eigentlich schon erreicht; nur noch die Realisierung fehlte, eine Nebensächlichkeit, eine Frage von Wochen, Monaten, einigen lumpigen Jahren, Jahrzehnten. Wie die Mauer um Jericho fiel der Spätkapitalismus ob Wotans gewaltigem Blasen in sich zusammen; während sich mehr als ein Vierteljahrhundert früher meine Rebellion gegen jede Ideologie, gegen jede Gesellschaft und gegen jeden Glauben gerichtet hatte. Sie war apolitisch, weil sie gegen jede Politik war. Gewiß, wir lebten damals in der Schweiz unter anderen politischen Voraussetzungen als heute, andere Gesetze waren wirksam, wir bewegten uns in der unheimlichen Ruhe wie im Zentrum eines Taifuns, während wir heute – von damals aus gesehen – in einer märchenhaften Freiheit leben, der Taifun zieht gleichsam abgeflacht, weit entfernt seine Kreise. Alles Heutige, von damals aus gesehen, wirkt unbegreiflich, bizarr, aber auch alles Damalige, von heute aus betrachtet. Der Gegensatz zwischen dem Weltuntergang, der sich jenseits der in Wirklichkeit doch so nahen Grenzen abspielte, und der eigenen behüteten Situation, die sich, vom Weltuntergang aus beobachtet, als absurde Idylle abspielen mußte, war zu kraß und rief einen Geisteszustand hervor, der nachträglich schwer verständlich ist. Was wir heute als Fehlentscheidungen, als Mangel an Mut usw. beurteilen, waren oft nur Reflexhandlungen, denn die Schweiz war trotz ihrer Isolierung nicht außerhalb des Geschehens. Dennoch ist die Fiktion, die heute wiederaufgestellt wird, der Zweite Weltkrieg sei ein Klassenkampf gewesen und die Linksparteien hätten die Schweiz gerettet, Unsinn. Das Verdienst der Sozialdemokraten, nicht nur den Faschismus, sondern auch den Stalinismus durchschaut zu haben, soll nicht geschmälert werden; aber es gab auch bürgerliche Politiker, und sie waren in der Mehrzahl, die den Nationalsozialismus durchschauten; den Anschluß wollten nicht einmal die Frontisten, was die wollten, war eine groteske anachronistische ›schweizerische Schweiz‹. Daß die mystische Afterreligion des Faschismus in bäuerlichen und bürgerlichen Kreisen teilweise auf tiefe Sympathien stieß, ist nicht zu leugnen, doch die Schweiz als unabhängigen Staat vermochte sie ebensowenig zu erschüttern wie der Stalinismus. Daß dessen Anhänger bei weitem wirkungsloser blieben als die Sympathisanten der Nazis, ist kein Argument, die Schweiz im Zweiten Weltkrieg nachträglich als faschistischen Staat abzustempeln; sie war ein Staat, der sich ins Freie schwindelte, indem die Linke immer wußte, was die Rechte tat, was nur möglich war, weil weder die Rechte ganz rechts noch die Linke ganz links war. Daß diese Politik des Sowohl-als-auch zynisch war, daß sie Abertausende unter dem Vorwand, das Boot sei voll, in den Tod trieb, ist nicht zu leugnen; keine Politik ist zu rechtfertigen, auch die einer tristen Lage nicht: Der Zweite Weltkrieg ist das Abbild unserer Schwäche, nicht unseres Heldentums. Doch gerade unsere Schwäche haben wir nicht zu besudeln, den Gedanken daran nicht zu unterdrücken, wir würden heute vielleicht noch schändlicher handeln.

Der erste Stein ist der mutigste, nun kommen die schlechtesten, die letzten: Die, welche von Hitlers Sieg überzeugt waren, nachträglich als Landesverräter zu bezeichnen, ist leicht; einige mögen es gewesen sein, andere waren Patrioten, die eine Schweiz nach Hitlers Sieg zu konzipieren suchten, weil sie an diesen Sieg glaubten. Ich verdamme auch die nicht, die damals eine kommunistische Konzeption der Schweiz suchten, weil sie Stalins Sieg voraussahen und übersahen, daß dieser Sieg ohne die Westmächte nicht möglich war, so daß auch sie ihre Konzeption nicht durchzusetzen vermochten. Ich bin froh, daß sich keine der beiden Konzeptionen durchgesetzt hat; mag auch das, was sich durchsetzte, noch so problematisch gewesen sein! Man wagte langsam aufzuatmen: mit dem Angriff auf die Sowjetunion war die unmittelbare Gefahr, von Hitler angegriffen zu werden, vorbei. Noch kam eine Siegesmeldung nach der anderen aus dem Osten, mehrmals wurde die Niederlage Rußlands verkündet, zu oft; man richtete sich insgeheim schon darauf ein, wieder einmal davongekommen zu sein. Nicht ohne schlechtes Gewissen, spürte man doch unwillkürlich, daß man für Hitler eher nützlich als bedrohlich war: man arbeitete für ihn, man stellte ihm unsere Tunnel zur Verfügung, seine Züge rollten durch den Gotthard, den Lötschberg, den Simplon ins oberitalienische Industriegebiet. Darum ging man doppelt vorsichtig vor, man fürchtete, im letzten Moment noch zu stolpern. Mut war ein Verbrechen, Mutlosigkeit Staatsräson; so drückte sich unser Land um ein Heldentum, worum sich gedrückt zu haben von jenen immer mehr bestritten wird, die damals wirklich keine Helden waren. Unsere Feigheit rettete uns, nicht unser Mut – der hätte uns vielleicht vernichtet. Selbst die Landesverräter, die wir erschossen, erschossen wir, um unseren Mut zu beweisen. Was sie verrieten, waren Lappalien, Offiziere waren sie ohnehin nicht, ein Exempel mußte statuiert werden, und die meisten exekutierte man zu einem Zeitpunkt, da der Beweis unseres Mutes nicht mehr nötig war; aber so hatten wir ihn doch irgendwie bewiesen. Unsere Landesverräter starben den einzigen Heldentod, den wir zu verzeichnen haben: Sie wagten den illegalen, nicht den geistigen Verrat – der war legal. Darum feiern wir nachträglich unser Heldentum und vergessen unsere Opfer, die Juden, die wir von unseren Grenzen wiesen, unter dem Vorwand, sie seien keine politischen Flüchtlinge. Sie kamen außerhalb unserer Grenzen um. Unsere sauberen

Hände sind unsere Schande. Doch wurden wir damals von einer schändlichen Zeit zu einer schändlichen Unschuld gezwungen. Unsere Unschuld heute ist noch schändlicher: Auch die Spielhöllen, in denen wir unser Geld verspielen, die Spitäler, in denen wir unsere Kinder abtreiben, die Gangstersyndikate, die Clans der süd- und mittelamerikanischen Diktaturen, die Firmen der Steuerhinterzieher, die bei uns ihr Geld anlegen, die Arbeitskräfte, die für uns am billigsten produzieren, sie alle befinden sich außerhalb unserer Grenzen. Außerhalb unserer Grenzen kommen auch die Waffen zum Einsatz, die wir ausführen, aber über unsere Grenzen schieben wir auch die Arbeitslosen ab, unsere Fremdarbeiter, wenn wir sie nicht mehr brauchen. Die Strahlungskraft der Eidgenossenschaft ist düster. Wieder sind unsere Hände sauber, nicht von, sondern vor Schuld. Korrumpierte uns einst die Zeit, korrumpieren wir jetzt sie. Doch der Einzelne war damals ohnmächtiger als heute. Sein Protest konnte alle gefährden, heute gefährdet er nur ihn. Er vermochte nicht zu lavieren wie der Staat, er hatte ein Gewissen; nichts war schwerer zu ertragen als die Gnade des Verschontseins, sie wurde bezahlt durch den Fluch der Ohnmacht, die wiederum einem, der nicht davonkam, der mitgerissen wurde, lächerlich, wenn nicht gar schändlich erschien. So fühlte auch ich mich lächerlich, und das Gefühl, mich im Weltgeschehen in einer allzu exquisiten, ja unanständigen Lage zu befinden, stürzte mich in eine immer ausweglosere Rebellion gegen alles. Die heutige Modefrage, von jedem Reporter, von jedem Kritiker vorgebracht, die moderne Gretchenfrage, ob man denn mit dem, was man schreibe, nicht die Welt verändern wolle oder könne, oder gar, warum man sie noch nicht verändert habe, war für mich schon damals Unsinn. Es war wie bei einer ungeheuren Schiffskatastrophe: Fragen an die zu richten, welche der infernalische Strudel verschlang, oder an jene, die im Rettungsboot dahintrieben, wäre mir als irrelevant, ja unanständig vorgekommen, krachte doch das Weltgebäude zusammen: Ich hätte am liebsten auch noch das Verschonte zertrümmert. An einem Sonntagvormittag stand ich an der Loeb-Ecke, am Bahnhofplatz, der Heiliggeistkirche gegenüber, und die Menschen, die aus dem Portal der Kirche strömten, beieinanderstanden oder zu den Trams eilten, verwandelten sich vor mir in Tiere. Nicht daß sie wie Tiere ausgesehen hätten, wie Kühe oder Schafe oder Wölfe, aber ich wußte plötzlich, daß es Tiere waren, die sich an mir vorbeibewegten, nichts als Tiere, die den Bahnhofplatz überquerten, schreckliche, geistlose, rohe, aufrecht gehende Primaten, und ich flüchtete die Lauben hinunter, über die Nydeggbrücke und die Haspelgasse hinauf nach Hause.

Ich brauchte Abstand. Auch im Labyrinth muß man zurücktreten können, und sei es nur, daß man sich in eine Nische zurückzieht, um in den Korridor, durch den man gekommen ist, zurückzuspähen oder um sich zu überlegen, welchen der Korridore, die sich vor einem auftun, man nun wählen wolle. Ich beschloß, mich auf die Maturität vorzubereiten; zwar riet die Privatschule ab, meine Leistungen waren ungenügend, aber um die Schule so oder so zu beenden, unterschlug ich den ungünstigen Bericht und machte mich mit einem Freund, der bei uns wohnte, in den Sommerferien an die Arbeit. Der Freund war älter als ich. Er kam aus einem Bauerndorf nicht weit von Olten, seine Eltern waren Bauern, und seine Freundin war, wie ich mich erinnere, eine zerquälte junge Frau, mit der er ein ebenso zerquältes Verhältnis unterhielt. Wenn sie ihn besuchte, nahm er mich aus lauter Verlegenheit mit, um sich nicht aussprechen zu müssen. Er wagte nicht, sie loszuwerden. Meinem Vater war das Ganze suspekt, er witterte Sünde, und als ich einmal gegen zwei Uhr nachts allein heimkehrte, nachdem ich die beiden kurzentschlossen ihrem Schicksal überlassen hatte, waren meine Eltern noch auf; mein Vater im Nachthemd machte mir eine Szene, sprach von Unsittlichkeit. Er kam mir wie ein ungeheurer Narr vor, er tobte weiter, griff mich an, ich warf ihn gegen die Wand. Mein Vater schwieg, ich ging auf mein Zimmer, über die Szene wurde niemals mehr ein Wort verloren, sie war wie nie geschehen. Der Freund blieb, seine Freundin besuchte ihn weiter, bis sie plötzlich ausblieb. Von der deutschen Literatur hatte mein Freund keine Ahnung, da konnte ich ihm helfen, aber von Physik hatten wir beide keine Ahnung, da konnte nur eine Gewaltanstrengung helfen: Wir versuchten, in den zwei Monaten, die uns blieben, mit einem jungen Physiker die Physik nachzuholen, die wir all die Jahre geschwänzt hatten. Die Physik begann mich zu faszinieren: zum ersten Mal wurden meinem nebulösen Denken konkrete Grenzen gesetzt; zum ersten Mal ahnte ich, was exakte Begriffe bedeuten: nicht eine Wahrheit, die gänzlich unabhängig vom Menschen wäre, im Gegenteil, aber eine Wahrheit, die es nur dank der Vernunft gibt, von ihr kunstvoll und oft listenreich erstellt, eine »menschliche Wahrheit«; als solche gewiß unendlich anspruchsloser als die »göttliche Wahrheit«, aber dafür unendlich gewisser, weil sie nachprüfbar und widerlegbar ist und keinen Glauben verlangt, wie ich damals meinte. Wir arbeiteten irgendwo im Universitätsviertel in der Wohnung des Physikers bis tief in die Nacht; oft dämmerte der Morgen, wenn wir mit unseren Studien aufhörten; die letzte Stunde verging mit Diskutieren, bald über dies, bald über jenes physikalische Problem, das mir wichtiger erschien als die Weltpolitik. Dazu wurde Walliser getrunken, Weißwein in einer wissenschaftlichen Reihenfolge: drei Flaschen Fendant, zwei Flaschen Johannisberger, eine Flasche Malvoisie; dazu aßen wir Baumnüsse, die ohne Lebensmittelmarken aufzutreiben waren. Eines Nachts, gegen zwei, draußen ein dikker milchiger Nebel, der den Vollmond verbarg, kamen wir auf die leichte Veränderbarkeit der Welt durch falsche Informationen zu sprechen. Wir begannen zu experimentieren. Wir riefen immer wieder das meteorologische Institut der Universität an, um, fingiert in allen möglichen Schweizer Dialekten, aus allen möglichen Orten des Landes das seltsame Aussehen des Vollmondes zu schildern, der auch für das nahe meteorologische Institut hinter dem Nebel versteckt war. Bald schilderten wir den Vollmond doppelt sichtbar, bald drei-, bald vierfach, bald halbiert, bald viereckig, bald mit einem dreifachen Regenbogen umgeben. Ich meldete mich als Emmentaler Bauer in höchster Furcht, die Welt ginge unter, mein Freund stellte sich als Fritz Steuri, Konkordiahütte, vor; Steuri war damals ein bekannter Bergführer, die Konkordiahütte, hoch in den Alpen gelegen, besaß kein Telefon. Die Studentin, die im meteorologischen Institut die Anrufe entgegenzunehmen hatte, wurde immer aufgeregter, sie riet den verschiedenen und doch immer gleichen Anrufern, die Erscheinung, die der Vollmond darbiete, zu fotografieren oder doch zu zeichnen. Besonders aufgeregt wurde sie, als der Physiker sich am Telefon als ein bekannter Physiker aus Zürich meldete, fragte, ob auch sie Nachrichten von einem merkwürdigen Aussehen des Vollmondes erhalten habe, eine komplizierte pseudowissenschaftliche Theorie über das Phänomen vorbrachte und hin und wieder fragte, ob sie ihn auch verstehe, was sie jedesmal bejahte. Gegen halb fünf stellten wir unsere Anrufe ein. Die Studentin arbeitete unverdrossen weiter, sie hatte einen umfangreichen Bericht über das erfundene Naturphänomen zu verfassen, das der Professor dann auch ausführlich vor den Studenten erläuterte, es mit atmosphärischen Bedingungen erklärte, die immer noch abergläubische Weltuntergangsfurcht gewisser Bevölkerungsschichten tadelte und besonders Fritz Steuri lobte, der sich am »besonnensten« verhalten habe, wie uns der Physiker später erzählte. Er hatte der Vorlesung beigewohnt. Der Vorfall blieb nicht ohne Folgen: eine Vorliebe für die Physik hat mich seitdem nie mehr verlassen. Sie und die Mathematik sind die einzigen Fächer, von denen ich bedaure, sie in meiner Gymnasial- und Universitätszeit nicht fleißiger studiert zu haben. Die Erkenntnis, daß gerade sie für mich wichtig wären, kam zu spät, und nun bleibt mir nichts anderes übrig, als in ihnen zu stümpern. Wohl lese ich mathematische oder physikalische Bücher, doch vermag ich ihren Inhalt bloß zu ahnen. Dagegen kommen mir heute meine damaligen Griechisch- und Lateinstudien überflüssig vor, und so ließ es sich denn nicht vermeiden, daß ich die Maturität mit dem Gefühl bestand, etwas Überflüssiges hinter mich gebracht zu haben. In Wirklichkeit habe ich sie bloß bestanden, weil ich als berufliches Ziel die Kunstmalerei angegeben hatte: Wer wollte schon einen Kunstmaler durchfallen lassen, der als Student ohnehin nicht in Frage kam. Daß ich dann doch Student wurde, war dem ungünstigen Urteil eines Professors der Kunstgeschichte zu verdanken, der, nachdem er meine Bilder begutachtet hatte, meine Eltern überredete, mich zu überreden, Literatur und Kunstgeschichte zu studieren. Ich gab nach. Die innere Unsicherheit war zu groß, die Lust, in eine Kunstgewerbeschule zu gehen, zu gering.

Vor Beginn meiner Studien zog ich mich für einige Wochen in ein Bergtal zurück, in ein kleines Bergdorf in der Mitte des Tals, an dessen Ausgang ein anderes, größeres Dorf lag, von dem das Bergdorf durch einen steil ansteigenden Wald getrennt war. Hinter dem Bergdorf stieg das Tal dann wieder jäh an, verzweigte sich und verlief sich im Hochgebirge. Mein Aufenthalt in dieser Berglandschaft kam mir wie eine Rückkehr ins Jugendland vor. Ich lebte allein, meine Eltern hatten bei einem Bauern etwas außerhalb des Dorfes eine kleine Ferienwohnung gemietet. Der Bauer war der »Tierkundige« des Tals, oft holten ihn die anderen. Eines Nachts begleitete ich ihn, ein stundenlanger Weg durch Wälder hinauf und über eine Alp, im Stall lag eine Kuh, die Männer hoben sie auf, die Bäuerin gab der Kuh Wein zu trinken, mein Bauer schob seine Hemdsärmel zurück, tauchte bis zur Achsel, wie es mir schien, in den Leib des großen Tiers, drehte, dann kam das Kalb, klatschnaß, wurde abgerieben, noch einen Kaffee mit Schnaps, und wir machten uns im strömenden Regen auf den Heimweg. Überhaupt regnete es wochenlang, gleichmäßig, stur, die Vorberge verhangen; selten, daß sich die Wolken lichteten. In der Spezereihandlung, wo man das Notwendigste kaufen konnte, traf ich einen Schulkameraden mit einem Mädchen, das mir in der Stadt unter den Lauben schon aufgefallen war, ich hatte jedoch nie gewagt, es anzusprechen. Er grüßte mich flüchtig, meine Anwesenheit war ihm lästig und ihr gleichgültig. Ich kehrte in mein Bauernhaus zurück. Ich las E. T. A. Hoffmann, fünf dicke Bände in kleiner Schrift; am meisten begeisterte mich die *Prinzessin Brambilla*. Nachts soff ich mit den Bauern. Im Bergdorf war nicht viel vom Krieg zu spüren. Im Gasthof, der zugleich ein Hotel war, saß am Abend ein Engländer steif vor einer Flasche Rotem, um sich punkt zehn zu erheben, ohne an jemanden ein Wort zu richten; er sprach nicht Deutsch und wir sprachen nicht Englisch. Obgleich die Nahrungsmittel rationiert waren, nahm man es nicht so genau; und oft, morgens um vier, nach einer wilden Zecherei in der Gaststube, zogen wir zum Gemeindepräsidenten, der Bäcker war und dessen Frau die Spezereihandlung führte. Der Bäcker setzte jedem, der mitgezecht hatte, in der Backstube acht Spiegeleier vor; dann, bei Sonnenaufgang, zog ich heimwärts oder schlenderte einen kleinen Bach entlang, das Tal aufwärts, bis ich schließlich in eine Waldschlucht gelangte und zu einem kleinen Wasserfall; diesen Weg ging ich mehrmals am Tag. Einmal lag vor dem Wasserfall ein totes Reh. Ich begann, auf diesem Spaziergang mehrere Stoffe zu konzipieren, unter anderem eine Komödie, an der ich noch jahrelang herumschrieb, die ersten Szenen im büchnerschen Stil mögen im Bergdorf entstanden sein. Aber mehr als E. T. A. Hoffmann und mehr als meine ersten literarischen Versuche interessierten mich die Bergbauern. Sie waren urtümlich abergläubisch, und ihre Leidenschaft war das Wildern, und wer vom Wildern nicht zurückkehrte, wer auf der Jagd den Tod in den Bergen fand, ging in die Legende ein: »Er hat die weiße Gemse gesehen und ist noch einmal zurückgekehrt, eine zu schießen.« Mit dem Tod des Wirts, in dessen Gasthof wir tranken, beschäftigten sie sich immer noch. Der Wirt sei vor fünf Jahren spät in der Nacht vom Unterland mit seinem Fuhrwerk ins Bergdorf zurückgekehrt, berichteten sie. Um Mitternacht, bei Vollmond, im Wald unterhalb des Dorfs, im

Stinkhaldenwald, habe ihn ein Mann aufgehalten, die zwei Pferde seien einfach stehengeblieben; doch statt des Mannes sei ein riesiger schneeweißer Wolfshund neben den Wirt auf den Bocksitz gesprungen und habe gesagt: »Du kannst weiterfahren.« Und als der Wirt zum Ausgang des Waldes gekommen sei, habe der weiße Wolfshund gesagt: »Halt an«, sei vom Wagen gesprungen und im Wald verschwunden. Drei Tage darauf seien die beiden Pferde verendet und drei weitere Tage später sei der Wirt gestorben. Nach anderen Berichten hätten sich die beiden Pferde von der Deichsel gelöst und seien davongestoben, das Fuhrwerk sei mit dem Hund neben dem Wirt von selber den Wald hinaufgerasselt; wieder andere behaupteten, der Wirt habe nicht sein Fuhrwerk dabeigehabt, sondern sein Auto, und der Schuhmacher meinte, der weiße Wolfshund sei der Geist des letzten Wolfes gewesen: seit es keine Wölfe mehr gebe, seien die Berge am Sterben, sie fielen in sich zusammen, das merke man jedes Jahr. Ich trank meinen Roten und hörte zu. Wenige Tage später kehrte ich vom Dorf am Ende des Tals ins Bergdorf zurück. Ich hatte den Pfarrer besucht, der sich mit Bildhauerei die Zeit vertrieb und am Sonntag seine Predigten aus dem Stegreif hielt – zu meinem Ärger, wenn ich an meinen fleißigen Vater dachte, mit seinen gestochenen, unleserlichen Manuskripten, mit denen er sich für jede Predigt vorbereitete. Wozu auch, hatte der bildhauernde Pfarrer gesagt, was er am Sonntag den paar Weiblein erzähle, sei vollkommen gleichgültig. Der Weg war steil, Vollmond, am Himmel jagten die Wolken, unnatürliche Helle wechselte mit tiefer Dunkelheit, ich mußte mein Velo schieben, mitten im Stinkhaldenwald hielt ich an, rief mit lauter Stimme: »Stinkhaudiwaudhung, chumm« (Stinkhaldenwaldhund, komm), warf mich dann von Panik erfaßt aufs Rad und strampelte bergauf, der Wald schloß sich, lichtete sich, schloß sich wieder, und endlich erreichte ich völlig erschöpft, in Schweiß gebadet, das Bergdorf, setzte mich zu den Bauern an den Tisch, bestellte Roten und schämte mich, davon zu erzählen. Nur der Gemeindepräsident schaute mich kurz an und meinte: »Du bist im Stinkhaldenwald gewesen, aber den Hund hast du nicht gesehen, den Städtern erscheint er nicht.« Dann schwieg er und sagte einige Tage kein Wort mehr zu mir. Bevor ich jedoch wieder in die Stadt zurückging, lud er mich am Abend vor meiner Abreise zu einer Abschiedsfeier ein. Ich wollte früh fahren. Gegen Morgen um fünf siedelten wir vom Wirtshaus in den Keller der Bäckerei über zu Spiegeleiern und Schnaps; auf die Spiegeleier folgten Käse und Schnaps, dann tranken wir Kaffee und Schnaps, um auf Rösti und Schnaps überzugehen; später wurden Sardinenbüchsen geöffnet, um den Schnaps, den wir immer noch tranken, besser zu ertragen. Endlich, gegen fünf Uhr nachmittags, bestieg ich mein Rad – auf das ich schon vorsorglich mein Gepäck geschnallt hatte –, der Rausch kam erst beim Fahren, ich sauste durch den Stinkhaldenwald hinunter, immer schreiend: »Hung, chumm! Hung, chumm!« Endlich bemerkte ich, daß aus dem Pneu meines Hinterrades die Luft entwichen war. Außerstande, den Schaden selber zu beheben, suchte ich im Dorf am Ende des Tals eine Werkstätte auf. Das Rad war verbogen. Ich hatte eine Stunde zu warten. Ich beschloß, betrunken wie ich war, den Pfarrer des Dorfs zum Heidentum zu bekehren. Wenn er schon bildhauerte, sollte er auch ein Heide sein. Ich ging zum großen Pfarrhaus neben der Kirche, klingelte; eine Frau öffnete, die ich entweder noch nie gesehen hatte oder in meinem Rausch nicht wiedererkannte. Ich fragte schwankend, ob sie die Frau Pfarrer sei, sie bejahte verängstigt; ich verlangte, ihren Mann zu sprechen. Der Pfarrer erschien, erkannte mich wieder, und ich fragte, ihn fixierend, ob er an Gott glaube. Ja, antwortete er verwundert, er glaube an Gott. Ein Fehler, sagte ich. Der Pfarrer nahm mich in seine Studierstube. Das Streitgespräch begann. Der Pfarrer kämpfte um seinen Glauben, ich zitierte Kant, Hegel, Nietzsche, Schopenhauer, nicht etwa, weil ich so belesen war, aber in meiner Betrunkenheit erfand ich Aussprüche dieser Philosophen mit einer Überzeugungskraft, daß der Pfarrer glauben mußte, einsam einem mit allen Philosophen vertrauten Atheisten gegenüberzusitzen. Er wehrte sich tapfer, wenn auch seelisch angeschlagen, erschüttert von der Macht meines Unglaubens. Er lud mich zum Abendessen ein. Ich nahm die Einladung an, beim Essen diskutierten wir weiter, ich war immer noch betrunken, erinnerte mich plötzlich an mein Rad, erhob mich vom Tisch und eilte, ohne Abschied zu nehmen, aus dem Pfarrhaus. Es war schon spät, die Werkstatt geschlossen, ich trieb den Fahrradhändler im Wirtshaus auf, erhielt mein Velo und radelte in die Stadt, wo ich gegen halb drei ankam und mich aufs Bett warf, immer noch besoffen. Einige Wochen später kehrte ich gegen Abend durch die Lauben von der Universität zurück, als mir jemand mit Wucht von hinten auf die Schultern schlug. Es war einer der Bauern aus dem Bergdorf, er kam vom Markt, seine Brieftasche voller Geldscheine: auf dem Markt war er einen Stier losgeworden. Er lud mich zum Abendessen in eine Kneipe in der Metzgergasse ein, nachher wünschte er, das ›Corso‹ zu besuchen, damals für einen Bauern der Inbegriff der Sünde, ein Lokal, wo sich die Dirnen zu versammeln pflegten. Oben waren eine Bar und eine Empore, von der man auf das Lokal hinuntersehen konnte, wo zu einer Kapelle getanzt wurde. Der Bauer hatte schon in der Metzgergasse übermäßig Wein getrunken, in der Bar trank er nur noch Kaffee und Schnaps, ich bestellte mir Weißwein. Wir machten es uns auf den Barsesseln bequem, der Bauer trank mehrere Kirsch, dann wollte er die Huren tanzen sehen, wie er sich ausdrückte. Ich mußte ihn zur Empore führen, er wäre hingefallen, doch als er auf die Tanzfläche hinunterstarrte, wurde er mit einem Schlag nüchtern: »Da tanzt ja unser Wildhüter«, flüsterte er, rannte in die Bar zurück, kaum daß ich ihm folgen konnte, verlangte zu telefonieren; und vom Büro der Corsowirtin aus rief er den Gemeindepräsidenten des Bergdorfs an, der Wildhüter tanze im ›Corso‹. Noch in der Nacht brach das ganze Dorf zur Gemsjagd auf, im Morgengrauen fielen die ersten Schüsse, darauf sei es wie im Manöver gewesen, erzählte der Bauer, als ich ihn später einmal in der Gerechtigkeitsgasse traf. Aber ins ›Corso‹ wollte er nicht mehr. Dann vergaß ich das Dorf.

Der Entstehung von Stoffen nachzuspüren, ist nicht einfach. Oft sind es Erinnerungen, die sich im Unbewußten mit einem Einfall verbunden haben, der, taucht er wieder auf, scheinbar nichts mit den Erinnerungen zu tun hat. Indem ich die Entwicklung meines Denkens anhand der Geschichte meiner ungeschriebenen und damit, unwillkürlich, auch meiner geschriebenen Stoffe darzustellen versuche, genauer noch: der Beziehung zwischen Erleben, Phantasie und Stoff nachtaste, um eine Dramaturgie der Phantasie aufzuspüren, läßt sich Autobiographisches nicht vermeiden, damit auch nicht Lappalien, ja Läppisches, allein deshalb, weil auch im Nebensächlichsten oft die Keime zu Stoffen liegen; *bleibt* das Autobiographische jedoch nebensächlich, bloße Lappalie, ist es fallenzulassen.

So war ich entschlossen, das Bergdorfkapitel zu streichen: Es schien mir keine Rolle zu spielen, ob ich in meinem Leben einige Wochen in einem Bergdorf gelebt hatte oder nicht. Beim Wiederlesen nahm ich dennoch, mehr aus Gewohnheit, mehrere Korrekturen vor, und plötzlich tauchte aus den verschiedenen Motiven, zum Beispiel aus der Mondgeschichte während meines Physikstudiums und aus dem Zusammenleben mit den Bergbauern, die Erinnerung an einen Stoff auf, den ich einmal *Mondfinsternis* genannt habe und aus dem sich dann *Der Besuch der alten Dame* entwickelt hat. Ich erlebte die gleiche Überraschung, wie ich sie beim Schreiben des *Winterkriegs* erlebt hatte: Ich saß bei meinem Freund Liechti. Es war Samstag, die letzten Gäste gegangen, wir tranken eine Flasche Figeac, ich zeichnete. Hans kommt aus einem der Dörfer, das an die Kirchgemeinde meines Vaters grenzt. Er ist drei Jahre jünger als ich. Wir besuchten beide dieselbe Sekundarschule, wir hatten beide dieselben Lehrer. In seiner »Beiz« sitze und esse ich oft, er setzt sich dann zu mir, und wir reden über Malerei. Er sammelt Abstrakte und Naive. Wenn ich Gäste habe, essen wir bei Liechti, und ich zahle mit einem Bild, auch was ich sonst bei ihm kritzle, überlasse ich ihm. Daneben liebt er es, wenn ich ihm erzähle, was ich schreibe, und als ich an diesem Samstag – der eigentlich schon ein Sonntag war, weil es gegen ein Uhr ging – vom *Winterkrieg* erzählte, stutzte er. »Die Blümlisalp«, sagte er, »warum du auf die Blümlisalp gekommen bist, weiß ich genau, das war doch ein Theaterstück.« Jetzt erinnerte ich mich auch: *Die Blümlisalp* hatte ich im Theatersaal neben dem Gasthof ›Kreuz‹ gesehen. Ob es wohl mein Lehrer in der vierten Primarklasse, Gribi, geschrieben habe, fragte ich. »Du, das ist möglich«, sagte Hans. »Trinken wir noch eine Flasche«, schlug ich vor. Am nächsten Morgen – es war nun wirklich Sonntag – überlegte ich am Schreibtisch, wie ich den Autor ausfindig machen könnte. Ich nahm das Telefonbuch: in meinem Dorf gab es eine Martha Gribi, sie wohnte auch am Birkenweg wie einst der Lehrer – das Stück war um 1930 gespielt worden, vor 49 Jahren –, es mußte die Tochter sein. Ich telefonierte: es war Lehrer Gribis Frau. »Ach, Sie sind es«, sagte sie, »Pfarrers Fritzli, ich erinnere mich noch an Sie, Sie waren viel bei uns, die Frau Pfarrer machte sich große Sorgen um Sie, mein Mann beruhigte sie immer, die Frau Pfarrer solle sich keine Sorgen machen, Fritzli zeichne schön und mache gute Aufsätze.« Es stimme, ihr Mann habe *Die Blümlisalp* geschrieben, antwortete sie dann auf meine Frage und schickte mir das ›Berndeutsche Sagenspiel‹ zu. Ich schwindelte darauf *Die Blümlisalp* nachträglich in die Anfangsseiten des ersten Buchs der *Stoffe* ein. Diese, zuerst mit *Dokument* bezeichnet, sind 1965 geschrieben, sie stellen die Urzelle der *Stoffe* dar. Sie erwähnen nur den Lehrer Gribi, »dessen Stücke von den dramatischen Vereinen des ganzen Emmentals gespielt wurden«. Als ich dann die *Mondfinsternis* korrigierte, wurde ich mißtrauisch: Es mußte auch einen Zusammenhang zwischen dieser Geschichte und dem *Winterkrieg* geben. Der Kunstschmied, der mir gerade das Gartentor herrichtete, kam aus dem Bergdorf, er war zehnjährig gewesen, als ich dort gewesen war. Er erinnerte sich noch an mich und erzählte, der Bauer, bei dem ich gewohnt hatte, sei gestorben. Ich hatte dem Kunstschmied gegenüber ein schlechtes Gewissen: Die Erinnerung an sein Dorf hatte sich mit einer Geschichte vermischt, mit der *Mondfinsternis* eben, die doch mit seinem Dorf nichts zu tun hatte. Als er wiederkam, fragte ich ihn, scheinbar beiläufig, ob von seinem Dorf aus die Blümlisalp zu sehen sei. »Das ist doch unser Berg«, antwortete er, verwundert über meine Vergeßlichkeit. Doch läßt sich, was die Entwicklung meiner Schriftstellerei betrifft, der Weg vom *Winterkrieg in Tibet* zur *Mondfinsternis* nicht allein durch das assoziative Element der Blümlisalp bestimmen. Das Leben ist chronologisch erfaßbar, doch das Erleben nicht: Die Erinnerung vermag Vergangenes in die Gegenwart zu rücken, ihm eine stärkere Gegenwärtigkeit zu geben, als es in der Vergangenheit besaß. Die Vorstellungskraft schweißt Auseinanderliegendes zusammen, sie kümmert sich um keine Chronologie, schleppt aber sowohl das Nicht-Bewältigte mit sich umher als auch das Nicht-Gewählte. Zum Nicht-Bewältigten gehört der *Winterkrieg*, zum Nicht-Gewählten die *Mondfinsternis*. Was dieser vorausging oder sie vielleicht unterbrach – die Erinnerung täuscht –, war die Prosakomödie *Grieche sucht Griechin*. Was wirklich vorausging, war für mich ein Zusammenbruch: die Uraufführung der Komödie *Ein Engel kommt nach Babylon* in München.

Schon die Hinfahrt ließ kaum Erfreuliches ahnen. Kurz nach Neuchâtel zwang mich ein stechender Schmerz in der Stirnhöhle, in die erste Klasse hinüberzuwechseln – damals gab es in den Zügen noch drei Klassen. Liegend erreichte ich München in Begleitung meiner Frau. Ich vermochte dort nur wenigen Proben beizuwohnen und das auch nur teilweise, immer wieder überfiel mich der stechende Schmerz, der Arzt hatte eine Stirnhöhlenentzündung diagnostiziert. Nur eine Unterredung mit Schweikart ist mir in Erinnerung, ich war von den Proben beunruhigt, bei der Unterredung war der Bühnenbildner Caspar Neher zugegen. Ich begriff plötzlich, daß Schweikart im *Engel* eine Satire sah, er glaubte, ich sei ein Nachfolger Wedekinds und Sternheims (was heute noch viele glauben; vor allem jene, denen Schreiben bloß eine stilistische, sprachliche Angelegenheit ist und nicht ein subjektiver Ausdruck des Denkens). Nur Neher wurde neugierig. »Laß ihn doch einmal reden«, sagte er zu Schweikart, »es ist doch interessant, wie anders er das Stück sieht als wir.« Das Mißverständnis war nicht mehr zu korrigieren. Bei der Generalprobe war nur meine Frau zugegen, ich lag in meinem Hotelbett, irgendwo gegen Schwabing zu, gegenüber einem chinesischen Restaurant. Die Generalprobe begann, es wurde dunkel, der Vorhang öffnete sich, der Engel und Kurrubi erschienen, meine Frau lachte auf, als sie Domin, als Engel verkleidet, erblickte. Schweikart ließ unterbrechen, Licht machen und fragte, wer da gelacht habe. »Ich«, sagte meine Frau. Schweikart antwortete nichts, und die Generalprobe begann von neuem. Der Uraufführung wohnte ich in der Loge Schweikarts bei. Ponto spielte den Akki, einer der besten Schauspieler, die ich je sah; der Polizist, ein alter Schauspieler, trat betrunken auf, das Publikum wurde unruhig; Vogel als Henker war gespenstisch, Szenenapplaus. Die stärkste Wirkung erwartete ich vom dritten Akt. Er fiel durch und damit das Stück. Es wurde ein Achtungserfolg, das Schlimmste, was passieren konnte, doch nur scheinbar das Schlimmste – schlimmer war, daß ich meine Naivität dem Theater gegenüber verlor, wohl endgültig. Was ich seitdem für dieses Medium schrieb, verfaßte ich im Gefühl einer »Bühnenohnmacht«, im Gefühl, mich in »Feindesland« zu befinden. Allzusehr wurde mir damals deutlich, daß meine Welt, aus der ich kam und die ich in eine Welt umwandelte, die wiederum nicht identisch war mit meiner Herkunft, sondern mit einer eigenen Welt, die ich geschaffen hatte, daß diese »Eigenwelt« für einen Außenstehenden unverständlich sein mußte. Weil aber dieser Außenstehende das Theaterpublikum darstellt, mußte die Wirkung, die mein Theater erzielte, auf Zufall beruhen. Das war denn auch mein Schicksal. Durch Zufall kam mein Ruhm zustande, durch Zufall der Abbau des Ruhms. Als Dramatiker bin ich ein unvermeidliches Mißverständnis. Beim *Engel* wurde mir mein »Theaterschicksal« zum ersten Mal bewußt, so sehr, daß ich den Entschluß faßte, kein Theaterstück mehr zu schreiben. Ich wollte die ›Prosa I–IV‹, die ich herausgegeben hatte, die mit *Weihnacht* begonnen und mit dem *Pilatus* geendet hatte, wieder fortsetzen; die beiden Kriminalromane waren Auftragsarbeiten gewesen, ich schrieb sie, um meine Familie auf eine anständige Weise durchzubringen, nun sollte die *Mondfinsternis* etwas Besonderes werden, aber die Sorge um die Familie blieb. Sie zwang mich zum »Nebenverdienst«: Ich schrieb meine Hörspiele. Dann wurde ein Regisseur beim Bayerischen Rundfunk vom Ehrgeiz gepackt, er wollte einen Film drehen. Die Umstände sind mir entfallen. Ich entsinne mich nur noch, daß er in Paris einen Produzenten kannte und an eine improvisierte Reise von Stuttgart nach Paris in einem Propellerflugzeug. Warum von Stuttgart aus, weiß ich nicht mehr. Ich flog in einen endlosen Abend hinein, nur wenige Meter über einem Wolkenmeer, das wie ein Gletscher war, der Rand phantastisch bezackt, dann ein plötzliches Hineintauchen in die Finsternis der Wolken, die Finsternis schien endlos zu dauern, auf einmal ein Lichtermeer: Paris. In der Nacht ein wirres Diner mit einem Filmproduzenten und dem Regisseur aus München, der bayerische Krachlederne trug. Ich erzählte den Plan zu *Grieche sucht Griechin*, fühlte schon beim Erzählen den Unsinn des Unternehmens. Trotzdem begann ich, nach Neuchâtel zurückgekehrt, die Geschichte niederzuschreiben, sei es aus Ärger, mich in das Unterfangen überhaupt eingelassen zu haben, sei es aus der Abenteuerlust heraus, nicht aufzugeben. Mir schwebte auf einmal mit *Grieche sucht Griechin* etwas durchaus Bizarres, rein in der Sprache Angesiedeltes vor, irgend etwas wie in einem Brentano-Märchen. Während ich an dieser Prosakomödie schrieb, gestand mir meine Frau, daß sie sich einer Operation unterziehen müsse; sie hatte lange gezögert, davon zu sprechen, auch verschwieg sie mir nicht, daß der Arzt ihr gesagt hätte, sie müsse mit dem schlimmstmöglichen Befund rechnen. Der Vorschuß mußte her, ich schrieb das Buch voll böser Ahnungen in wenigen Tagen zu Ende, auch wenn ich es später, als die Fahnen kamen, beinahe vollständig umkorrigierte. Die bösen Ahnungen trügten nicht. Zwar verlief die Operation glücklich, die Befürchtung des Arztes erfüllte sich nicht, aber der Arzt war alt und übersah, was er nicht hätte übersehen sollen, so daß die Operation einige Jahre später wiederholt werden mußte; zudem trat eine gefährliche Komplikation ein. Ich hatte meine Frau noch am Mittag im Spital in Bern besucht. Eine Bekannte war bei ihr, meine Frau war nervös und seltsam unfreundlich. Ich hatte eine Besprechung in der Stadt mit einem Regisseur, am nächsten Tag war im Stadttheater die Premiere von *Ein Engel kommt nach Babylon*. Ich wollte schon auf den Bahnhof, um nach Neuchâtel zurückzufahren, da kehrte ich beunruhigt ins Spital zurück. Vor dem Spital sah ich meine Schwägerin aus einem Taxi springen und ins Spital eilen. Im Korridor, vor dem Zimmer meiner Frau, waren meine Mutter und mein Vater. Ein Arzt, den ich nicht kannte, ein Internist, nahm mich beiseite und berichtete, meine Frau habe eine Lungenembolie erlitten. Er glaube, sie sei jetzt außer Lebensgefahr, auf eine derart heftige Embolie, bei der ein Blutpfropfen groß wie ein Daumen durch das Herz in die Lunge schieße, sei meistens keine weitere zu erwarten. Allerdings sei noch nichts auszuschließen. Daß meine Frau lebe, verdanke sie der Krankenschwester, die gehandelt habe, statt zuerst nach einem Arzt zu schreien; hätte sie das getan, wäre alles zu spät gewesen. Er führte mich zu meiner Frau, im Korridor kam meine Mutter auf mich zu und sagte: »Es ist nichts Ernstes, es ist ihr nur etwas schlecht geworden.« Meine Frau lag im Morgenrock auf dem Bett, Schläuche waren an sie angeschlossen, sie war totenbleich und flüsterte mir einen Gruß zu. Ich trat zurück, vom Arzt weggedrängt, der meiner Frau Sauerstoff gab, sich über sie beugte. Hätte ich damals in die Zukunft gesehen, ich hätte dem Arzt auf die Schulter getippt und ihm gesagt: »Sorgen Sie sich nicht um diese junge Frau, sie wird davonkommen, aber Sie, Herr Doktor, werden in drei Monaten an der gleichen Krankheit sterben.« Im Korridor traf ich den Arzt, der meine Frau operiert hatte, er bestritt, daß es sich um eine Lungenembolie handle, so etwas komme bei ihm nie vor. Die Familie hatte sich zurückgezogen. Der Chirurg entfernte sich grollend. Ich wollte bei meiner Frau bleiben, der erste Arzt, der Internist, überredete mich, bei meinen Eltern zu übernachten, die in unmittelbarer Nähe des Spitals wohnten. Ich ließ mich überreden. Man versprach, mich bei der geringsten Gefahr zu informieren. Als ich die Wohnung meiner Eltern betrat, irritierte es mich, die alten Leute seelenruhig Halma spielen zu sehen, für meine Mutter war es meiner Frau immer noch »nur etwas schlecht geworden«. Meine Frau durchlebte eine schwere Nacht. Sie lag unbeweglich, die Nachtschwestern glaubten, sie höre nicht, was sie sprachen; sie waren sicher, daß meine Frau im Sterben lag. Die nächsten Tage waren ein Alptraum. Die Ärzte verboten jeden Eingriff, niemand wagte zu handeln. Am vierten Tag nach der Embolie aß ich in der Veranda des Spitals, es war abends gegen sieben, da hörte ich meine Frau einen Schrei ausstoßen. Ich eilte zu ihrem Zimmer. In der Tür kam mir die Schwester entgegen, die ihr schon einmal das Leben gerettet hatte. Sie trug eine Schüssel. Meine Frau fand ich verändert vor, wächsern, doch glücklich, sie lächelte und sagte, alles sei gut und nun wolle sie schlafen. Ich ging aus dem Zimmer, an der Türe gegenüber lehnte die Schwester, totenbleich. »Was haben Sie denn, Schwester?« fragte ich. Sie starrte mich an. »Ich mußte Ihrer Frau ein Klistier geben«, sagte sie, »viele sind gestorben, weil ich keines gab, und zwei, denen ich eines gab, sind mir daran ›verräblet‹.« Am nächsten Tag – meiner Frau ging es von Stunde zu Stunde besser – nahm mich der Internist zur Seite und fragte mich, ob die Schwester bei meiner Frau einen Einlauf vorgenommen habe. Ich antwortete nicht. Er habe es verboten, sagte der Internist (der drei Monate darauf starb), aber eine Schwester wisse meist besser als der Arzt, was dem Patienten helfe. Er möchte aus medizinischen Gründen die Wahrheit wissen und werde der Schwester nichts sagen. »Nun gut«, sagte ich, »die Schwester hat den Einlauf gemacht.« Der Arzt schwieg, sagte dann »Dä Cheib« und ging. Am nächsten Tag wagte ich mich zum ersten Mal wieder nach Neuchâtel zu den Kindern zurück und begann mit der *Mondfinsternis*; ich fuhr jedoch jeden Tag nach Bern, ruhiger, weil es meiner Frau immer besser ging, aber nun von einer anderen Sorge geplagt: Ich war in Schulden geraten und kam auf die Idee, die *Mondfinsternis* in ein Theaterstück zu verwandeln. Ich sah darin eine bessere Möglichkeit, Geld zu verdienen, als mit dem Schreiben einer Novelle. Daß man unter anderem auch schreibt, um Geld zu verdienen, sei zugegeben; es ist läppisch, das zu bestreiten, hat man sich einmal die Schriftstellerei als Beruf gewählt; doch schreiben, nur um Geld zu verdienen, hat etwas Närrisches. Wer Geld verdienen will, werde besser Börsenschieber, Gangster, oder er lebe geizig. Ich lebte immer, auch in schlechten Zeiten, fürstlich.

Ich hätte die *Alte Dame* nie geschrieben, wäre mir die Bühnenidee dazu nicht eingefallen. Diese bestand nicht etwa darin, daß ich aus dem Bergdorf ein Städtchen machte, sondern im Umstand, daß auch die Schnellzüge Bern–Neuchâtel in Ins und Kerzers anhalten, wodurch man gezwungen ist, die beiden kleinen trostlosen Bahnhöfe zu betrachten, ungeduldig über den Unterbruch, wenn er auch nur ein, zwei Minuten dauert, Minuten, die sich für mich lohnten, kam ich doch durch sie wie von selbst auf die erste Szene. Und wie von selbst verwandelte sich im Weiterdenken das Bergdorf in Güllen und Walt Lotcher in Claire Zachanassian. Steht ein Bahnhof auf der Bühne, ist die innere Form des Stücks gegeben, die der Improvisation, ein Zug muß ankommen können, was sich nur improvisieren läßt. Aber ein Bahnhof setzt auch die Erwartung voraus, daß jemand ankommt. Je größer die Erwartung ist – das heißt, wenn sie nicht nur einen Einzelnen, sondern das ganze Städtchen in Bewegung setzt, weil die erwartete Persönlichkeit jemand enorm Mächtiges oder Reiches ist –, desto mehr Möglichkeit bietet die Erwartungsszene: Der kleine Bahnhof wird festlich vorbereitet usw., auch ist es möglich, daß die erwartete Persönlichkeit zu früh oder zu spät oder überhaupt nicht eintrifft. Ich kam auf das ›zu früh‹, die Güllener erwarteten einen Personenzug, aber ein Schnellzug hält, was mich zum Einfall mit der Notbremse verführte. Außerdem verleitet der Bahnhof selbst zu bühnensinnlichen Gegensätzen: Auftritt des Hauptdarstellers in einer Sänfte, ein riesiges Gefolge, Butler, Zofen usw. Und die Frage, warum eine so mächtige Person im Zug ankomme und nicht mit einem Wagen, bringt die Prothesen hervor, die Person muß in ihrem wildbewegten Leben so viele Unfälle in Autos und Flugzeugen überstanden haben, daß sie nur noch in Zügen reist. Diese neuen Prämissen, zu denen noch viele andere kamen, gaben schließlich den Ausschlag – »bühnenatmosphärisch« gleichsam – zur Geschlechtsänderung, nicht der Wunsch, für die Giehse eine Rolle zu schreiben. Die Giehse war denn auch, trotz ihrer großen Erfolge in dieser Rolle, eine grandiose Fehlbesetzung, ihr glaubte man die Vorgeschichte nicht: das Hamburger Bordell und den alten goldenen Maikäfer Zachanassian mit seinen Milliarden, der sie dort kennenlernte und heiratete. Die beste Alte Dame, die ich sah, war Hilde Hildebrand. Erzwingt die erste Szene des *Besuchs der alten Dame* eine Frau, erzwingt der Beginn der *Mondfinsternis* ebenso notwendig einen Mann; da wird niemand erwartet, sondern es dringt einer ein, und der Einzelne, der da eindringt, kann nur allein kommen.

Mondfinsternis

Tief im Winter, kurz vor Neujahr, fährt ein immenser Cadillac durchs Dorf Flötigen am Ausgang des Flötenbachtals, pflügt sich mühsam durch die verschneite Dorfstraße, hält an einer Garage. Walt Lotcher, ein fast zwei Meter großer Koloß, der sich samt dem Cadillac mit einem gecharterten Flugzeug aus Kanada nach Kloten transportieren ließ, quält sich aus dem Wagen, ein brutales Muskelpaket, etwa fünfundsechzig, krauses graues Haar, struppiger grauer Bart mit schwarzen Strähnen, Pelzmantel, Pelzstiefel. »Schneeketten«, befiehlt er dem Garagisten und fragt ihn, ob er Willu Grabers seiner sei. Er sei sein Jüngster, antwortet der Garagist, verdutzt, daß der Riese Berndeutsch redet und dazu noch im Flötenbacher Dialekt, Graber sei seit mehr als dreißig Jahren tot. Ob er seinen Vater denn gekannt habe? »Als Velohändler«, entgegnet Lotcher. Der Garagist schaut ihn mißtrauisch an. Wohin er denn wolle, fragt er endlich. »Ins Tal hinauf«, sagt Lotcher. Da hinauf komme er auch mit Ketten nicht, brummt der Garagist, die Wilderer da oben weigerten sich, einen Schneepflug anzuschaffen, nicht einmal das Postauto fahre. »Mach sie trotzdem dran«, sagt Lotcher, stapft im Schnee herum, während der Garagist arbeitet. Er zahlt, steigt ein und fährt ins Tal hinauf, an schlittelnden Kindern vorbei und läßt schon arg schleudernd die letzten Bauernhäuser hinter sich. Wie die Straße flacher wird, gibt er Gas, prallt seitlich an eine Telefonstange, die knickt ab, aber der Cadillac kommt wieder auf die Straße, die steigt, führt in den Wald, in einer Kurve rutscht der Wagen trotz der Schneeketten ab, halb eine steile Böschung hinunter, und bleibt im metertiefen Schnee stecken. Lotcher zwängt sich aus dem Wagen, im tiefen Schnee läßt sich die Türe kaum öffnen, Lotcher steht bis zum Bauch im Schnee, arbeitet sich zur Straße hinauf, rutscht wieder herunter, arbeitet sich wieder hinauf, steht auf der Straße, schüttelt sich, Schnee fällt von seinem Pelz. Er stampft weiter. Die Straße ist manchmal kaum zu erkennen. Die weißen Tannen mit den schwer hängenden Ästen wachsen zu einer unförmigen Schneemasse zusammen. Lotcher stapft wie durch eine Gletscherspalte. Der Himmel über ihm gleißendes Silber. Er stolpert über etwas, fällt hin, steht auf, reißt hoch, worüber er gestolpert ist, hält eine Leiche in den Fäusten, schüttelt sie: ein alter Mann mit weißen Bartstoppeln im schneebedeckten Gesicht starrt ihn an. Lotcher läßt die Leiche fallen, stapft weiter, kommt zu einer Lichtung, auf den Tannenwipfeln blutiges Licht, die Sonne sinkt hinter einen schwarzen Bergrücken, doch der Himmel blendet immer noch, nur zwischen den Tannen ist es blaudunkel. Ein Reh überquert die Straße, auch es hat Mühe im Schnee, dann ein zweites, glotzt ihn mit Augen voll Todesangst an, fast ist Lotcher bei ihm, da taucht es in den Wald zurück. Vom Schnee niedergedrücktes Unterholz versperrt ihm den Weg, Lotcher zwängt sich durch, steht als ungeheurer Schneemann da und schüttelt die Schneemassen von sich, die auf ihn geprasselt sind. Alles in einem verschwimmenden Zwielicht, der Schnee auf den Tannen, der Himmel, zuerst gläsern gleißend, jetzt rasch zudunkelnd, einmal rutscht Lotcher einen Hang hinunter, kracht gegen eine Tanne, aufs neue prasselt Schnee auf ihn herab, es dauert mehr als eine halbe Stunde, bis Lotcher wieder den Weg erreicht. Lotcher streckt sich, er spürt, wie sein Atem dampft, die Finsternis ist nun vollkommen, er bricht durch Schneemassen, die er nicht mehr sieht, ist plötzlich frei. Die Tannen weichen zurück, vom Himmel brennen Sterne, fast im Zenith Capella, Orion halb von einem gezackten Grat verdeckt, Lotcher kennt sich in den Sternen aus. Vor ihm wächst in unbestimmten Umrissen ein Felsblock auf, hausgroß, er tastet vorsichtig um ihn herum, erreicht den Weg wieder, Lichter tauchen auf, eine Straßenlaterne, drei, vier erleuchtete Fenster. Auf einmal ist die Straße frei von Schnee, gesalzen. Lotcher betritt den Hotel-Gasthof ›Bären‹, geht durch den schmalen Korridor, öffnet die Türe mit der Aufschrift ›Gaststube‹, steht auf der

Schwelle, sieht sich um, am Tisch neben der Reihe kleiner Fenster sitzen Bergbauern, ein dicker Polizist und der Bärenwirt, am Tischende unter dem Foto General Guisans jassen vier. Lotcher setzt sich an den Tisch neben der Standuhr, ohne den Pelzmantel auszuziehen, sagt, ein Toter liege im Schnee auf der Straße im Flötenbachwald. –»Das ist der alte Aebiger«, sagt der Bärenwirt und zündet sich einen Stumpen an. Lotcher bestellt einen Liter Bäzi. Die Serviertochter schaut fragend zum langen Tisch hinüber, der Bärenwirt, ein dicker, untersetzter Mann, erhebt sich, sein Hemd hat keinen Kragen und die Weste ist offen. Er geht zu Lotcher. Einen Liter Bäzi gebe es hier nicht, sagt er, nur einen Zweier. Lotcher betrachtet ihn. »Schlaginhaufens Seppu ist also der neue Bärenwirt. Wohl auch Gemeindepräsident, he?« »Denk wohl«, antwortet der Bärenwirt. »Kennt Ihr mich denn?« »Denk mal nach«, sagt Lotcher. »Mein Gott«, geht dem Bärenwirt ein Licht auf, »bist du nicht Lochers Wauti?« »Du bist immer langsam im Denken gewesen«, meint Lotcher, »kommt jetzt der Liter Bäzi oder kommt er nicht?« Auf einen Wink des Bärenwirts bringt die Serviertochter das Verlangte, schenkt ein. Lotcher, immer noch in seinem nassen, verschneiten Pelzmantel, stürzt ein Glas Schnaps hinunter und schenkt sich darauf selber ein. »Wo, zum Teufel, kommst du denn her?« fragt der Bärenwirt. »Aus Kanada«, antwortet Lotcher, schenkt sich wieder ein und dann noch einmal. Der Bärenwirt zündet sich einen Stumpen an. »Da wird sich Kläri wundern«, sagt er. »Welche Kläri?« fragt Lotcher. »He, Zurbrüggens Kläri«, antwortet der Bärenwirt. »Die dir damals vom Döufu Mani ausgespannt worden ist.« »Ach so«, sagt Lotcher und schenkt sich wieder ein, »Zurbrüggens Kläri ist jetzt Döufu Manis Frau. Das habe ich ganz vergessen.« »Trotzdem die

Kläri damals von dir schwanger war«, stellt der Bärenwirt fest, »ist sie Frau Mani geworden.« Lotcher stutzt einen Augenblick, trinkt dann. »Was hat's denn gegeben?« fragt er darauf. »Einen Buben. Auch schon vierzig. Er jaßt dort unter dem General Guisan.« Lotcher schaut nicht eimnal hin. »Was ist denn in Kanada aus dir geworden?« fragt der Bärenwirt stumpenrauchend. »Der Walt Lotcher bin ich geworden«, antwortet der andere. »Wout Laatscher«, sagt der Bärenwirt erstaunt. »Ein kurliger Name.« »So spricht man eben Locher drüben aus«, sagt Lotcher. »Und warum bist du zurückgekommen?« fragt der Bärenwirt und wird auf einmal mißtrauisch, er weiß nicht warum. »Euch geht's immer noch dreckig«, grinst Lotcher und schwitzt nicht einmal in seinem Pelzmantel, obgleich er Bäzi wie Wasser trinkt. He nun, in diesem Regen- und Schneeloch sei es halt so, meint der Bärenwirt. Das Tal habe den Anschluß an die modernen Zeiten verpaßt, die meisten seien ins Unterland gezogen, und eigentlich seien bloß die Dümmeren geblieben, denen es gleichgültig sei, arm wie Kirchenmäuse zu bleiben. Ihm selber sei es auch nicht besonders gegangen. Abgesehen davon, daß es keine Ehre sei, Gemeindepräsident der jämmerlichsten Gemeinde des Oberlandes sein zu müssen, habe er auch persönlich Pech gehabt, seine erste Frau sei Ochsenblutts Emmi gewesen, die sei und sei nicht schwanger geworden, erst ein Wunderdoktor im Appenzell habe geholfen, sie habe Sämu geboren, aber sie sei offenbar schon zu alt gewesen und daran gestorben. Dann habe er ein Jahr später eine Junge geheiratet aus Flötigen, von der habe er Änni, die sei gerade konfirmiert, aber ihre Mutter sei erst zweiunddreißig und er zu alt für so ein Donnersweib, er müsse höllisch aufpassen. Lotcher trinkt unterdessen Schnaps, und es ist nicht festzustellen, ob ihn das Gerede des Bärenwirts interessiert. »In Kanada«, bemerkt er trocken, »besitze ich ein Gebiet, größer als das Berner Oberland. Uran, Öl, Eisen.« Und dann fragt er den Bärenwirt: »Wie viele Haushalte seid ihr denn hier oben noch?« »Sechzehn«, antwortet der, »die andern sind alle abgewandert.« »Woher kommen der Lehrer und der Polizist?« fragt Lotcher. »Die Lehrerin kommt aus der Hauptstadt und der Polizist aus Konigen«, antwortet der Bärenwirt. »Er ist auch Wildhüter.« »Die Lehrerin und der Polizist zählen nicht«, entgegnet Lotcher. »Das macht vierzehn Familien. Ich vermache euch vierzehn Millionen.« »Vierzehn Millionen?« staunt der Bärenwirt, und dann lacht er: »Das kannst du dir gar nicht leisten.« »Ich kann mir noch viel mehr leisten«, antwortet Lotcher. Dem Bärenwirt wird es ungemütlich. »Vierzehn Millionen? Einfach so?« fragt er. »Nein«, sagt Lotcher, »ihr müßt mir dafür Döufu Mani umbringen.« »Döufu Mani ?« Der Bärenwirt traut seinen Ohren nicht. »Döufu Mani«, wiederholt Lotcher. »Totschlagen?« fragt der Bärenwirt. »Den?« und weiß nicht, was er denken soll. »Glotz nicht so blöd«, sagt Lotcher. »Ich habe einst geschworen, mich zu rächen, ich erinnere mich jetzt auf einmal, und den Schwur halte ich.« Der Bärenwirt starrt Lotcher an. »Du spinnst.« »Wieso?« sagt Lotcher. »Du hast einfach zuviel gesoffen«, meint der Bärenwirt und friert plötzlich. »Ich saufe nie zuviel«, sagt Lotcher und gießt sich wieder Bäzi ein. »Kläri Mani ist ein altes Fraueli«, meint der Bärenwirt nachdenklich. »Schwur ist Schwur«, sagt Lotcher. »Du bist einfach verrückt, Wout Laatscher«, stellt der Bärenwirt fest und holt sich auch einen Bäzi, setzt sich wieder. »Einfach übergeschnappt.« »Auch das kann ich mir leisten«, sagt Lotcher. »An wem willst du dich eigentlich rächen?« fragt der Bärenwirt, dem langsam aufgeht, daß es dem andern ernst ist, »am Kläri oder am Döufu?« Lotcher denkt nach. »Vergessen«, antwortet er endlich, »nur daß ich mich rächen muß, weil ich es geschworen habe, habe ich nicht vergessen.« »Toll, das ist einfach toll«, sagt der Bärenwirt und schüttelt den Kopf. »Möglich«, sagt Lotcher. Der Bärenwirt schweigt, trinkt. »Dreißig Millionen«, schlägt er endlich zögernd vor. »Vierzehn«, beharrt Lotcher und trinkt. »Mit denen wißt ihr sowieso nichts Gescheites anzufangen.« »Wann?« fragt der Bärenwirt. »In zehn Tagen«, antwortet Lotcher. »Ich rufe morgen die Gemeindeversammlung zusammen«, schlägt der Bärenwirt vor, »ohne den Polizist.« »Tu das«, sagt Lotcher. »Sie wird ablehnen«, behauptet der Bärenwirt. Lotcher lacht. »Sie wird annehmen. Auch Döufu Mani, ich kenne den Tschumpel.« Dann steht er auf. »Bring mir die Flasche aufs Zimmer.« »Frieda, richte Nummer vierzehn her«, befiehlt der Bärenwirt. Die Serviertochter flitzt die Treppe hinauf, Lotcher sieht ihr nach. »Eine gute Serviertochter, Binggu Koblers Älteste«, meint der Bärenwirt. »Hauptsache, sie ist gut gewachsen«, sagt Lotcher und steigt die Treppe hoch. Der Bärenwirt folgt ihm. »Hast du denn kein Gepäck?« fragt er. »Im Wagen«, antwortet Lotcher, »er liegt bei Flötigen am Waldrand im Schnee, unten an der Böschung. Samt den vierzehn Millionen. In Tausenderscheinen.« Sie betreten das Zimmer, wo Frieda das Bett herrichtet. Lotcher wirft den Mantel in die Ecke, öffnet eines der zwei kleinen Fenster, Schnee weht ins Zimmer, er steht in einem Trainingsanzug da, dunkelblau mit gelben Doppelstreifen. Lotcher zieht die Stiefel aus. In der Türe erscheint ein junger Mann, groß, aber etwas zu dick für sein Alter. »Das ist mein Sohn Sämu, achtzehnjährig«, stellt ihn der Bärenwirt vor. Lotcher zieht den blauen Trainingsanzug aus, unter dem er einen roten mit weißen Doppelstreifen trägt, und zieht auch den roten Trainingsanzug aus, geht nackt zum Nachttischchen mit der Schnapsflasche, dreht sie auf, trinkt, Schnee weht wieder durchs Fenster. Lotcher ist riesig, ohne Fett, braungebrannt, nur die Haare sind grau, wuchern überall. In der Türe steht der Bärenwirt, Sämu glotzt, Frieda deckt gesenkten Hauptes das frisch gemachte Bett auf. »Frieda, zieh dich aus«, befiehlt Lotcher, »ich schlafe nie ohne Frau.« »Aber«, sagt Sämu. »Hau ab!« herrscht ihn der Bärenwirt an und schließt die Türe. »Komm!« Er poltert die Treppe hinunter. »Du Trottel«, sagt er zu seinem Sohn. »Spann die Rosse vor den Schlitten und sag Ochsenblutts Mäxu, er soll auch mit seinen zwei kommen. Wir müssen Wauti Lochers Wagen heraufschleppen. Du hast keine Ahnung, was wir sonst für eine Chance verpassen. Ewig wird es dich sonst reuen, daß du ihn mit deiner Frieda nicht hast schlafen lassen.« Sie schaffen es mit den vier Rossen, zwar rutscht, saust und poltert eines von Ochsenblutts Tieren die Flötenbachschlucht hinunter, aber am Morgen steht der Cadillac im Hof des ›Bären‹. Blauer Himmel, stechende Sonne, in der Küche sitzt die Bärenwirtin mit ihrer Tochter Änni, und auch Frieda sitzt am Tisch, übernächtigt. Sie trinken Milchkaffee, der Bärenwirt schenkt sich eine Tasse ein. Es solle wieder eine zu ihm hinauf, sagt Frieda und streicht sich Butter aufs Brot. Sie habe heute frei, meint der Bärenwirt. Seine Frau könne servieren. Er wolle aber eine neue, insistiert Frieda und beißt in die Butterschnitte. Der Bärenwirt trinkt Milchkaffee. Übrigens nenne Locher sich jetzt Laatscher, Wout Laatscher, bemerkt er. Die Frauen schweigen. Was denn eigentlich los sei, fragt die Bärenwirtin. Die Chance sei gekommen, die Riesenchance, schreit der Bärenwirt, erhebt sich und poltert die Treppe hinauf, öffnet die Türe. Das Fenster ist zu, im Bett ißt Lotcher Spiegeleier mit Schinken, trinkt aus einer großen Tasse Milchkaffee, die Schnapsflasche ist leer. Den Wagen hätten sie heraufgeschleppt, meldet der Bärenwirt. Was mit dem Toten sei, fragt Lotcher. Den hätten sie auch mitgebracht, es sei der alte Aebiger gewesen, sagt der Bärenwirt, warum er sich denn für den Toten so interessiere? Man könne nie wissen, antwortet Lotcher. Ob der Zündschlüssel noch im Anlasser stecke? Ein ganzes Bündel von Schlüsseln, sagt der Bärenwirt. Der Zündschlüssel passe auch für den Kofferraum, sagt Lotcher, er solle den Koffer drin heraufbringen, und im übrigen wisse der Bärenwirt, was er noch herbeizuschaffen habe. Der Bärenwirt hopst im Zimmer herum, stürmt die Treppe hinunter, hastet zum Wagen, kommt nach einer Weile mit einem großen alten Koffer, stürmt die Treppe wieder hinauf, legt den Koffer bei Lotcher auf den Tisch unter dem kleinen Fenster, dem Bettende gegenüber, öffnet ihn und starrt auf lauter Bündel von Tausendernoten. Wieviel da drin sei, keucht er. Exakt vierzehn Millionen, sagt Lotcher. Er habe also über sie im Dorf Bescheid gewußt, geht dem Bärenwirt ein Licht auf. Er sei eben immer informiert, meint Lotcher. Der Bärenwirt öffnet die Türe, schreit »Änni, Änni«, vielleicht zehnmal. Änni erscheint unten an der Türe mit großen Augen, was er denn wolle. Sie solle heraufkommen. Und wie sie heraufkommt, stößt er sie in Lotchers Zimmer. »Da, da«, schreit er, zeigt auf die Tausender, das sei die Chance, sie solle sich ausziehen und sich zu ›Laatscher‹ legen. Sie sei doch erst konfirmiert, protestiert Änni. »Ach was«, fährt ihr der Bärenwirt über den Mund, mit Hinterchrachens Chrigu habe sie auch schon geschlafen, und ihre Mutter habe es noch vor der Konfirmation getrieben. Änni zieht sich aus, und der Bärenwirt beginnt, mit dem Rücken gegen das Bett, die Tausendernoten zu zählen. Hinter ihm schreit Änni auf. Der Bärenwirt zählt und zählt, alles Bündel von zehn Tausendernoten, die Sonne scheint ihm durch die Scheiben des Fensters direkt ins Geicht, er zählt und zählt, Änni hinter ihm keucht. Er sieht im Fenster, dessen unterer Teil dank dem Dach des Nachbarhauses wie ein Spiegel wirkt, Ännis nackten Rücken auf und ab tanzen, er zählt, fünfhunderttausend hat er schon geschafft, er will es genau wissen, jetzt wölbt sich hinter ihm der gewaltige Leib Lotchers, schiebt sich nach vorne, schiebt sich zurück, wie eine rangierende Dampfmaschine aus Fleisch. Er zählt, er zählt, Änni schreit, er zählt, eine Million endlich, noch dreizehn Millionen, jeden Tausender muß er sehen. Er wolle jetzt wieder Frieda, kommandiert Lotcher. Sie habe noch nicht genug, keucht Änni. Dann werde er es ihr zeigen, lacht Lotcher. Das Bett fährt hin und her, steht schräg im Zimmer, der Bärenwirt zählt und zählt, die Sonne ist jetzt aus dem Fenster verschwunden, die Scheiben werden immer mehr zum Spiegel, zwei Millionen. Sie könne nicht mehr, schreit Änni. Frieda herbei, befiehlt jetzt der Bärenwirt, und Änni solle auch Ochsenblutts Eusi herbeischaffen. Und Schnaps müsse er auch wieder haben, reklamiert Lotcher, und der Bärenwirt zählt und zählt, und dann fängt es hinter ihm wieder an, zuerst langsam und dann immer schneller, und nicht nur Frieda ist dabei, auch Änni. Ob denn Ochsenblutts Eusi komme, fragt der Bärenwirt, zählend, eine Tausendernote um die andere. Die Mutter hole sie, keucht Änni, in Pausen, stöhnend, und die Mutter hole auch Hakkers Züsi, er zählt und zählt, die Finger zittern ihm immer mehr, und wenn er glaubt, er habe sich verzählt, fängt er beim Bündel wieder von vorne an. Stunden sind vergangen, der Himmel verdunkelt sich, er macht Licht, um besser zählen zu können, seit Stunden ist es hinter ihm ruhig geworden, kein Keuchen, Knarren, Hin- und Herrücken und Auf-und-ab-Tanzen mehr, er zählt und zählt. Auf einmal tanzt in der Fensterscheibe wieder ein nackter Rücken auf und ab, Ochsenblutts Eusi oder Hackers Züsi, er zählt und zählt, die Nacht ist draußen hereingebrochen, immer gewaltiger stöhnt, keucht, röchelt, brüllt es wieder hinter ihm. Plötzlich springt der Bärenwirt auf, »exakt vierzehn Millionen«, schreit er, »exakt«, und rennt aus dem Zimmer, die Treppe hinunter, in der Gaststube sind die Bauern schon versammelt, der Bärenwirt ist bachnaß, »exakt vierzehn Millionen, genau«, er habe sie nachgezählt, keucht er, stolpert fast über drei, die auf der zweituntersten Stufe der Treppe sitzen, und begibt sich hinter den langen Tisch, neben Hegu Hinterkrachen, den Gemeindeschreiber, überall sitzen die Bauern, an allen Tischen. Ob er protokollieren solle, fragt Hegu. Ob er verrückt sei, regt sich der Bärenwirt auf, hier gebe es nichts zu schreiben, und dann fragt er seinen Sohn, der unten am langen Tisch mit Manis Jöggu, Ochsenblutts Mäxu und Hackers Miggu wie am Abend vorher jaßt, ob er das mit dem Polizisten erledigt habe? Einen Korb Roten habe er ihm gebracht, antwortet Sämu, und nun sei er stockbesoffen und schlafe. Ob man eigentlich zur Sache kommen könne, fragt Hermännli Zurbrüggen, es gehe schließlich um diesen »Uhung«, um den Mann seiner Schwester, um Döufu Mani, er sei immer gegen diese Heirat gewesen, man solle ihn am besten gleich hinter dem ›Bären‹ erschlagen und auf dem Flötenbachbödeli begraben, vierzehn Millionen seien vierzehn Millionen, inzwischen könne ja einer zur Lehrerin, damit sie nicht zufällig erscheine, um die Bärenwirtin zu besuchen, zum Beispiel

Manis Jöggu, den habe sie doch ganz gern, und Jöggu solle sie bitten, ihm etwas von ihren Reimen vorzulesen, die reime doch immer. Wo die Lehrerin denn sei, fragt der Bärenwirt. Die orgele in der Kapelle, das dauere mindestens noch zwei Stunden, sagt Ochsenblutts Röufu, Ochsenblutts Mäxus Bruder. Schön, dann könne man ja beginnen, überlegt der Bärenwirt, aber er glaube, vor allem habe Döufu Mani das Recht zu reden, sie seien schließlich eine Demokratie. Er habe gar nicht zu reden, sagt Mani, ein hagerer, leicht gebückter Bauer, überhaupt etwas schief, als er sich erhebt, er habe wie alle im Dorf das Geld nötig, er sei nicht so blöd, das nicht einzusehen, auch wenn es ihn das Leben koste, das Leben mache ihm sowieso längst keinen Spaß mehr, sie sollten nur zuschlagen, am besten wie Hermännli Zurbrüggen es vorgeschlagen habe, gerade jetzt. Mani setzt sich wieder. Die Bauern trinken ihren Roten und schweigen. Das mit dem ›Uhung‹ nehme er zurück, meint Zurbrüggen, Mani habe sehr anständig, ungemein anständig gesprochen, nun müsse man einfach wählen, wer ihn hinter dem ›Bären‹ mit dem Beil erschlage. Aber da sagt eine Mädchenstimme von der Treppe her, Woult Laatscher lasse ausrichten, es dürfe dann erst in der nächsten Vollmondnacht geschehen. Es ist Hinterkrachens Mariannli, splitternackt steht es auf der Treppe; die vor ihm sitzen, wenden sich verblüfft um, aber schon verschwindet es nach oben. Ein gutgewachsenes Töchterchen habe er aber, meint Miggu Hacker zum Gemeindeschreiber und mischt die Karten. Er solle das Maul halten, entgegnet der Gemeindeschreiber, sich eine Brissago anzündend, Miggu seine sei auch oben gewesen. Und Sämu sagt, die Karten in seiner Hand ordnend, seine Braut wolle gar nicht mehr aus Wauti Lochers Zimmer, so heiße der schließlich, nicht ›Laatscher‹. Im

Dorf gehe es plötzlich wie in den deutschen Illustrierten zu, die man am Kiosk kaufen könne, und dann sagt er, seine Karten betrachtend, Schaufel. Vor der nächsten Vollmondnacht gehe es nicht, überlegt der Bärenwirt bedächtig, sonst hätten sie einen Toten, und der Locher zahle keinen Rappen. Was denn das für ein Tag sei, der nächste Vollmond, fragt ein mickriger steinalter Bauer mit weißem strähnigem Haar, bartlos, und mit einem verwitterten Gesicht, als sei er über hundert. Er wisse es nicht, antwortet der Bärenwirt, zuerst habe Locher in zehn Tagen gesagt, und jetzt sage er, es müsse am nächsten Vollmond sein. Kurlig. Weil am nächsten Vollmond ein Sonntag sei, und zwar der übernächste Sonntag, in genau zehn Tagen, sagt der Bauer und trinkt seinen Roten, da würden sie nur ihre Seelen verspielen. Wauti Locher wisse eben, wann Vollmond sei, und noch der erste im Jahr, aber er wisse das auch, ihn führe Wauti nicht hinters Licht. Hermännli Zurbrüggen schnellt hoch. Das wisse er auch, daß Nobi Geißgraser immer alles besser wisse und hinter allem den Teufel und seine Schwiegermutter vermute, aber ihm sei das scheißegal. Er nehme nichts vom Geld, antwortet der Alte, keinen Zehner. »Um so besser, Vater«, schreit Geißgrasers Ludi, sein Sohn, auch schon gegen die siebzig, dem Alten entgegen, dann nehme er alles, und er könne verrecken, wie er ja immer gewünscht habe, daß er, sein Sohn, und seine Enkel verreckten, und vom Tisch mit allen acht Geißgrasers kommt's wie im Chor, alles nähmen sie. Schweigen. Da werde er doch wohl noch etwas zu bemerken haben, gibt der Alte seinem Sohn zurück. Aber der lacht nur, nichts habe er zu bemerken, das Maul habe er zu halten, sonst gehe er zum Statthalter in Oberlottikofen und erzähle ihm, von wem seine Schwester ihre zwei unehelichen Idioten habe und von wem seine jüngste Tochter, Bäbi, schwanger sei; wenn einer ein alter Sünder sei, dann sei es Nobi, der alte Geißbock, während sie, wenn sie Mani töteten, es nur tun würden, weil sie eine Million nötig hätten. Ob noch jemand etwas zu sagen habe, fragt der Bärenwirt und wischt sich den Schweiß ab. »Henusode«, sagt Mani und geht zur Türe, sich zwischen den Bauern hindurchzwängend, »so lebt recht wohl.« Er geht hinaus. Schweigen. Jemand müsse Mani bewachen, damit er nicht abhaue, noch besser zwei, am besten, man wechsle ab, sagt Ochsenblutts Mäxu. Das müsse man eben organisieren, meint der Gemeindeschreiber. Wieder Schweigen. Oben auf der Treppe erscheint Frieda, nackt wie Mariannli, und verlangt keuchend und strahlend Schnaps. Sämu solle Bäzi holen, befiehlt der Bärenwirt und setzt sich zufrieden unter den Glasschrank mit dem Silberbecher vom Schwingverein, der schon längst eingegangen ist, schwingt doch der letzte Schwinger des Dorfes, Ochsenblutts Röufu, beim Schwingverein Flötigen. Binggu Kobler murmelt, indem er Frieda anstarrt, das sei doch seine Tochter. Aber wie Sämu seiner splitternackten Verlobten den Schnaps bringt und sich dabei galant verbeugt, klatschen alle in die Hände. Sämu habe etwas für das Gemeinwohl getan. Sie schwankt nach oben. Nur Res Stierer sinnt vor sich hin, ein dicker Bauer mit einem roten Schnauz und Metzgerhänden, verkündet plötzlich in die Stille hinein, die wieder hereingebrochen ist, es müsse wie ein Unfall aussehen. Mani müsse unter einer Tanne sitzen, und dann müsse man die umschlagen. »Unter einer Buche«, schlägt der Gemeindeschreiber vor und wird sachlich, geschäftsmäßig. Am besten unter der Blüttlibuche. Man habe dem Pfarrer schon längst neue Balken fürs Kirchlein versprochen. Buchige machten sich besser. Dann müsse die Blüttlibuche aber jemand ansägen, meint der Bärenwirt, sonst müßten sie zu lange warten. Das mache er schon mit seinem Bruder Mäxu, meldet sich Ochsenblutts Röufu. Wer denn mit dem Beil schlagen solle, fragt Kobler. Alle, sagt der Bärenwirt, und dann fragt er, wer dafür sei, und alle außer dem alten Geißgraser heben die Hand. Wenn Nobi zur Polizei gehe –, aber der Bärenwirt braucht nicht weiterzureden. Er hindere niemanden daran, zur Hölle zu fahren, antwortet der alte Bauer. Und dann sagt der Bärenwirt noch, das habe er fast vergessen: der alte Aebiger dürfe erst, nachdem die Sache erledigt sei, begraben werden, ein Begräbnis ziehe Leute an wie frischer Mist Fliegen, und Aebiger habe viele Verwandte in Flötigen und noch anderswo. Das sei kein Problem, die Leiche sei stockgefroren und schon zugenagelt, damit die Füchse nicht drangingen hinter dem Schopf, sagt Aebigers Friedu. Der Bärenwirt will die Sitzung aufheben, da steht zu aller Verblüffung Mani, das Opfer, wieder in der Türe der Gaststube, er habe es sich noch einmal überlegt, sagt er und schneuzt in ein großes rotkariertes Taschentuch. Alle starren ihn entsetzt an, jetzt müsse man ihn doch auf der Stelle totschlagen, denkt der Bärenwirt wie gelähmt. Mani faltet das große Taschentuch sorgfältig zusammen, steht in der Tür, hager, leicht gebückt und schief. Nächster Vollmond sei übernächsten Sonntag, habe Nobi gesagt, am Samstag davor sei die Landwirtschaftliche Ausstellung in Oberlottikofen, die möchte er sich doch anschauen und vielleicht seine Buben, den Jöggu und den Alex, beraten, was sie sich für das viele Geld anschaffen könnten, das sie dann erhielten, er denke sich immer, mit einem neuen Stall und mit einem Traktor wäre sein Leben ein ganz anderes gewesen. Mani schweigt verlegen. Der junge Geißgraser kichert nervös, und Hermännli Zurbrüggen leert seinen Roten, er wisse nicht, er wisse nicht, murmelt er, aber dann leeren auch der Bärenwirt und der Gemeindeschreiber ihre Gläser, und der Bärenwirt beschließt: »Gehen wir am Samstag vor dem Vollmondsonntag alle nach Oberlottikofen.«

Und sie gehen. Schon im Morgengrauen stampfen sie gemeinsam durch den Schnee hinunter nach dem Dorf Flötigen am Talausgang. Döufu Mani zwischen Seppu Schlaginhaufen, dem Bärenwirt, und Ochsenblutts Röufu, der beim letzten Schwinget in Brienz den drittletzten Platz gewonnen hat, und dann besteigen sie den Zug nach Oberlottikofen, Mani immer umklammert, man läßt ihn nicht laufen, morgen ist Vollmond. Durch die Landwirtschaftliche Ausstellung werden sie von einem Männlein mit einem Schnäuzchen und einer rosigen Glatze geführt, das einen ›schottischen‹ Anzug trägt. »Benno von Lafrigen«, stellt sich das Männlein vor, hochdeutsch, und schlägt die Hakken zusammen, »Auslandschweizer.« Von Lafrigen führt sie zuerst über die Festwiese, wo auf einem Marmorsockel aus Plastik eine Kuh aus Plastik steht, davor spielt eine Ländlerkapelle, dann führt er sie zu den Modellställen mit richtigen Kühen. Von Lafrigen winkt den Flötenbachern zu, sich um ihn zu scharen. Er führt aus, daß im modernen Stall bei der Aufstallung von Rindvieh verschiedene Stallarten gebräuchlich seien. Es gebe Anbindeställe, Laufställe und Freiluftlaufställe, und beim Stallneubau werde berücksichtigt, daß sie für andere Tiere Verwendung finden können, ohne daß teure Umbauten vorzunehmen seien. »Das ist ein Laferi, dieser Lafrigen«, sagt Hermännli Zurbrüggen. Der Landwirt könne sich somit bei der Veredelungswirtschaft der Marktlage anpassen, fährt von Lafrigen fort und rückt seine Krawatte zurecht. Die Anbindeställe seien in Europa die gebräuchlichsten. Hier würden die Tiere in einer oder mehreren Reihen in Längsrichtung nebeneinander im Stall angebunden, der zweckmäßigerweise so breit sei, daß man mit einem Wagen durchfahren könne, um das Futter, Grünfutter, in die Tröge abkippen zu können. »Abkippen«, sagt Mani begeistert, »so ein Wagen muß auch her.« Er solle doch still sein, zischt sein Sohn Jöggu hinter ihm. Die Entmistung werde entweder manuell oder automatisch erledigt, erläutert von Lafrigen. Die Laufställe seien weniger aufwendige Bauarten, hier werde das Vieh in einer oder mehreren großen Boxen lose aufgestallt. Wenn eine Kuh etwas fallen lasse, werde dieses Auslandschweizerlein vom Kuhfladen begraben, meint Miggu Hacker. Der Dung werde erst im Frühjahr oder Herbst mit Frontlader oder Greifer entnommen, versichert von Lafrigen und schneuzt in ein weißes seidiges Tuch; so gering sei der tägliche Arbeitsaufwand, da nur eingestreut werden müsse, gemolken werde in einem separaten Melkstand, wo unter anderem die Milchkühe entsprechend ihrem Bedarf auch gleichzeitig Kraftfutter erhalten würden. »Kraftfutter, Alex«, sagt Mani, »das müßt ihr euch dann auch anschaffen«, und trottet, immer noch eingeklemmt zwischen dem Bärenwirt und Ochsenblutts Röufu, dem Auslandschweizer nach. Vorwiegend werde der Laufstall jedoch für die Aufstallung von Mastvieh verwendet, sagt von Lafrigen, und sie betreten einen neuen Stall. Eine Kuh muht. Etwas platscht dumpf. Der Freiluftlaufstall sei die einfachste der Aufstallung, ein nach der witterungsgünstigsten Seite offener Stall ermögliche dem Vieh ständigen Auslauf. Wieder ein Muhen und Platschen. Beim Anbindestall drüben werde dagegen nach der Länge der Standfläche der Tiere in Langstand, Mittellangstand und Kurzstand unterschieden. »Bitte folgen.« Wieder muht und platscht es. »Er kommt, meiner Seel, jedesmal davon«, sagt Ochsenblutts Mäxu. Der Vortrag geht in einem neuen Stall weiter. Durch die Mechanisierung der Entmistung werde bei neuen Stallungen vorwiegend der Kurzstand bevorzugt, die Standlänge sei hier 10–20 cm kürzer als die Rumpflänge der Tiere, anschließend an die Standfläche sei die Kotrinne, die etwas tiefer liege, diese werde entweder mit Schiebern, die von Seilwinden gezogen oder von kleinen Einachsschleppern geschoben werden, geräumt. »Großartig«, staunt Mani. Bei Schubstangenentmistungsanlagen, erklärt von Lafrigen, werde der Kot, der mit der Einstreu, das heiße mit Stroh, und Futterresten vermischt sei, schubweise weiterbefördert und bis zu einem Kettenförderer bewegt, der den Stalldung dann bis zum Dunghaufen fördere. In den letzten Jahren habe jedoch die noch weniger arbeitsaufwendige Schwemmentmistung immer mehr an Bedeutung gewonnen. Hierbei entfalle das Einstreuen der Tiere ganz. An die Standfläche schließe sich ein Rost an, »bitte nähertreten«, unterhalb dessen eine Kotrinne mit einem leichten Gefälle zu einem Behälter, zu der Güllengrube außerhalb des Stalles verlaufe. Es sei Zeit, den Schwätzer selber in die Gülle zu spülen, schlägt Hermännli Zurbrüggen vor, aber von Lafrigen versteht kein Oberländerdeutsch. Der Kot und der Harn flössen dann vermischt in die Güllengrube, erläutert er, die Tiere lägen nicht mehr auf Stroh, sondern auf dem gut isolierten Boden. Er sei entweder aus Kunststoff, Holz oder auch aus Steingut. Die Sauberhaltung der Stallungen sei damit sehr vereinfacht, und die Krankheitserreger seien leichter zu bekämpfen. Die Tiere stünden sauberer, so daß auch die Milchgewinnung hygienischer sei. Der schwätze ständig von Kühen und könne eine Geiß nicht von einem

Kalb unterscheiden, meint Hegu Hinterkrachen und zündet sich einen Stumpen an. Von Lafrigen doziert, neben der Mechanisierung des Stalls sei auch die Ausbringung des Stalldungs von größter Wichtigkeit, da die Entmistung von Hand sehr schwer sei und nicht gerade zu den angenehmsten Arbeiten der Landarbeit zähle. Die selbständig in die Grube geflossene Gülle entmische sich bei der Lagerung in dem Behälter sehr stark; schwere Teile setzten sich ab und leichte Bestandteile bildeten sogenannte Schwimmdecken, deshalb müßten Güllegruben gemischt werden: mechanisches Mischen, pneumatisches Mischen und hydraulisches Mischen. »Das ist alles schön und gut«, erklärt Mani, eingeklemmt zwischen dem Bärenwirt und Ochsenblutt, aber jetzt wolle er einen Traktor sehen, das sei das Wichtigste, sein Traum, ob man neue Ställe brauche, könne man sich erst überlegen, wenn man einen Traktor besitze. »Dann bitte«, sagt von Lafrigen, führt sie an der Plastikkuh mit der Ländlerkapelle vorbei und in die Maschinenausstellungshalle. Irgendwo singt ein Männerchor. Der Schlepper sei die wichtigste Landmaschine im modernen Bauernbetrieb, beginnt von Lafrigen einen neuen Vortrag und wischt sich den Schweiß von der Stirne; denn neben seiner Aufgabe als Zugmaschine diene der Schlepper immer mehr als Energiequelle für angehängte Maschinen. Wenn er nur besser Schriftdeutsch verstünde, murrt Res Stierer. Warum die denn einen fremden Fötzel schicken müßten, er habe noch nie gehört, daß ein Schweizer ›von Lafrigen‹ heiße, mault Geißgrasers Ludi ganz laut und ungeniert; und der alte Geißgraser, der auch mitgekommen ist, meckert, mit der Schweiz gehe es bachab. An den sogenannten Zapfwellen, fährt von Lafrigen fort, die aus dem Getriebeblock des Schleppers herausragen, werde die Energie abgezapft, der moderne Schlepper besitze drei Zapfwellen: zwei am Ende des Getriebeblocks unter der Anhängekuppelung, mittels einer Gelenkwelle könne von hier aus die Energie an eine angehängte Maschine abgegeben werden, die dritte Zapfwelle stehe nach vorne aus dem Getriebeblock und diene speziell dem Antrieb eines Anbaumähwerkes. So eines wolle er sehen, aber eines, das für das Flötenbachtal geeignet sei, verlangt Mani, und Röufu und der Bärenwirt umklammern ihn ängstlich, und dann schauen sie sich alle die landwirtschaftlichen Maschinen an, die man an den Schlepper anhängen kann, damit sie Winden und Pflüge heraufziehen, und alle anderen Geräte für steile Hänge. So was müßten sie kaufen, sagt Mani zu seinen Söhnen Jöggu und Alex, und dann verlassen sie von Lafrigen und die Ausstellung. Wie sie auf die Bahnstation von Oberlottikofen wollen, müssen sie am ›Mönch‹ vorbei, in welchem der Oberländische Trachtenverein sein Jahrhundertfest abhält, darauf gehen sie zum ›Eidgenossen‹, zum ›Löwen‹, zum ›Eiger‹, zur ›Jungfrau‹, zur ›Blümlisalp‹, zum ›Wildstrubel‹ und zum ›Wilden Mann‹. Alles ist überfüllt, sie wollen immer noch zur Bahnstation, kommen aber wieder zum ›Mönch‹. Die Frau vom Präsidenten, Aelligs Christine, steht gerade draußen auf der Terrasse und ruft zur Bahnhofstraße hinüber, da komme ja Res Stierer, und schon sind sie im großen Saal und nehmen an der Tanzerei teil. Sämu, Miggu Hacker und Hermännli Zurbrüggen hopsen wie wild und auch Res Stierer. Und Mani, zwischen dem Bärenwirt und Röufu an eine Holzwand hinter einem Tisch gepreßt, daß er sich kaum zu rühren vermag, einen Liter Roten auf dem Tisch, ist verwundert, daß der dicke Stierer noch so tanzen kann. Und als Christine bei den dreien vorbeikommt und fragt, warum sie denn so steif an der Wand säßen, meint der Bärenwirt, es sei nichts, nur sei es dem Mani nicht ganz gut, und sie seien schließlich Freunde. »Prost, Döufu«, sagt er und trinkt ihm zu. Wie's denn dem Kläri gehe, will Christine wissen. Der gehe es gut, antwortet Mani. Da kommen einige von Unterflötigen und Hinterkrachen Emmis Unehelicher von Mittellottikofen vom ›Eiger‹ herüber in den ›Mönch‹. Sie sind schon ganz betrunken, es gibt eine Mordsschlägerei mit dem Oberlottikofer Trachtenverein, und dann rücken von der ›Blümlisalp‹ die Unterlottikofer heran, die schlagen noch wilder drein. Einer wirft Ochsenblutts Röufu einen Bierkübel an den Kopf, der rührt sich nicht einmal, wischt auch das Blut auf der Stirne nicht ab. Nur keine Polizei, denkt er, nur keine Polizei. Aber es kommt schlimmer. Vom oberen Säli, wo sie gesessen haben, kommen Ständerat Aetti, eigentlich Härdu Aetti, der in Oberlottikofen aufgewachsen ist, Regierungsrat Schafroth und Gemeindepräsident Emil Müetterli. Die Unter-, Mittel- und Oberlottikofer erstarren, die Ehre ist für sie ungemein. Sie sollen sich ruhig weiterprügeln, meint der Ständerat. Gelächter. »Super-Aetti«, schreit einer, alles setzt sich. Das Trachtenfest geht weiter, aber der Ständerat, der Regierungsrat und der Gemeindepräsident nehmen ausgerechnet gegenüber dem Bärenwirt und Röufu mit Mani dazwischen Platz. Der Mönchswirt serviert persönlich, die drei Ehrengäste nehmen eine Flasche Dézaley, und der Ständerat, ein noch nicht vierzigjähriger wuchtiger Bauer, wie man meinen könnte, der aber in Wirklichkeit sowohl der erfolgreichste Rechtsanwalt als auch der gerissenste Politiker im Kanton ist, fragt die drei an der Wand ihm gegenüber, woher sie denn kämen, von Oberlottikofen auf alle Fälle nicht. Der sei der Bärenwirt aus dem Flötenbachtal, sagt Müetterli und weist auf Schlaginhaufen, und er erlebe es zum ersten Mal, daß der auf seinem Maul hocke, er führe sonst ein besonders großes. So so, die Mannen kämen aus dem Flötenbachtal, ei ei, er habe in seinem Departement sagen hören, sie wollten die Straße nicht schneefrei machen, potz potz, so etwas Störrisches habe er seit langem nicht erlebt. Da könne er nichts dafür, antwortet der Bärenwirt endlich, in Todesängsten, der Mani könnte reden. Sie seien nicht so blöd, das Postauto gehöre der Postdirektion, und darum müsse der Herr Regierungsrat den Schneepflug bezahlen. Die Straße brauche ja nicht nur sein Departement, sondern auch die Gemeinde, entgegnet der Regierungsrat. Das sei ihnen egal, meint der Bärenwirt, worauf der Regierungsrat lacht, dann würden sie eben noch lange im Schnee steckenbleiben, ihretwegen lasse er die Straße nicht auf Kantonskosten räumen, und plötzlich wird er wütend und sagt, aber er lasse sie räumen und werde ihnen die Rechnung samt Buße schicken. Der Ständerat Aetti lacht und schenkt den drei Flötenbachern ein, eine weitere Flasche Dézaley bestellend. Wenn er Schafroth wäre, würde er als Sozi sich mit den Bauern im Oberland nicht einlassen, wenn die keinen Schneepflug wollten, dann wollten sie eben keinen, und wozu sollten die Flötenbacher einen brauchen. Das seien noch echte Bergbauern, und ihr Tal sei noch wie früher, Gott sei Dank, während hier in Oberlottikofen auf jeden Hügel ein Sesselilift hinaufführe, und Emil Müetterli, der da neben ihm sitze, wolle sogar die Idee durchstieren, innen im Ödhorn einen Liftschacht bis zum Gipfel anzulegen, weil es so verschissen sei, kein Wunder, Tausende Touristen würden von den Bergführern hinaufgeschoben, und dutzendweise fielen jene, die es im Alleingang versuchten, herunter, es gehöre zur Mode, auf dem Ödhorn gewesen zu sein. Was denn Härdu Aetti plötzlich gegen den Fortschritt habe, fragt der Gemeindepräsident Müetterli verwundert. Nichts, sagt der Ständerat, aber daß man nichts als Geld im Kopf habe, ekle ihn langsam an, die Eidgenossenschaft habe nichts anderes mehr im Kopf als Geld, Luxus, Ferien, Schweinereien; was eine Hure verdiene, sei unwahrscheinlich, mehr als ein Gymnasiallehrer; doch wenn einmal einfache Bergbauern, wie diese drei, den Tanz ums Goldene Kalb nicht mitmachen und ihre einfachen sauberen Sitten bewahren wollten und die Schönheit ihres Tals – denn was gebe es Erhabeneres als ein eingeschneites Dorf –, dann käme prompt die Regierung mit Repressalien. Aber nun müßten sie zu den Unterlottikofern, sonst gebe es böses Blut. Die drei verabschieden sich, und der Bärenwirt ist so erleichtert, daß er auch einen Dézaley bestellt und dann noch zwei und dann Kaffee und Schnaps. Er zahle alles.

So ist es denn schon Morgen, als sie von Oberlottikofen mit dem Frühzug ins Dorf am Talende kommen. Wie sie an der Kirche und dem Pfarrhaus vorbei die hier noch schneefreie Straße hinaufgehen, steht plötzlich der Pfarrer vor ihnen. So, ihr Steckköpfe, sagt er, weil sie ihren Beitrag nicht leisten wollten für den Schneepflug, müsse er nun auch zu Fuß zu ihnen hinauf für seine monatliche Predigt. Dafür schlügen sie auch heute nacht die Blüttlibuche für das Gebälk des Kirchendachs, antwortet der Bärenwirt. Endlich einmal eine christliche Tat, für die er sich gern revanchiere, strahlt der Pfarrer: Er habe heute vor, seiner seelsorgerischen Pflicht mit besonderer Genauigkeit nachzukommen und jede Familie zu besuchen, es nehme ihn doch wunder, wo sie der Schuh drücke, auch wolle er nachsehen, wie es seine ehemaligen Konfirmandinnen trieben, Schlaginhaufens Änneli, Ochsenblutts Elseli, Hackers Züseli und Hinterkrachens Mariannli seien ja besonders fröhliche und fromme Kinder gewesen, auch so richtig essen wolle er im ›Bären‹, Bernerplatte, und am Abend Spiegelei und Rösti, Zeit habe er ja, heute sei Vollmond, er freue sich, in dessen mildem Licht wieder ins Tal hinunterzuwandeln. Die Bauern, dicht um den Pfarrer geschart, geraten von der Dorfstraße auf die noch immer tiefverschneite Flötenbachtalstraße. Neben dem Bärenwirt stapft der Pfarrer durch den Schnee und zwischen dem Bärenwirt und Ochsenblutt, in sich versunken wie ein Verhafteter, Mani. Eigentlich begreift er nicht, warum alle so mißtrauisch sind, er ist ja einverstanden; und der Pfarrer denkt, eigentlich sei es ein Glück heute morgen, sonst sei es ein Kreuz mit diesen Berggemeinden, ein wahres Golgatha, so primitiv seien diese Leute, aber jetzt sei es möglich, sich etwas populär zu machen, es sei eben leider so, daß der Dogmatiker Wunderborn stolz darauf sei, einmal in Ömiswyl ein beliebter Dorfpfarrer gewesen zu sein. In Ömiswyl, ausgerechnet in diesem bigotten Kaff, und jetzt predige Wunderborn die Theologie ohne Gott, aber jeder, der sein Nachfolger werden wolle, müsse wie er ein populärer Pfarrer gewesen sein, möglichst auch in einer Berggemeinde, das sei die Hauptbedingung. Sie kommen in den Wald, und der Bärenwirt denkt, was man nur mit dem Pfarrer machen solle, diese verflixte Predigt, und dann noch die Hausbesuche, wenn nur einer rede, seien die Millionen bachab, auf Nimmerwiedersehen, und Hackers Miggu denkt, er schmeiße den Pfarrer einfach in den Flötenbach, die andern würden schon das Maul halten. Die Sonne bricht durch die verschneiten Tannen. Den Pfarrer überfällt ein Glücksgefühl. Sein *Fundament Freude*, eben vierbändig erschienen, sei wirklich der theologische Wurf, leuchtet es ihm nun auch selber ein, der das dritte Jahrtausend einläute, wie Niederhauer in der Rundschau geschrieben habe, Hut ab vor Niederhauer, aber das Problem, wie Barth in Bloch und beide zusammen unter Berücksichtigung von Sölle, Söltermann und Gläuberich in Hegel zurückzuintegrieren wären, sei nun einmal die letzte theologische Aufgabe des zwanzigsten Jahrhunderts gewesen, und er, der Pfarrer der kleinen Berggemeinde Flötigen, habe diese Aufgabe gelöst, unmöglich, daß Wunderborn ihn jetzt übergehen könne. Ob es denn überhaupt einen lieben Gott gebe, fragt Mani plötzlich und bleibt stehen. Ochsenblutts Röufu bleibt stehen, der Pfarrer bleibt stehen, nur der Bärenwirt geht weiter, weil er gerade überlegt – als ob er Hacker Miggus Gedanken wüßte –, wie es wäre, wenn man den Pfarrer in die Flötenbachschlucht würfe, man könnte dann ja sagen, er sei ausgerutscht; aber wie er zurückschaut, weil er plötzlich allein durch den Schnee stapft, befindet sich zu seinem Entsetzen neben Mani schon der Pfarrer, erschüttert von der Dummheit der Frage: Da neige sich das zwanzigste Jahrhundert dem Ende zu, und die Bauern hätten theologisch überhaupt noch nichts begriffen, stellt er bitter fest, und da solle er bei diesen Neandertalern noch populär sein. Die Bauern rükken zusammen, nah an den Pfarrer. Mani werde reden, spüren sie alle instinktiv, und auch wenn es bis zum Flötenbach fast eine Stunde dauere, müsse man dem Pfarrer jetzt das Handwerk legen. Ihre Augen glitzern. Aber der Pfarrer legt los, zorniger als er eigentlich will, »Bauer«, sagt er, ob er nun Locher, Ochsenblutt oder sonstwie heiße, wer könne sich schon diese komplizierten Namen merken, das gehe ja zu wie in russischen Romanen, ob er ihm wirklich allen Ernstes eine so dumme Frage stelle, ›Gott‹, das Wort könne er als Pfarrer gar nicht mehr hören. Ob er ihm denn das

Märchen aufbinden solle, in der Eiger-Nordwand, auf dem Wetterhorn, in der Blümlisalp, im Finsteraarhorn oder auf dem Ödhorn sitze ein alter Mann mit einem weißen Bart und regiere die Welt? Auf die Freude komme es an, Bauer, habe man die, so brauche man nicht zu fragen, wie Kinder fragen. Da seien sie vom Bahnhof gekommen, fröhlich, glücklich, nach einer Tanzerei in Oberlottikofen, wie er sich denken könne, und vorher hätten sie voller Freude die Landwirtschaftliche Ausstellung bewundert, doch kaum hätten sie ihren Pfarrer gesehen, sei die Freude von ihnen gewichen, weil er sie eben an bestimmte Fragen erinnere, zum Beispiel, ob es einen Herrgott gebe, ob Christus wirklich Gottes Sohn gewesen sei, ob er auferstanden sei und ob sie selber einmal auferständen, da werde man düster; aber wenn man etwas Schönes, Einfaches erblicke, ein neugeborenes Kälblein oder ein hübsches Fraueli oder diesen prächtigen Wald oder den Vollmond, da würden sie auf einmal wieder freudig, und so sei es mit dem Christentum, es sei die Freude selbst, und weil es die Freude selbst sei, stellten sich alle die Fragen, die sich sonst stellten, überhaupt nicht mehr, das seien angesichts der Freude gleichgültige Fragen. Und während der Pfarrer so weiterredet von der Freude als dem Urfundament, wird der Bärenwirt selbst freudig, er hat auf einmal eine Idee, bleibt stehen, bis er, wie die Bauern an ihm vorbeistampfen, zu Hackers Miggu kommt, der immer noch entschlossen ist, den Pfarrer in den Flötenbach zu schmeißen. »Miggu«, sagt der Bärenwirt, »der Pfarrer schwatzt und schwatzt«, so komme Mani zum Glück nicht dazu, ihm etwas zu verraten, Miggu solle ins Dorf abhauen und das Kirchlein leerhalten, niemand dürfe hinein. Da beginnt Miggu zu spurten, schießt an den Bauern vorbei, talaufwärts, und der Pfarrer, immer noch mit der Freude beschäftigt, merkt es nicht einmal. Wie sie ins Dorf kommen, dankt Mani dem Pfarrer für den Bescheid und geht zu seinem Hof neben Ochsenblutts Scheune. Auch die andern Bauern gehen auseinander, der Pfarrer steht mit dem Bärenwirt allein vor dem ›Bären‹. Es sei höchste Zeit, sagt der Pfarrer, in das Kirchlein zu gehen, die Fraueli und die Mädchen würden schon auf ihn warten. Daß die Bauern heute nicht kämen, verstehe er, aber dann stutzt er: ein Mädchen huscht an ihnen vorbei in den ›Bären‹, ohne sie zu grüßen. Ob das nicht Hackers Züseli sei, fragt der Pfarrer verdutzt. Er habe nicht hingeschaut, antwortet der Bärenwirt. Doch, doch, sagt der Pfarrer, Hackers Züseli, sein liebstes Konfirmandenkind, es wundere ihn aber sehr, daß es in den ›Bären‹ statt in das Kirchlein gehe, doch nun eile es mit der Predigt, im übrigen freue er sich nach den ersten Hausbesuchen auf die Bernerplatte. So macht er sich denn auf zum Kirchlein, das zwischen dem ›Bären‹ und Stierers Gehöft etwas einsam am Hang klebt, doch wie er hineinkommt, bleibt er verwundert stehen, das Kirchlein ist leer, nur an der Orgel über der Empore sitzt Fräulein Claudine Zäpfel, die Lehrerin, auch sie fassungslos. Was denn los sei, warum denn niemand hier sei, stottert der Pfarrer, warum denn niemand läute (was ihm erst jetzt auffällt). »Also gut«, wenn er es denn durchaus wissen wolle, sagt der Bärenwirt hinter ihm, der dem Pfarrer gefolgt ist, die Kirche sei leer, weil die Gemeinde mit ihm nichts anfangen könne. Eben, als sie das Tal hinaufgegangen seien, habe ihn Mani gefragt, ob es einen Gott gebe, und er, der Herr Pfarrer, habe geantwortet, das spiele keine Rolle, er solle sich nichts als freuen, das aber wollten sie nicht hier oben, was der Herr Pfarrer da predige, seit er in ihr Dorf gekommen sei, das sei nichts für sie, sie wollten den alten lieben Herrgott wieder und den Heiland und die Auferstehung, was er denn, der Bärenwirt, etwa denken solle, wenn sein letztes Stündlein schlage, oder Mani, wenn er beim Holzen unter eine Tanne käme oder unter eine Buche? Punktum, sie verlangten andere Predigten, fromme Predigten, sonst würden sie lieber katholisch, und weil der Herr Pfarrer die nicht zustande bringe, weil er ja nicht einmal an den lieben Gott glaube, möchten sie ihn alle da oben nicht mehr als Pfarrer haben, darum sei die Kirche leer, er selbst, der Gemeindepräsident, werde das der Kirchenbehörde schreiben. Der Bärenwirt kehrt dem Pfarrer den Rücken zu und geht durch die Kirchentüre in den Schnee hinaus. Der Pfarrer glaubt einen Augenblick, er falle in Ohnmacht, Wunderborns wegen, dessen Professur er doch haben möchte und die er nur bekommt, wenn er ein ebenso populärer Pfarrer ist wie Wunderborn in Ömiswyl. Einen Augenblick nur schwankt er, dann fragt er Claudine Zäpfel, ob sie ihm in der Sakristei in den Talar helfe, da der Sigrist offenbar auch nicht da sei, und nachdem Claudine Zäpfel ihm in den Talar geholfen und ihm auch das Beffchen umgebunden hat, schickt er die Lehrerin fort und besteigt die Kanzel, schlägt die Bibel auf, blättert, beginnt mit plötzlich heiserer Stimme die Predigt: »Ich lese aus der Apostelgeschichte Kapitel 23 Vers 26: Claudius Lysias, dem teuren Landpfleger: Freude zuvor! Liebe Bänke, lieber Taufstein, liebe Orgel, liebe Empore, liebe Fenster, liebe Mauern, liebe Balken, liebes Dach, meine liebe leere Kirche. Die Worte der Bibel, die ihr vernommen habt, sind der Beginn eines Briefes. Claudius Lysias ist der Absender, der Landpfleger der Empfänger, ›Freude zuvor‹ der Gruß. Wenn ich euch aber jetzt erklären würde, wer Claudius Lysias und wer der Landpfleger gewesen ist, so wären euch dieser Claudius Lysias und dieser Landpfleger, oder gar der

Mann, um dessentwillen dieser Brief geschrieben wurde, der Apostel Paulus nämlich, mit Recht völlig gleichgültig, denn was begreift ihr Balken oder Mauern schon, wer diese Leute sind, aber wenn jetzt – wie sonst jeden vierten Sonntag – die Bauern und Bäuerinnen auf euch säßen, meine Bänke, wie wären sie neugierig darauf, denn sie interessieren sich in ihren Bergen seit eh und je nur für das Nebensächliche. Aber das Wichtigste, wichtiger als alles Vergangene, das, was lebt, einst, jetzt und immerdar, das, was diese Bauern und Bäuerinnen nicht fühlen, das Wesentliche vom Wesentlichen, das fühlst du jetzt, meine leere Kirche, dieses ›Freude zuvor‹, indem du diese ›Zuvor-Freude‹, diese Urfreude, geradezu körperlich erlebst, erfüllen dich doch die Ausdünstungen dieser Bauern und Bäuerinnen nicht mehr, so wie auf euch, ihr Bänke, ihr Gewicht nicht mehr lastet, und von euch, ihr Mauern, ihr Schnarchen nicht mehr widerhallt und ihr jämmerlicher Gesang, den du, Orgel, begleiten mußt. Du bist befreit, leere Kirche, und weil du befreit bist, begreifst du auch, die du mit deinem Holz, Stein, Metall und Glas schlechthin Staub bist, den Briefschreiber, den Oberhauptmann Claudius Lysias, und den Grund seines Briefes, den Apostel Paulus, und den Empfänger des Briefes, den Landpfleger, sind sie doch auch schlechthin Staub geworden, und werde ich doch auch einmal schlechthin Staub sein, so wie diese Bauern und Bäuerinnen einmal Staub werden, ja schon Staub sind, ohne es zu wissen. Weil aber Staub Staub begreift, erkennen wir uns alle ineinander wieder, ein Spiegel in einem anderen Spiegel, und bekennen: Freude zuvor dem Landpfleger, wobei nebensächlich ist, wie wir diesen Landpfleger nennen, ob Felix, wie in der Apostelgeschichte, ob Gott, ob Weltall, Hauptsache, daß jeglicher Staub, ob Holz, Steinklotz, Gewürm, Getier,

Mensch, Erde, Sonne, Milchstraßensysteme, ins Nichts hineinjauchzet: Freude zuvor! Deshalb nämlich, leere Kirche, weil wir als Staub, als Staub von Staub, als Stäublein eines Stäubleins existieren, und sei es nur kurze Zeit, einige Jahre, einige Monate, einige Stunden, ja einige Sekunden oder gar, wie einige Teilchen eines Millionstel Stäubchens, nur einige Millionstel Sekunden: Auch diese jubilieren! Gibt es doch für alles und jegliches kein anderes Fundament als dieses: Freude zuvor, denn allein die Freude fragt nicht, allein die Freude grübelt nicht und allein die Freude tröstet nicht, weil allein die Freude keinen Trost braucht, ist sie doch zuvor, die Freude zuvor. Amen.« Damit schmettert der Pfarrer von Flötigen die große schwere Bibel zu, steigt würdig von der Kanzel, begibt sich in die Sakristei, bindet sich das Beffchen ab, zieht den Talar aus, legt ihn zusammen und steht, wie er ins Freie treten will, vor Claudine Zäpfel. Die Lehrerin glüht mit großen Augen, der Pfarrer sei gewaltig gewesen, stottert sie, sie habe die ganze Predigt gehört. Er starrt Claudine Zäpfel an, ihn erfaßt ein ungeheurer Zorn, eine Wut gegen die ganze Welt, gegen Wunderborn und gegen seine Frau, eine geborene Ramseier, die nichts unternimmt, ihn populär zu machen, wen interessieren auch ihre Ehekurse? Er reißt Claudine Zäpfel in seine Arme, ›Freude zuvor‹, küßt Claudine Zäpfel wild, übermorgen sei seine Frau in Konigen mit ihrem Ehekurs, brüllt mächtig auf, daß es ins Tal schallt: Denen habe er es aber gegeben; und dann rennt der Pfarrer, eine verküßte, überglückliche Claudine Zäpfel zurücklassend, am ›Bären‹ vorbei das Tal hinunter, sich nur noch einmal umwendend, als er den Flötenbachwald erreicht, die Faust drohend schüttelnd: Freude zuvor. Aber der Bärenwirt, der aus der Türe des Gasthofs tritt, grinst, den Pfarrer hätten sie abserviert, und als er in die Gaststube zurückkehrt, fragt er Sämu, wer denn beim Locher sei. Wieder die Frieda, sagt Sämu unzufrieden. Na und, als Koblers Tochter erbe sie jetzt ganz schön, er solle nicht dumm sein, auch Änni und alle im oberen Tal schliefen nun einmal mit Wauti. Damit gibt er Sämu eine Flasche Bäzi, »da, bring sie ihm hinauf«, auch solle er dem Polizisten noch vier Flaschen Algerier bringen, damit der diese Nacht nicht störe, er sei froh, wenn der Vollmond heute komme, dann sei bald alles vorüber, er meine, das würden wohl die anderen auch denken, darum blieben sie auf ihren Höfen, statt bei ihm in der Gaststube zu sitzen und zu jassen, aufgeregt sei halt schon jeder ein wenig.

Es wird endlich Mittag, und ein Nachmittag bricht an, der nicht aufhören will, der Himmel wie eine dunkelblaue Wandtafel, kein Windstoß, keine Bewegung, nur Weltallkälte, einmal donnert es vom Gurgelengrund her, eine Lawine, und gegen fünf kommt vom Welschwäldli Mani, gekleidet wie immer, nicht einmal ein Halstuch oder einen Hut, und in einiger Entfernung folgen ihm Res Stierer und dessen Sohn Stöffu. Vor seinem Haus stellt Mani den Stock an den Türpfosten, betritt durch die Küche die Wohnstube, wo am Tisch Jöggu und Alex sitzen, und am Fenster steht Manis Frau und schaut hinaus gegen den Mannerenwald, während draußen der alte Stierer sich auf die Bank setzt und der junge hinters Haus geht. Er habe noch einen Gang gemacht, sagt Mani, zum Wasserfall, der sei ganz vereist, und eben sei die Sonne hinter dem Zollengrat hinabgegangen. »Ganz groß und rot.« Nach ein, zwei Tagen dann komme wieder Schnee, sagt Alex, und Jöggu meint, Herr Mani hätte einen Mantel anziehen sollen in dieser Kälte, sonst könne er sich einmal noch erkälten. Warum er denn auf einmal ›Herr

Mani‹ zu ihm sage, fragt der Bauer. Weil Wauti Locher sein Vater sei, antwortet Jöggu. So, das habe Wauti also dem Jöggu gesagt, stellt Mani seiner Frau gegenüber fest. Die sagt nichts. Jöggu erhebt sich, ein großer, sonst gutmütiger Bauer. Und als sie von ihm schwanger geworden sei und der Locher sie nach Kanada habe mitnehmen wollen, meint er wütend, habe seine Mutter, diese Kuh, statt dessen Mani geheiratet mit seinem kleinen Hof, sonst wäre er, Jöggu, jetzt in Kanada und hätte Millionen, statt hier zu sitzen als seines Stiefvaters unbezahlter Knecht, der sich nicht einmal eine Frau leisten könne. Eine Million würden sie jetzt ja kriegen, antwortet Mani. Daß es hier schwer gewesen sei; gebe er zu, der Hof sei eigentlich mehr eine Hütte, aber das werde jetzt ja alles besser und damit auch wirtschaftlicher, mit dem modernen Stall und dem Traktor, und nicht nur seiner Frau und Jöggu und Alex werde es besser gehen, auch dem ganzen Dorf. Die Million teile er aber nicht mit Alex, sagt Jöggu, die gehöre ihm, und ein moderner Stall und Traktor kämen auch nicht in Frage, mit der Million gehe er nach Kanada, und Locher werde schon mit sich reden lassen und ihm noch einige Millionen geben. Locher sei schließlich sein Vater, und alle sagten, er gleiche ihm. Das sei wahr, tut endlich Alex das Maul auf, all die landwirtschaftlichen Neuerungen seien Unsinn, aber auf die Hälfte der Million verzichte er nicht, er sei jetzt achtunddreißig, und mit einer halben Million könne man in der Stadt besser leben als hier. Wer denn von einer Million rede oder einer halben, antwortet Mani, die Million bekomme die ganze Familie, seine Frau eine drittel Million und Jöggu und Alex je eine drittel Million. Sie nehme nichts vom Geld, sagt plötzlich die Frau, kommt um den Tisch herum und schaut ihrem Mann ins Gesicht. Sie ist abgearbeitet, scheint aber viel jünger, als sie ist, wenn auch ihre Haare schneeweiß sind, dafür ist sie immer noch gut gewachsen und gesund. »Ich habe dich damals geheiratet, Mani«, sagt sie, »weil du ein anständiger Bursche gewesen bist und weil du mich zur Frau gewollt hast, trotzdem ich schwanger gewesen bin. Ich habe damals gewußt, daß ich mich auf Locher nicht verlassen kann. Wie recht ich gehabt habe, siehst du jetzt. Er ist nicht gekommen, um sich an dir zu rächen, wie du dir wahrscheinlich einbildest, er will sich einen Spaß mit uns armen Menschen erlauben, weil er uns verachtet, heute und damals. Und auch unser Schicksal amüsiert ihn: die im Dorf werden untereinander Streit bekommen, das siehst du ja schon bei Jöggu und Alex, weil eine Familie Kinder hat, daß es nur so wimmelt, so etwa die Geißgrasers, und eine andere nur aus zwei Personen besteht wie die Stierers. Ich sage dir, Mani, in diesem Dorf wird es wie in der Hölle zugehen, wenn sie dich erschlagen haben, alle möchten dann über einander herfallen wie die Wölfe, und es doch nicht wagen, aus Angst, jemand werde reden. Aber was rede ich da. Du mußt sterben, nicht ich. Aber weil wir nun halt einmal Abschied nehmen müssen für immer, laß es dir gesagt sein, Mani, du bist der anständige Mensch geblieben, den ich geheiratet habe, aber ich weine nicht darüber, daß sie jetzt die Blüttlibuche über dich fällen, ich bin bloß froh, daß ich nicht über deine Dummheit lachen muß, weil sie einfach zu blödsinnig ist. Geschuftet hast du, weiß Gott, all die vielen Jahre, wie wir alle geschuftet haben, Jöggu und Alex und ich vielleicht am meisten, und wie nun dieser Aufschneider aus Kanada mit den Millionen kommt, was tust du? Du opferst dich! Wozu? Hast du etwas vom Geld? Wenn es wenigstens einen Sinn hätte bei denen im Dorf. Aber die haben es noch nicht einmal, und schon ist alles verhurt, und nicht nur die

Mädchen. Dabei hättest du dich jeden Tag retten können, du, der du alle Wege und Stege in diesem Tal wie kein zweiter kennst. Hast du den Polizisten eingeweiht? Nicht einmal das, der Bärenwirt weiß genau, warum der nichts wissen darf, der hätte sie schön erpreßt. Und im ›Mönch‹ in Unterlottikofen, hast du dem Ständerat und dem Nationalrat und dem Gemeindepräsident gegenüber das Maul aufgetan? Geschwiegen hast du. Und durch Flötigen seid ihr alle gezogen, und du hast nicht gebrüllt ›Leute, die wollen mich für vierzehn Millionen ermorden‹, dabei sind die doch so voll gewesen, daß du dich einfach hättest davonmachen können, so leicht wäre das gewesen, und dem Pfarrer hast du es da auch nicht gesagt, im Wald wäre es ja zu spät gewesen, da hätten sie ihn womöglich in den Flötenbach geschmissen. Und warum hast du dich nicht gewehrt? Ich will es dir sagen: weil es immer dein Traum gewesen ist, ein Leben lang, einen modernen Stall und einen Traktor zu haben, und weil du dir eingebildet hast, Jöggu und Alex möchten das auch haben. Deshalb hast du dich nicht gewehrt, und nun siehst du selber, niemand will einen modernen Stall und einen Traktor, weder Alex noch Jöggu und niemand im Dorf. Sie wollen alle nur Geld. Döufu Mani, dir ist nicht mehr zu helfen.« »Laß gut sein, Frau«, sagt Mani, »es ist nun einmal so.« In der Türe steht der Bärenwirt und sagt, es sei soweit, und dann sagt er zu Ochsenblutts Röufu hinter ihm, es sei besser, er bleibe hier. »Leb wohl«, sagt Mani zu seiner Frau. Sie schweigt. Darauf gehen alle außer Röufu mit Mani am ›Bären‹ vorbei direkt zum Tal und über den dort zugefrorenen Flötenbach in den Mannerenwald. Über den Balzenhubel schwebt der Mond gegen das Ödhorn, das nur vom Mannerenwald aus zu sehen ist, es wird fast taghell; wie der Wald ansteigt, kommen sie mühsam, sich im Schnee hinaufarbeitend, aufs Blüttli, eine Lichtung, in deren Mitte eine große Buche steht, die Blüttlibuche. Die Bauern umringen sie, in ihren Händen lange, große Beile, aus ihren Mündern stößt der Atem wie Dampf. Ob die Blüttlibuche angesägt sei, fragt der Bärenwirt. Das hätten sie heute nachmittag getan, sagt Ochsenblutts Mäxu. »Setz dich, Mani«, sagt der Bärenwirt. Mani stampft an der im Vollmond liegenden Seite der Buche den Schnee noch fester und setzt sich mit dem Rücken gegen die Buche, dort, wo sie angesägt ist. »Beginnen wir«, sagt der Bärenwirt, und dann schlagen Hackers Chrigu und Geißgrasers Nobi ihre Beile in die Blüttlibuche, die Beile prallen zuerst ab am eisenharten Stamm, die Schläge hallen durchs Tal, mächtig sind sie im Dorf zu hören, dann dringen die Beile langsam ein, jetzt schlagen Res Stierer und Binggu Kobler, und der Bärenwirt sieht, wie Mani, an den Baum gelehnt, die Lippen bewegt. Der Bärenwirt gibt ein Zeichen, Kobler und Stierer hören auf zuzuhauen, und der Bärenwirt neigt sich zu Mani und fragt, ob er noch etwas wolle. »Der Vollmond«, antwortet Mani mit großen Augen. »Der Vollmond?« fragt der Bärenwirt und schaut verständnislos hin. »Was soll mit dem sein?« Dann wendet er sich wieder den beiden mit den Beilen zu. »Es ist nichts, schlagt weiter.« »Ich weiß nicht«, sagt Binggu, und Res sagt: »Schau dir doch noch einmal den Vollmond an, Bärenwirt.« Der betrachtet ihn. »Der ist nicht mehr ganz rund«, sagt er dann. »Ein kleines Stück ist weg«, sagt hinter ihm Sämu furchtsam. Dem Bärenwirt geht ein Licht auf. »Eine Mondfinsternis«, erklärt er, »das kommt jeden Monat vor.« »Noch nie gesehen«, mault Hermännli Zurbrüggen. Ob sie denn je den Mond betrachtet hätten oder die Sterne, fragt der Bärenwirt. Jede Nacht säßen sie ja bei ihm in der Gaststube, und wenn sie heimgingen, sähen sie sowieso den Mond nicht, so voll seien sie dann; eine Mondfinsternis sei etwas beinah Allwöchentliches, er habe schon den Halbmond so halb gesehen, daß er wie ein Viertelkäse ausgesehen habe, in Minuten sei jede Mondfinsternis vorüber. »Die nimmt aber zu«, sagt Binggu, »der Mond wird immer weniger.« Alle schweigen, und dann kommt vom Waldrand der alte Geißgraser auf die Bauern zu wie ein Gespenst im Mondlicht, das unmerklich immer schwächer wird. »Ihr Kälber, merkt ihr nun, warum euch Wauti Locher mit seinen Millionen verführt hat, Mani in dieser Vollmondnacht totzuschlagen«, meckert der Alte schadenfreudig, »weil heute der Mond zerplatzt, weil er von innen zu glühen beginnt, ihr werdet es sehen. Ich habe das schon einige Male beobachtet, aber noch nie an einem Sonntag. Der Mond wird heute in Stücken auf die Erde fallen, jedes Stück größer als Europa, und die Erde und die Welt werden untergehen. Darum gibt auch der Locher seine Millionen her, weil sie ihm sowieso nichts mehr nützen.« Der Alte lacht, hopst vor Freude im Schnee herum, aber sein Sohn Ludi schreit ihm zu: »Halts Maul.« Und Binggu schlägt mit dem Beil wie wild auf die Blüttlibuche ein, und dann fängt auch Res an zuzuschlagen, ebenso wild, ebenso trotzig, im höllischen Takt. »Aufhören«, schreit der Bärenwirt entsetzt, »der Mond verschwindet.« Die beiden glotzen wie die anderen den Mond an. »Er verschwindet nicht«, meint Res Stierer, »etwas rostiges Braunes legt sich über ihn.« »Das ist die Sonne«, überlegt sich Binggu Kobler. »Ich glaube, Australien«, korrigiert ihn Zurbrüggens Sämi, »ich glaube, ich habe das in der Schule gelernt.« »Unsinn«, sagt Res, »die Erde ist rund, da können die nicht gleichzeitig da oben sein, sonst können die in Australien ja auf dem Mond spazierengehen, so ein Blödsinn.« Die Bauern starren und starren. Der Mond verfinstert sich immer unerbittlicher, wechselt von einem erdigen Braun zu einem rostigen Braun und ist von brennenden Sternen umgeben, die vorher nicht da waren, wird endlich zu einem glühenden zerfressenen Auge, mit gräßlichen Geschwüren übersät, das bösartig auf den dunkelrot verfärbten Schnee und die Bauern glotzt, deren Beile wie mit Blut beschmiert scheinen. »Hau ab, Mani«, brüllt der Bärenwirt, »hau ab«, und fällt auf die Knie. »Unser Vater, der Du bist im Himmel«, beginnt er zu beten, und die andern Bauern beten mit, »Dein Name werde geheiligt.« Nur der alte Geißgraser wälzt sich im Schnee, der Mond platze von innen, sein Eiter werde alles überschwemmen, und dann gehe die Welt unter; er grölt, jubelt, lacht. »Dein Reich komme«, beten die Bauern. Mani scheint nicht begriffen zu haben, daß er frei ist, sitzt immer noch unbeweglich. »Dein Wille geschehe auf Erden wie im Himmel.« Endlich kommt Mani hoch, da bricht es hinter dem feuerrot glühenden Geschwür am Himmel hervor, ein weißheller Funke. »Er kommt wieder«, schreit Hermännli Zurbrüggen. »Der Mond kommt wieder, der Mond.« Die Bauern schnellen hoch, ein einziger Freudenschrei, die Furcht fällt von ihnen ab, je mehr der gleißende Funke wächst, zu einem Stück des alten Vollmonds wird. »Haut zu«, schreit der Bärenwirt, und schon schlagen Res und Binggu in den Baum, in mächtigem Takt, hinein mit den Beilen in den Stamm, gegen den sich Mani lehnt, sitzend, die Beine gespreizt im Schnee, der sein gespenstisches Dunkelrot verliert, dann schlagen wieder Nobi und Chrigu zu, der Mond tritt immer prächtiger hervor hinter dem blutigen Geschwür, das sich in nichts auflöst, die Sterne verschwinden, jetzt schlagen auch Hinterkrachen und der alte Zurbrüggen zu, Aebiger, Fäser, Aellen und Bödelmann, dann alle Bauern, auch der Bärenwirt, jeder springt vor, ein Schlag, dann der nächste; und wie die Blüttlibuche niederfällt, ist der Vollmond, wie er vor der Mondfinsternis war, groß, rund, milde, sanft, der Himmel schwimmendes silbernes Licht. Nun müßten sie ihn noch unter dem Stamm hervorkratzen, die Blüttlibuche sei mordsdick, befiehlt der Bärenwirt, Mani sehe schön zerquetscht aus, soweit man es sehe, ein einziger Brei. Und daher ist denn auch um acht, wie es Tag wird, der Bärenwirt etwas enttäuscht, als Lotcher die Leiche nicht sehen will, sondern meint, er glaube es ihm ja, daß Mani verunglückt sei, warum solle er denn noch die Leiche besichtigen.

Lotcher ist zum ersten Mal seit jener Nacht, als er aus der Winterdunkelheit in die Gaststube trat, von seinem Zimmer heruntergekommen. Er ist schon in Pelzmantel und Stiefeln, sitzt am langen Tisch und trinkt Milchkaffee aus einer großen Tasse, ihm gegenüber sitzen Frieda und Änni. Es kommt dem Bärenwirt vor, als zitterten Lotchers Hände, auch scheint er ihm älter geworden zu sein, grauer und bleicher das Gesicht. Das Geld sei oben, sagt Lotcher. Der Bärenwirt poltert nach oben, reißt Lotchers Zimmer auf, auf dem Tisch unter dem Fenster liegt noch immer der Koffer, unverschlossen, er klappt den Deckel auf, voller Geld. Im Bett liegt seine Frau. Mani sei unter die Blüttlibuche geraten, sagt er, das Geld anstarrend, die Kapelle brauche neue Balken. Sie hätten die Schläge gehört, gähnt Lisette. Er starrt die Tausendernotenbündel an, er zählt, zehntausend, zehntausend, zehntausend, er spürt, etwas stimmt nicht, zehntausend, neuntausend, er zählt noch einmal, neuntausend, zehntausend, achttausend. »Ihr Weiber habt Tausendernoten genommen, alle habt ihr Tausendernoten genommen.« Lisette lacht: »Wir kosten auch; wenn es euch nicht paßt, haben wir etwas zu erzählen.« Der Bärenwirt schließt den Koffer, trägt ihn in das Schlafzimmer, will ihn wegschließen, es fällt ihm ein, daß seine Frau einen zweiten Schlüssel hat, und so geht er denn mit dem Koffer nach unten. Lotcher ist nicht mehr in der Gaststube. Wo Wauti sei, fragt der Bärenwirt noch auf der Treppe das Änni. Sie wisse es nicht, antwortet sie, und als er befiehlt, sie solle in die Küche gehen und abwaschen, entgegnet Änni, das falle ihr nicht ein, sie habe dort nichts zu suchen, und als er Frieda anbrüllt, sie hätte sich an die Arbeit zu machen, statt da herumzuhocken, antwortet sie, sie kündige; als Tochter eines Millionärs und bald Schwiegertochter eines anderen Millionärs, des Bärenwirts nämlich, da sie ja Sämu heirate, arbeite sie nicht mehr. Dem Bärenwirt läuft Schweiß über das Gesicht, und durch die kleinen Scheiben sieht er, wie draußen der Cadillac vorbeifährt. Der Wagen gleitet aus dem Dorf und talabwärts, beim Felsen, bevor die Straße in den Wald gerät, holt er die Frau des toten Mani ein. Nach bald vierzig Jahren sieht er Zurbrüggens Kläri wieder. Sie trägt einen Koffer. Der Cadillac hält. Sie geht weiter. Er läßt die Scheibe hinuntergleiten, neigt sich aus dem Fenster und sagt: »He, Kläri, steig ein.« Sie bleibt stehen, betrachtet ihn, sagt dann: »Wenn du mich schon einlädst, Wauti Locher.« Er öffnet die rechte Türe, sie legt ihren Koffer auf den Hintersitz und setzt sich neben ihn und sagt: »Du siehst aus wie ein Hundertjähriger.« »Wir sind beide alt geworden«, sagt Lotcher. »Wo willst du hin?« fragt er, als sie schon im Wald sind. »Nach Oberlottikofen, Arbeit suchen«, antwortet sie. Der Wagen gleitet vorsichtig ins Tal hinunter. Kurz vor der Flötenbachschlucht reißt Lotcher das Steuer herum, so heftig, daß sich der Wagen quer zur Straße stellt.

Er stellt den Motor ab. Er schweigt, schaut vor sich hin. »Kläri«, sagt er dann, »du hast mir verschwiegen, daß du von mir schwanger gewesen bist.« »Mani und ich wollten heiraten, es war unsere Angelegenheit, nicht deine«, antwortet sie. »Es hat Mani nicht gestört?« fragt er. »Kind ist Kind«, sagt sie. Er schweigt nachdenklich, meint endlich: »Es ist besser gewesen, daß du Mani geheiratet hast. Wir sind aus dem gleichen Holz geschnitzt. Wir passen nicht zueinander«, öffnet seinen Pelzmantel, die Verschlüsse des blauen und des roten Trainingsanzugs und macht seinen Hals frei. »Der Schmerz ist wieder da«, sagt er, »der gleiche wie vor einem halben Jahr.« Er lehnt sich zurück, läßt die Arme fallen. »Ich komme aus dem Spital. Ich hatte einen Herzinfarkt.« Die beiden schweigen. Der Himmel über den weißen Tannen ist von einem milchigen Grau, irgendwo verdichtet es sich zu einer leuchtenden konfusen Masse, ohne daß die Sonne sichtbar ist. Er reibt mit der rechten Hand unter den Trainingsanzügen langsam und gleichmäßig seine Brust. »Zugegeben, als ich das Dorf verlassen habe, damals, hatte ich eine Riesenwut, aber schon hier im Wald hatte ich die Wut vergessen, so sehr packte mich mit einemmal die Sehnsucht, das alles zu verlassen, dieses Land und das übrige blöde Europa. Nun wohl, ich bin drüben reich geworden, unehrlich oder ehrlich, frag nicht wie. Ich habe mich nie darum gekümmert, und frag mich auch nicht nach meinen Weibern auf der anderen Seite des miesen Atlantischen Ozeans und nach meinem Sohn, der alles erben wird, ein zehnmal größerer Schuft als ich. Und euch in eurem schäbigen Tal hatte ich längst vergessen, ja, um ehrlich zu sein, ich habe, seit ich damals von Flötigen mit dem Zug abgedampft bin, nie mehr an euch zurückgedacht, ihr seid aus meinem Gedächtnis verschwunden gewesen.« Er schweigt, tastet mühsam mit der rechten Hand, als wäre der linke Arm gelähmt, an der linken Türe herum, geräuschlos versinken die Fensterscheiben, naßkalte Luft umgibt sie, die Frau erscheint neben dem jetzt Uralten plötzlich wie jung. »Mitten in der Brust«, sagt er gleichgültig, »bis zum Kinn hinauf. Und der linke Arm, von der Achsel bis zu den Fingerspitzen.« Er schweigt wieder, die Frau neben ihm rührt sich nicht, er weiß nicht einmal, ob sie ihm zugehört hat. »Dann ist der Herzinfarkt gekommen«, sagt Lotcher, »nicht so heftig wie jetzt, aber arg genug. Wie ich dann wochenlang im Bett gelegen habe, kommt mir auf einmal wieder das Dorf in den Sinn, niemand sonst, einfach das Dorf. Eigentlich nur dieser Wald. Dann habe ich über das Dorf Erkundigungen einholen lassen; das erste Mal, daß ich einen schweizerischen Konsul gesehen habe. Darauf lande ich in Zürich und hebe vierzehn Millionen von einem meiner Nummern-Kontos ab.« Er denkt nach. »Aus Gutmütigkeit wahrscheinlich. Um euch etwas auf die Beine zu bringen, was sind schon vierzehn Millionen. Aber wie mir der Bärenwirt sagt, du seist damals von mir schwanger gewesen, packt mich die alte Riesenwut wieder, und ich stelle die Bedingung, du kennst sie ja, man müsse Mani totschlagen. Eigentlich hätten sie dich totschlagen sollen, aber so groß ist die Wut wieder nicht gewesen, so hat eben Mani dran glauben müssen, aber jetzt, wo ich zurückdenke, an diesen Abend mit dem Bärenwirt, weiß ich nicht, ob es eigentlich Wut gewesen ist. Ob nicht einfach eine ungeheure Gier über mich gekommen ist, noch einmal zu leben, wozu dieser Vorschlag gehört hat, weil, will man leben, will man auch morden, will man nicht nur Weiberschöße – wer alles in diesen zehn Tagen da oben in meinem Bett gelegen hat, um sich einen oder mehrere Tausenderscheine zu holen, ist mir gleichgültig, so wie es mir gleichgültig ist, wen sie totgeschlagen haben. Es hätte auch ein anderer sein können als Mani, ich habe die Leiche nicht angeschaut, und wenn sie niemanden totgeschlagen hätten, hätte ich ihnen das Geld auch gegeben.« Er schweigt. Ein großer schwarzer Vogel läßt sich auf der Vordertüre neben Lotcher nieder. »Dohlen kommen immer zu mir, schon damals sind sie immer zu mir gekommen«, sagt Lotcher, und der schwarze Vogel hüpft ins Innere des Wagens auf seine rechte Hand auf dem Steuer. Sie sagt: »Als sie die Landwirtschaftliche Ausstellung besucht haben, hätte ich nach Flötigen gehen und dich anzeigen sollen.« »Du hast es nicht getan«, stellt er fest. Sie schweigt. »Ich hätte nachher Mani verachtet«, sagt sie dann, und er meint gleichgültig: »Das nützt ihm nichts, er ist tot.« Sie schweigt wieder, und nach einer Weile sagt sie ebenso gleichgültig: »Und jetzt verachte ich mich.« »Was ist das schon«, sagt Lotcher, »ich habe mich immer verachtet.« Die Dohle hüpft auf die Vordertür. »Ich muß gehen«, sagt sie, »sonst verfehle ich noch den Zug nach Oberlottikofen.« Er antwortet nicht. Die Dohle fliegt in den nun gleichmäßig milchigen Morgenhimmel davon. Dann beginnt es leicht zu schneien. Sie öffnet die Wagentür, nimmt den Koffer vom Hintersitz, klettert um den Kühler. Sie stapft durch den Schnee, immer weiter die Straße hinunter ins Weiße. Sie kommt auf die Lichtung, dann in den dichteren Wald mit den größeren Tannen, die Flocken schweben mehr als sie fallen, sie sind groß und luftig wie Blütenblätter, manchmal trägt sie den Koffer mit der Linken, und als sie Flötigen erreicht, hört es auf zu schneien. Sie geht an der Kirche vorbei, gelangt zum Bahnhof, der Personenzug ist schon abgefahren. Sie löst eine Fahrkarte, setzt sich auf die grüne Bank neben dem Stellwerk. Die Glocke gibt an. Der Stationsvorstand Bärtschi kommt aus seinem Raum. »Frau Mani«, sagt er, »der nächste Personenzug nach Oberlottikofen kommt erst in einer Stunde zehn Minuten, Sie frieren sich hier ja zu Tode.« Sie friere nie, antwortet sie. Sie sitzt unbeweglich, und es wird kälter. Auf einem Starkstrommast sitzt eine Dohle, fast nicht zu erkennen vor dem aufgetürmten schwarzen Koloß des Ödhorns. Der Pfarrer kommt mit seiner Frau, die Glocke gibt wieder an, der Personenzug von Oberlottikofen biegt um Riesers Wäldchen, hält, der Kondukteur springt vom Zug, schreit »Flötigen«, der Pfarrer küßt seine Frau, sie steigt ein, der Stationsvorstand hebt die Kelle, der Personenzug setzt sich in Bewegung, der Kondukteur springt auf den Zug, der Pfarrer winkt, kehrt sich um, sieht Frau Mani, will grüßen, grüßt dann aber nicht, geht weg. Von der Kirche schlägt es zehn. Vom Schulhaus her Kindergeschrei, die große Pause, die Dohle fliegt wieder weg, dem Flötenbachwald zu. Oben, im Flötenbachwald, viel später, kommt er jäh zu sich, die Fenster sind immer noch offen, Schnee liegt im Wagen, auf seinem Mantel, auf seinem blauen und seinem roten Trainingsanzug, einen Augenblick lang glaubt er, es sei entsetzlich kalt, etwas Warmes, Süßes, Schwarzes quillt aus seinem Mund, aber er fühlt keinen Schmerz, eine große Ruhe ist über ihn gekommen. Mechanisch hantiert er am Instrumentenbrett, der Motor heult auf, er hantiert an der automatischen Kupplung, ohne daß er sein Hantieren wahrnimmt, der Wagen schnellt nach hinten, dann nach vorn, dann die Straße hinab, durchbricht die Schneeböschung, fällt in die Tannen, lautlos im tiefen Schnee, liegt quer im Dickicht. Eine seltsame Helligkeit schimmert durch den dunklen Schnee um ihn. Von der Straße hört er singen: »Der Mond ist aufgegangen, die goldnen Sternlein prangen am Himmel hell und klar.« Er begreift verwundert, daß jemand oben auf der Straße vorübergeht und daß es Nacht ist, und er erinnert sich, daß es vorher Morgen gewesen ist und irgend jemand bei ihm war, er weiß nicht mehr, wer. »Wie ist die Welt so stille und in der Dämmrung Hülle so traulich und so hold!« singt die Frauenstimme, und dann ist ihm noch, als ob das Lied fern und ferner, dann wieder näher und dann ganz ferne in endlosen Strophen verklinge.

Es ist noch zu notieren: Claudine Zäpfel, die da singend durch den Schneewald die beschwerliche Straße nach Flötigen hinuntersteigt, braucht am nächsten Morgen nicht wieder zu Fuß ins Dorf zurück, um die wenigen Schüler und Schülerinnen zu unterrichten. Als sie bei Tagesanbruch, gegen acht, unbeachtet durch die Hintertüre des Pfarrhauses schlüpft, einen vor Erschöpfung tief schlafenden Pfarrer zurücklassend, und dem Waldrand entlang gegen die Straße vordringt, wird ihr gerade ihr Unbeachtetsein zum Verhängnis, schiebt sich doch eine riesige Schneeschleuder, gefolgt von einem Schneepflug, einem Tankwagen und einem Entsalzer, umwimmelt von schaufelnden Straßenarbeitern in orangefarbenen Mänteln, talaufwärts. Und überrascht von den Schneemassen, die sich aus der Schleuder auf sie stürzen, wird Claudine Zäpfel begraben, so vollständig, daß sie unzweifelhaft erstickt wäre, hätte nicht Ständerat Dr. Michael Aetti, der in einem Land-Rover mit Regierungsrat Schafroth der Maschinen- und Menschenkarawane folgt und als Kind des Landes das ganze Unternehmen kommandiert und anfeuert, das Unglück bemerkt und die unglückliche Lehrerin ausgraben lassen. Noch etwas von einem Frühzug murmelnd, mit welchem sie in Flötigen angekommen sei, in Wolldecken eingewickelt zwischen dem Stände- und dem Regierungsrat sitzend, rollt sie nun wie im Traum das Tal hinauf. Das geht nur langsam, die unermeßlichen Schneemassen stellen die mächtige Schleudermaschine vor schier unlösbare Aufgaben, obgleich sie dermaßen ungestüm arbeitet und gleichsam Sturzfälle von Schnee erbricht, daß der Cadillac, der irgendwo unten am Waldrand liegt, im Vorbeifahren vollends zugedeckt wird; im Tannen- und Schneedickicht ist er ohnehin nur schwer zu erkennen gewesen. Aber so mühsam sich auch die Schlacht mit der Unmasse von Schnee und Eis gestaltet, ja, obgleich ein heftiger Schneefall einsetzt, der der Expedition einen ähnlichen Kampf beim Rückweg androht, erreicht man doch das Dorf, wo sich schon die Bewohner versammelt haben, unter ihnen der seit mehr als zehn Tagen nicht gesehene, endlich nüchtern gewordene Polizist. Alle bestaunen die Ungeheuer von Maschinen, weshalb sich denn auch Claudine Zäpfel unbemerkt ins Schulhaus schleichen kann, froh, hier keine Schulkinder vorzufinden. Ihr Fehlen wird um so weniger bemerkt, als Ständerat Dr. Aetti – während der Regierungsrat Schafroth mit fröhlichem Gesicht daneben steht – auf den beunruhigten Bärenwirt zugeht, um den sich die Bauern finster scharen, ihm die Hand schüttelt und ihm erklärt, in seiner Eigenschaft als Ständerat und beeindruckt von der Unbeirrbarkeit der Flötenbacher, ihr Tal noch ursprünglich zu erhalten, wie er es im ›Mönch‹ in Oberlottikofen persönlich habe feststellen können, sei er zur Tat geschritten: Es sei Aufgabe der Gemeinschaft, ihr hartes Los hier oben zu lindern, ihnen freund-eidgenössisch beizustehen, weshalb er denn kurzerhand noch am Sonntagmorgen den zuständigen Bundesrat aus dem Bett geholt und die Direktoren der großen Versicherungen zusammengetrommelt habe, um ihnen zu erklären, die Gegend des Flötenbachs sei das einzige Bergtal des Landes, welches noch nicht durch Sesselilift und Bauten für die Fremdenindustrie verschandelt und dessen Ökologie noch natürlich sei und wo man noch mit den Skiern auf eine Alp oder auf einen Berg steigen müsse, um hinunter zu sausen oder zu wedeln, so daß es denn auf der Hand liege, hier das längst geplante Winter-Vita-Parcours-Zentrum für die Volksgesundheit zu errichten, mit Fitneßräumen, Turnhallen, Eisbahnen, Hallenschwimmbädern, Hotelblöcken, Spital und vielleicht doch einigen kleinen Sesselilifts für jene, die für den echten Vita-Parcours noch zu schwächlich seien. Dazu käme notwendigerweise noch der Ausbau der Flötenbachstraße mit Anschluß an die Autobahn, kurz, ein Projekt, das allgemein eingeleuchtet, ja sogar Begeisterung gefunden habe, um so mehr, als die nötigen Gelder, zehn Millionen vom Bund, fünf Millionen vom Kanton und fünfundzwanzig Millionen von den Versicherungen schon längst von den verschiedenen Instanzen und Parlamenten bewilligt worden seien, bevor man sich auf den Ort geeinigt habe, so daß er nur noch auszurufen habe, auch ihnen in dieser einsamen Bergwelt leuchte jetzt eine bessere Zukunft; womit der Ständerat seine Rede beendet, die alle Flötenbacher, die eine ganz andere Ansprache erwartet und sich schon in Oberlottikofen vor dem Geschworenengericht gesehen haben, in wachsende Erregung versetzt, bis Rede und Erregung in eine tiefe Stille münden, die durch den Schrei einer Dohle, die über den Verstummten kreist, noch spürbarer wird, während das Gesicht des Gemeindepräsidenten und Bärenwirts Schlaginhaufen sich verklärt, der darauf mit Tränen in den Augen, deren er sich nicht schämt, mit schlichten Worten, den Ständerat spontan duzend, herzlich dankt: »Aetti, wir danken dir, Gott hat uns gesegnet.«

Der Rebell

Nach meinem Aufenthalt im Bergdorf, im ersten Semester auf der Universität Bern, vor der Rekrutenschule, verdiente ich mein Taschengeld mit Nachhilfestunden. Ich unterrichtete Griechisch und Latein. Daneben las ich mit Leidenschaft, oft die Nächte durch, vor allem Klassiker; seltsamerweise liebte ich Wieland, ich glaube, daß ich das meiste von ihm kenne, dann Lessing, besonders noch Kleist, immer wieder Büchner, Grabbe und Hebbel; auch las ich viele Gedichte, Hölderlin und Mörike waren mir wichtig. Noch hatte ich keine Ahnung von den Expressionisten, der erste, den ich las, war Hasenclever. Für eine Seminararbeit. Der Professor für deutsche Literatur an der Universität war damals Fritz Strich, ein bedeutender Gelehrter, mit dem ich bald in Konflikt geriet. Sein Vorbild war Wölfflin, dessen kunstgeschichtliche Begriffe er übernommen hatte. Sein Hauptwerk war *Klassik und Romantik*, in diesen beiden Kunstrichtungen sah er zwei Prinzipien: das der Vollendung und jenes der Unendlichkeit, das Geschlossene und das Offene. Mich störte, daß ihm der literarische Wert gleichgültig schien, daß es ihm nur darum ging, die Strukturen zu untersuchen, so daß es zwischen uns zum Streit kam, als er von mir verlangte, ich solle die *Antigone* des Sophokles, in der Übersetzung von Opitz, mit Hasenclevers *Antigone* vergleichen, ein Vergleich schien mir absurd, das Drama Hasenclevers kam mir abgeschmackt vor, ein Machwerk. Erst später begriff ich, daß ich im Unrecht war, der qualitative Wert eines Werks ist nicht eine objektive, wissenschaftlich feststellbare Tatsache, die Literaturwissenschaft taugt vielleicht wirklich zu nichts anderem als zu strukturellen Untersuchungen. Dieser Streit verleidete mir das Literaturstudium endgültig. Noch trostloser kam mir die Kunstgeschichte vor, am trostlosesten aber das Alt- und

Mittelhochdeutsche unter Wilhelm de Boor, einem Deutschen, der am Ende des Krieges ausgewiesen wurde. Ich sehe ihn noch, wie er kurz vor seiner Ausweisung um zwei Uhr nachts über die Nydeggbrücke Richtung Bärengraben marschierte, der Regenmantel flatterte, das breite, glotzäugige Gesicht ratlos, die Arme ruderten, zerteilten die Luft.

Nach dem Intermezzo der Rekrutenschule hielt ich mich im Winter 1942/43 und im darauffolgenden Sommer in Zürich auf, mit der Ausrede, dort studieren zu müssen. Mein Vater, der in seiner Jugend in Berlin und Marburg studiert hatte, bevor er in Bern sein Studium abschloß, hatte sich von meiner Ausrede überzeugen lassen und ließ mich ziehen. Ich war erst einmal in Zürich gewesen, 1937, anläßlich meiner Velotour nach Deutschland. Ich fuhr nun mit dem Zug hin, neben mir saß ein katholischer Geistlicher, der aus Frankreich kam, in irgendeiner diplomatisch-kirchlichen Mission, am Handgelenk eine Aktentasche angekettet. Es war das erstemal, daß ich einen katholischen Geistlichen kennenlernte. Er sprach fließend Deutsch mit französischem Akzent. Er hatte in Zürich nur wenig Zeit, mußte nach Liechtenstein weiter. Ich sollte ihm die Sehenswürdigkeiten Zürichs zeigen, von denen ich selbst keine Ahnung hatte, doch wagte ich ihm das nicht zu gestehen, meine Unkenntnis kam mir lächerlich vor. In Zürich angekommen, gingen wir in die Stadt hinein. Ich lief ihm mit meinem Koffer nach, und er dachte, ich führe ihn. Wir gingen durch die Bahnhofstraße, am Paradeplatz bewunderte er den Seiden-Grieder als gotisches Gebäude, ich erklärte ihm, das sei das Rathaus. Nachdem ich den Priester wieder am Bahnhof abgeliefert hatte, fragte ich mich nach der Universität durch, immer noch den Koffer schleppend, erkundigte mich nach einem Zimmer. Es war damals noch leicht, ein Zimmer zu finden. Ich mietete eine Mansarde an der Haldenbachstraße, essen konnte ich im Studentenheim. Später zog ich in die Universitätstraße um, noch später, im Sommersemester, in die Freiestraße. Ich war selten an der Universität. Einige Male beim alten Ermatinger in der Vorlesung und in seinem Seminar. Er war langweilig, trocken und müde, er las sein letztes Semester; was er dozierte, weiß ich nicht mehr, möglicherweise etwas über Grillparzer oder über Hebbel; nur daß Ermatinger eine Pelzmütze trug, wenn er den Hörsaal betrat, ist mir haftengeblieben. Hin und wieder hörte ich Emil Staiger, damals noch Privatdozent, der im Auditorium maximum mit pfarrherrlichem Pathos aus Hölderlins Gedichten auslegte, was er hineingelegt hatte. Der Zulauf war imponierend. Meistens Damen. Auch kommt es mir vor, ich hätte eine Vorlesung des Philosophen Grisebach besucht, der in meiner Erinnerung einen wirren Monolog mit sich selber führte. Doch war ich nur in den ersten Wochen ein Student, nachher sah ich die Universität kaum mehr. Ich hielt mich in meiner Mansarde auf, versuchte an meiner Komödie zu schreiben: immer neue Anfänge, immer neues Scheitern. Ich besaß ein Studentenabonnement, samstags und sonntags hielt ich mich fast nur im Zug auf, indem ich am Samstagvormittag von Zürich nach Bern fuhr, dort zu Mittag aß, nach Zürich fuhr, um mich zum Abendessen wieder in Bern einzufinden, worauf ich nachts wieder nach Zürich zurückkehrte; dasselbe am Sonntag. Meinen Eltern fiel es nur nicht auf, weil sie sich an mein Nachtleben gewöhnt hatten. Daß ich diese Eisenbahnstrapaze überhaupt unternahm, lag an meiner ewigen finanziellen Misere; ich war froh, richtig essen zu können. Mein Taschengeld reichte nur für eine Woche im Studentenheim aus. Dann ernährte ich mich meistens von Kohlsalat, den ich mit einer Sauce zubereitete, die wie der Kohl für wenig Geld ohne Lebensmittelmarken zu erstehen war. Die Hälfte der Marken verkaufte ich. So vergingen zwei Monate, die mir in der Erinnerung wie Jahre vorkommen: der dunkle bizarre Hintergrund, vor dem der Maler Walter Jonas aufleuchtet; traumhaft, geheimnisvoller als deutlich.

Wie ich ihn kennenlernte, weiß ich nicht mehr. Sein Atelier befand sich irgendwo in einem alten einstöckigen, scheunenartigen Haus beim Schaffhauserplatz. Eine steile Treppe führte zum Atelier hinauf, alte Stühle, Sessel und Hocker, in einer Nische eine Couch, dahinter Bücher. Jonas hatte es in dieser Zeit schwer. Der damalige Trend in der Malerei hatte einen anderen Weg eingeschlagen: ein gewisser vaterländischer Stil hatte sich ausgebreitet; die ›entartete Kunst‹ fand man auch in der Schweiz etwas oder ganz und gar entartet. Daneben herrschte eine uneingeschränkte Bewunderung für die französische Malerei bis und mit Cézanne; Picasso war umstritten, Klee nur Kennern bekannt. In der Kunstgewerbeschule der Stadt Zürich begann Gubler zu herrschen, Erni wurde populär, ein schweizerisch gemilderter Picasso; und beim aufgeklärten Bürgerstand, bei den Ärzten etwa, hatte sich der Genfer Maurice Barraud, ein genferisch gemilderter Matisse, eingenistet. Der Expressionist Jonas war ins Abseits geraten. Von seinen damaligen Bildern erinnere ich mich an einen ›Sturz des Ikarus‹, der sich bei mir seltsam mit jenem Brueghels vermischt, und an Bilder von Ragusa an der jugoslawischen Adria-Küste, einer Stadt, von der ich nicht weiß, wie sie heute heißt. Jonas lebte davon, daß er einen kleinen Kreis von Malern und Nichtmalern unterrichtete. Ich nahm an diesen Unterrichtsstunden als Zuschauer teil. Nur einmal machte ich mit, als er ein Modell auftrieb. Doch bemühte ich mich nicht, die nackte Frau zeichnerisch zu bewältigen, ich ließ sie auf meinen Blättern in einer Horde betrunkener Männer tanzen. Jonas lachte. Auch liebte er es, Aufgaben zu stellen, die verblüfften: etwa eine sonnenbeschienene Landschaft unter einem schwarzem Himmel; ein alter Mann löste die Aufgabe am besten. Ich selbst stellte mich diesem Problem fünfzehn Jahre später, im Entwürdigten Minotaurus, wie mir erst jetzt bewußt wird. Die Federzeichnungen, die damals entstanden, führte ich in meiner Mansarde aus. Ich zeigte sie Jonas nie. Er arbeitete meistens in der Nacht, oft bis in den Morgen hinein; und ich saß mit anderen manche Nächte bei ihm und diskutierte mit ihm, denn er liebte es, beim Malen zu unterhalten und unterhalten zu werden. Er sprach, während er malte oder radierte, oft über Politik oder schlug sich mit philosophischen Fragen herum. Jonas liebte die indischen und chinesischen Denker; die westlichen Philosophen lehnte er ab, sie seien der Subjekt-Objektspaltung unterworfen; er selbst hatte etwas Sokratisches. Seine Freunde setzten sich aus Journalisten, Musikern, Literaten (die heute bekannte Namen führen) und aus Studenten und Spinnern zusammen (unter denen ich der Versponnenste war), und immer wieder waren Maler bei ihm. Oft ging es übermütig zu, oft festlich. So etwa, als ein Journalist, dessen Gesicht wie eine mächtige fleischige Faust war, eine Flasche Whisky mitbrachte, die ihm die englische Botschaft zugespielt hatte und die angeblich aus Churchills Keller stammte. Wir tranken sie mit Andacht, es war mein erster Whisky. Auch den Nescafé, den Jonas bisweilen geschenkt bekam, tranken wir spät in der

Nacht andächtig, er stellte eine Kostbarkeit dar. Und einmal in der Woche, wenn in der ›Krone‹ nebenan Freinacht war, zogen wir um 2 Uhr morgens zum Kronen-Wirt, der jedem illegal zwei Wienerli und ein Glas Weißwein spendete. Ich pflegte gegen fünf bei Jonas einzutreffen und lang nach Mitternacht zu gehen. Er war einer jener Maler, die ständig arbeiten. Zur Zeit meiner Bekanntschaft radierte er hauptsächlich; mit einem seiner Bekannten zusammen entstand das ›Buch einer Nacht‹, ich entwarf den Text, er radierte ihn. Später entwarf ich ein Gilgamesch-Drama, drei Szenen, die er illustrierte, im Aquatinta-Verfahren. Doch noch wichtiger war, daß ich durch Jonas den deutschen Expressionismus kennenlernte; hier hörte ich zum erstenmal die Namen Heyms und Kafkas. Zwar waren die Werke nicht aufzutreiben, aber Jonas erzählte uns die Literatur, so den *Irren* von Heym und von Kafka *Vor dem Gesetz* und die *Strafkolonie*. Erst nachträglich wird mir klar, was ich diesem Maler alles verdanke, er spielte nie den Älteren, entdeckte in jedem, der ihn besuchte, seine Eigenart. Im Schauspielhaus sah ich Kleists *Penthesilea* und Brechts *Der gute Mensch von Sezuan*, letzteren auf Walter Jonas' Rat hin. Kleist beeindruckte mich mehr. Sonst ging ich nie ins Theater. Ebenso in diese Zeit fällt meine Freundschaft mit dem Schriftsteller C., einem Kassner-Leser: Ein kleiner Mann mit fehlenden Oberzähnen, mit großen Augen hinter dikken Brillengläsern; ihn sah ich zuletzt in Bern, gespenstisch, nachts, wie den Professor für Mittelhochdeutsch, er eilte die Gerechtigkeitsgasse hinauf, mitten auf der breiten, sanft geschwungenen, gepflasterten Straße, er trug sein Kind auf den Armen, ein Mädchen von etwa zwei Jahren. Er konnte mich nicht sehen, ich war in der Laube. In Zürich lebte ich fast nur nachts, ich schrieb an meiner Komödie weiter. Die Szenen, die ich C. zu lesen gab, fand er unbegabt, er lachte mich aus; überhaupt glaubte er, daß meine totale Rebellion einmal zu einer Katastrophe führen müsse, die er mir in dunklen Worten prophezeite. Er vegetierte mit seiner Frau und seinem Kind in bitterer Armut in einem Mietshaus an der Freiestraße, gegenüber dem Haus, wo ich wohnte. Seine Kritik bewirkte, daß ich die Arbeit an der Komödie vorübergehend einstellte. Ich begann Erzählungen zu schreiben, die erste, *Weihnacht*, am Heiligen Abend 1942. Ich war am Morgen bei trübem, naßkaltem Wetter zufällig auf den Gedenkstein Büchners gestoßen und schrieb danach die wenigen Sätze der Erzählung in einem Café im Niederdorf ohne zu stocken in ein Notizbuch. Dann fuhr ich nach Bern zum Weihnachtsfest. In der Folge schrieb ich weitere Erzählungen, doch machte mir das Schreiben meistens Mühe, mein Deutsch hatte ich aus der Literatur übernommen, es war eine Fremdsprache, untereinander sprachen wir nur Dialekt. Das Literatureinheitsdeutsch, das heute jeder junge Schriftsteller, aber auch jeder Kritiker beherrscht, war damals noch nicht erfunden. Ich wagte zuerst nur kurze Sätze zu schreiben, dann wieder schrieb ich eine Erzählung, die nur aus einem einzigen Riesensatz bestand. Ich war unerschöpflich im Erfinden von Geschichten. An meiner Zimmertür hatte ich meinen Namen angeschrieben mit der Berufsbezeichnung ›Nihilistischer Dichter‹.

Der Winter 1942/43 war kalt. Wenn ich bis gegen drei Uhr morgens geschrieben oder gezeichnet hatte, zog ich meine zwei Wintermäntel an, den einen über den anderen, und wanderte durch die verdunkelte Stadt; immer den gleichen Weg: die Universitätstraße, die Rämistraße hinunter, beim

Bellevue über die Brücke, die Bahnhofstraße hinab zum Bahnhof, in der Hand den Studentenstock meines Vaters mit dem silbernen Knauf, der mir jedesmal irgendeinmal zwischen die Beine geriet und über die Straße schlitterte, und ich wurde auch jedesmal irgendeinmal aufgehalten und kontrolliert. Dann trank ich im Bahnhofbuffet Milchkaffee. Auch hier waren immer die gleichen Menschen; einmal ein alter Mann, der in der Lotterie fünfzigtausend Franken gewonnen hatte; er breitete die Tausenderscheine vor mir aus – die einzige Zäsur, sonst wiederholte sich alles wieder und wieder. Die Zeit schien sich bis zum Tagesanbruch, wenn ich ins Bett kroch, abzuspulen und während meines Schlafes zurückzuspulen. Erschien ich dann in meinen zwei Mänteln zum Abendessen im Studentenheim, pfiffen die Studenten. Ich begriff lange nicht, daß die Pfiffe mir galten. Erst als ich meinen einst besten Freund aus dem Dorf wiedertraf, der auf der ETH studierte und mich jetzt geniert anglotzte, begriff ich. Auch lernte ich zum erstenmal ein Mädchen kennen, eine Malerin. Sie konnte nur Französisch. Mein Französisch war höchst mangelhaft, ich sprach es noch schlechter, als ich es jetzt spreche, trotzdem führten wir phantastische Gespräche über Malerei und Schriftstellerei, über Cézanne und Heym, von dem ich einige Gedichte aufgetrieben hatte; vielleicht waren alle diese Gespräche ein einziges Mißverständnis. Die erste Liebesnacht. Wir lebten beide unbekümmert, die Umwelt war uns gleichgültig. Die Verbindungen nach Hause waren zwar nicht abgebrochen, doch ließ ich meine Eltern im Glauben, ich studiere, ohne sie über meine wirklichen Verhältnisse aufzuklären. Ich nahm von vornherein an, sie würden mich nicht verstehen. Zu Unrecht. Aber ein Rebell braucht diese Voraussetzung zur Rebellion.

Was jedoch meinen alten Plan betrifft, jenen, einen längeren Roman zu schreiben, *Der Rebell*, so hatte ich ihn wie meine Komödie aus dem Bergdorf in die Städte hinübergerettet. Den Schluß entwarf ich freilich erst in Zürich, als Jonas nach seiner Methode, nicht Lösungen anzubieten, sondern Probleme zu stellen, die Frage aufwarf, wie ein Theaterstück mit nur einer Person gestaltet sein müsse. Cocteau, glaube ich, hatte ein solches verfaßt: eine Frau, die telefoniert. Ich sah einen Mann in einem Spiegelsaal als Gefängnis. Doch daß es nicht zur Niederschrift des Romans kam – ich schrieb nur wenige Seiten –, lag nicht an mangelndem Fleiß, sondern daran, daß mir die sprachlichen Mittel fehlten. Von den Klassikern waren sie nicht zu lernen, mit Thomas Mann konnte ich nichts anfangen, seine bürgerliche Welt stieß mich ab; ebenso Hermann Hesse – er kam mir kleinbürgerlich vor angesichts des allgemeinen Zusammenbrechens jenseits der Grenzen, seine Rebellion gegen die bürgerliche Welt war mir zu harmlos. Es galt gegen die Welt an sich zu protestieren, Gott an sich zu attackieren. Meine Phantasie war zu radikal, ich fand in der Sprache nichts, das ihr entsprochen hätte, um eine längere Erzählung zu formen. Ich stand im Leeren, ein Schriftsteller ohne Fähigkeit zu schreiben, so wie ich mich als Maler gefühlt hatte, ohne Fähigkeit zum Malen. Vom *Rebell* ist mir deshalb nichts als die Erinnerung geblieben, die freilich oft so intensiv ist, als hätte ich diese Erzählung wirklich geschrieben, vielleicht deshalb, weil sie persönlicher ist als der *Winterkrieg*. Versuchte ich in diesem ein Weltgleichnis, ging es mir in jenem darum, ohne daß ich es ahnte, meine eigene konfuse Lage darzustellen.

Gedächtnis und Wirklichkeit: *Der Rebell* ist mir wohl deshalb noch besonders im Gedächtnis geblieben, weil er hartnäckig in meinen Fieberphantasien herumgeisterte. Ich erkrankte im Frühling 1943. Zuerst fühlte ich mich eine Woche oder zwei erbärmlich, im Studentenheim oder in den Lokalen des Frauenvereins, wo man ebenfalls ein billiges Menü auftrieb, konnte ich nichts essen, ohne mich nachträglich zu übergeben. Es war früh im Jahr, warm, ja heiß, das Licht grell, blendend. Ich fror, lief im Wintermantel herum, blieb endlich in meinem Zimmer. Eines Nachts Angstträume, über vierzig Grad Fieber, es war, als ob ich Atome sähe oder Riesenmoleküle, eine Welt voller Kugeln, über- und durcheinanderrollend, immer enger aneinander- und ineinandergeschoben, ein Weltall wie ein riesenhaftes Kugellager. Die Hausbesitzerin, eine ältere, freundliche, mütterliche Dame, ließ ihren Hausarzt, einen umständlichen alten Herrn, holen; er stellte Dickdarmentzündung fest. Das hohe Fieber hielt an. Ich war allein. Gegenüber dem Haus war ein Lebensmittelladen, ich holte mir täglich eine Flasche billigen Rotwein, ein Franken fünfundsiebzig, angeblich Burgunder, etwas anderes vertrug ich nicht, mein Unterleib war aufgetrieben, Schmerzen, dazu ein ständiger Brechreiz, dann wieder unvermittelt Schlaf, oft stellte ich nur an der Uhr fest, daß ich geschlafen hatte, oder daran, daß es plötzlich Nacht war oder zu lange Tag blieb. Neben meinem Zimmer befand sich das Zimmer einer freizügigen, etwa vierzigjährigen Frau von einer freundlichen Gutmütigkeit, die jede Nacht andere Besucher empfing. Es war alles zu hören, wie in einem Schwank, der immer wieder unterbrochen wurde; besonders grotesk, weil die Besucher an meinem Fenster vorbeigehen mußten, das auf die Treppe hinausging, die zur Haustür führte. Nachts, sie kamen meist spät, waren sie nicht zu sehen, sie genossen den Schutz der kriegsbedingten Verdunkelung. Doch begaben sie sich des Morgens von dannen, konnte ich sie von meinem Bett aus beobachten. Ich pflegte sie mir nach ihren Stimmen vorzustellen, wenn sie sich, nur durch eine schmale Wand von mir getrennt, auf der Dame austobten. Oft irrte ich mich beträchtlich. Es war wie in einem Gesellschaftsspiel. So glaubte ich einmal, einen Gymnasiasten als Nachbarn zu haben, er war sehr fleißig und emphatisch gewesen, das Bett hatte geknarrt wie noch nie. Am Morgen stellte sich heraus, daß der Gymnasiast über achtzig war, der da draußen vor meinem Fenster, auf seinen Stock gestützt, mit lauter, froher Stimme von seiner Wohltäterin Abschied nehmend, nicht unbiblisch verkündete, er sei überaus glücklich, noch einmal vom Baume der Erkenntnis gepflückt zu haben. Ich selber war ihr erst aufgefallen, als ich erkrankte, vorher war mein Leben zu unstet gewesen, und auch ich hatte nicht besonders auf sie geachtet, höchstens, daß ich mich hin und wieder gewundert hatte, wenn ich frühmorgens vom Bahnhofbuffet heimkehrte, daß dieser oder jener Herr sich von der Haustüre entfernte. Nun öffnete sie manchmal gegen sechs Uhr abends im bloßen offenen Hemd meine Tür, starrte mich entgeistert an und rief ehrlich erschrocken: »Sie, Sie sind todkrank! Jeden Tag sehen Sie miserabler aus!« All diese Eindrücke, das ständige Gefühl, mich übergeben oder mich entleeren zu müssen und es doch nicht zu können, der kühle Wein auf der Zunge, den ich langsam trank, in kleinen Schlucken, über Stunden verteilt, dazu die Gespräche und Dialoge des Romans, den ich ausdachte, all die komplizierten Beziehungen zwischen der Hauptperson A und den verschiedenen Personen, die ich inzwischen entweder vergessen habe oder auf die ich nicht eingegangen bin, um den Stoff im Überblick darstellen zu können – Details hätten bloß verwirrt, so etwa der Umstand, daß auch Frauen im *Rebell* eine Rolle spielten, es wimmelte geradezu von Frauengestalten, indem die verschiedenen Politiker, die in der Erzählung vorkommen, sei es mit einer Tochter, ja mit ihren eigenen Frauen versuchten, A mit sich zu verbinden, um später, nach der gelungenen Rebellion, Einfluß und Macht zu erlangen – all das ist in meiner Erinnerung zu einer sonderbaren Einheit verschmolzen. Hinzu kommt noch die Lektüre von Rudolf Kassners *Zahl und Gesicht*, ein ebenso verwirrendes wie scharfsinniges Buch, worin eine groteske vierdimensionale Welt entworfen wird, eine Welt der reinen Begriffe, der ›Dinge an sich‹, der ›Zahlenwesen‹, eine Welt mit einer ›nichteuklidischen Logik‹, in welcher der Identitätssatz A = Nicht-A lautet, in der das Absolute gleich dem Unendlichen, das Sein gleich dem Nichtsein ist, eine Konzeption zu einer Ästhetik des Grotesken. Auch geht es darum, ob etwas nur sei, was es sei, und nichts anderes, oder ob alles, was ist, auch etwas bedeute. Inwiefern auch dieses Buch, worin der Spiegel als begriffliche Funktion ein merkwürdiges, immer wiederkehrendes Motiv ist, in den *Rebell* hineinwuchert, wage ich nachträglich nicht zu entscheiden; auch möchte ich die Frage, ob das geheimnisvolle Land mit der seltsamen Sprache und dem sechsfaltigen Gott etwas mit Kassners vierdimensionaler Fiktionswelt zu tun habe, dahingestellt sein lassen. Wahrscheinlich besteht zwischen *Zahl und Gesicht* und dem *Rebell* mehr ein methodischer Zusammenhang, etwa darin, daß Kassner einmal erklärt – wo, weiß ich nicht mehr, vielleicht täusche ich mich auch –, daß ihn nicht so sehr die Ursache der Dinge kümmere, sondern deren Sinn. Die Ursache nun scheint mir auch im

Rebell im Unbestimmten gelassen. So ist es ungewiß, wer eigentlich der Herrscher sei, ob er fiktiv oder der Vater A's ist. Andererseits ist nicht zu leugnen, daß ich den *Rebell* als eine nicht geschriebene Erzählung nun doch geschrieben habe, was nach Kassner der Quadratur des Kreises gleichkäme. Ich meine aber, daß es mir bloß schien, als ob ich eine fingierte Schachpartie, von der ich nur die geplante Eröffnung und das geplante Endspiel im Gedächtnis behielt, noch einmal nachspielte, denn in Wirklichkeit erfand ich ebensoviel als ich wiederfand, ohne unterscheiden zu können, was ich erfunden und was ich wiedergefunden habe. So weiß ich zum Beispiel nicht, ob mir die Vermutung, der gegeheimnisvolle Herrscher, der uralte Theologe und der Vater A's könnten identisch sein, schon damals in meinen Fieberphantasien aufgegangen war oder erst jetzt, während der Niederschrift. Ich weiß nur, daß sie innerhalb der Möglichkeiten dieser Schachpartie liegt. Auch kann ich nicht beschwören, daß ich während meiner Krankheit Kassners *Zahl und Gesicht* wirklich gelesen habe. Zwar kommt es mir so vor – es kann jedoch auch später gewesen sein –, vielleicht verbindet allein die Tatsache, daß C., dieser sonderbare Schriftsteller und Kassner-Leser, im obersten Stock des Mietshauses gegenüber wohnte, *Zahl und Gesicht* mit meiner Krankheit. Alles bleibt unbestimmt. Gedächtnislücken. Indizien dafür, daß wir unsere Erlebnisse aus der Wirklichkeit herausbrechen wie Blöcke aus einem Steinbruch, um das herausgebrochene Material nachträglich wieder zusammenzusetzen. Willkürlicher, als wir glauben. Diese Tatsache vermag nicht einmal ein Tagebuch wesentlich zu ändern. Was mein Gedächtnis betrifft, so fehlt ihm offenbar der Sinn für die Kontinuität des wirklichen Ablaufs der Fakten, Momente herrschen vor, Blitzlichtaufnahmen, die ich zeitlich allzuleicht vertausche, während meine Gedankenwelt mir durchaus kontinuierlich erscheint. Erscheint. Denn auch diese Kontinuität ist eine nachträgliche Täuschung, weil sie die unberechenbaren Zufälle unterdrückt, die die Kontinuität erst möglich machten: ich mußte in einem Café, in das ich zufällig geriet, zufällig einen verkrachten Literaten kennenlernen und, sei es im Studentenheim oder in einem Lokal des Frauenvereins, vielleicht beim Salatessen, von Viren infiziert werden, die, wie einige Wissenschaftler behaupteten, durch den Urin von Ratten eingeschleppt wurden, um durch diese zwei Fakten, die in keiner Verbindung zueinander standen, mit Kassners *Zahl und Gesicht* in Berührung zu kommen, was durch Fieberphantasien ein phantastisches Gedankengebäude erzeugte. Eine Verschmelzung verschiedener Zufälle, die zehn Tage nach dem Rückgang des Fiebers einen unbewältigten Stoff zurückließ, den ich vorerst in mir abkapselte. Notgedrungen: Ich war plötzlich fieberfrei, fühlte mich elend, unendlich müde, ohne Spannung, *Der Rebell*, *Zahl und Gesicht*, die intensive Gedankenwelt, die mich beschäftigt hatte, waren mir wesenlos geworden, kaum mehr begreiflich. In der Nähe, einige Häuser weiter, war ein Coiffeur, ich suchte ihn auf. Während er mich einseifte, hielt er inne. »Sie haben die Gelbsucht«, sagte er. »Wieso?« fragte ich. »Schauen Sie selber«, antwortete er und hielt mir einen Handspiegel vor das Gesicht. Die untere Hälfte meines Gesichts war mit weißem Schaum bedeckt, meine Augen waren von einem hellen Zitronengelb, um so auffallender, als sie wie über Seifenwolken schwebten. Ich benachrichtigte den Arzt. Es blieb mir nichts anderes übrig, als nach Bern zurückzufahren. Ich packte meine Koffer. Im Zug saß ich hinten im letzten Wagen auf einer einzelnen

Bank, vor mir die Scheiben der hintersten Tür, die sonst als Durchgangstür zum nächsten Wagen dient. Ich sah Zürich entschwinden, gleichsam in einer perspektivischen, durch Schienen gebildeten Landschaft – und mit diesem Intermezzo schloß im wesentlichen meine chaotische Zürcher Zeit ab, mit einem grotesken Nachspiel freilich: etwa sieben Jahre später lernte ich Rudolf Kassner selber kennen.

Wir wurden etwa im Jahre 1950 von einem Freund des Philosophen eingeladen, ihn in Sierre im Wallis zu besuchen; ein Landstrich, den ich von früher her kannte und den wiederzusehen ich neugierig war. Meine Frau und ich fuhren zuerst von Ligerz, wo wir damals wohnten, mit dem Zug nach Lausanne. Wir übernachteten bei meiner Kusine, deren Mann eine große Irrenanstalt leitete. Es war das erste Mal, daß ich eine Irrenanstalt besichtigte. Ich wurde als Arzt getarnt. Der Psychiater führte mich durch die verschiedenen Abteilungen. Der Eindruck war unheimlich. Ich bewegte mich wie auf einem schwankenden Boden. Schon der Geruch war merkwürdig. Überall lag etwas Drohendes. In einem Saal für Unruhige schritt plötzlich ein Kranker auf mich zu; mich fixierend, aufrecht, unaufhaltsam durchmaß er, wie ein Fatum, die Diagonale des Raums, um zu mir zu gelangen; fast hatte er mich erreicht, als ihn zwei Wärter aufhielten, ihn bei den Armen faßten, beunruhigt, mißtrauisch. Was er denn wolle, fragte ihn der Professor freundlich, nicht beunruhigt, aber doch wissenschaftlich interessiert. Der Kranke fixierte mich weiter, Schweigen allerseits, Spannung nun auch beim Psychiater, nur der Kranke blieb gelöst, heiter, trotz seines starren Blicks. Er wolle dem fremden Arzt nur die Hand drücken, sagte er endlich, natürlich, selbstverständlich – wir waren die Düpierten. Ich hielt ihm die Hand hin, er schüttelte sie, herzhaft, kollegial, kehrte sich um und schritt den gleichen Weg zurück, auf derselben Diagonale. Am meisten beeindruckte mich ein etwa zwanzigjähriger Schizophrener, er lag halb nackt in einer Art Hängematte, mehr in einem Netz, das Glied erregt, steil emporgerichtet, an den Händen Boxhandschuhe, er schlug um sich, zuckend, als wolle er schattenboxen, die Augen blickten starr, die Augenlider waren rot entzündet. Wir übernachteten in einem Zimmer, dessen Fenster über dem Hof der Irrenanstalt lag. In der Mitte des Hofs war ein Gebäude, wahrscheinlich Küche und Heizung zugleich. Um halb vier am Morgen weckte uns ein gewaltiges, zischendes und pfeifendes Getöse, wir stürzten aus den Betten ans Fenster, aus dem Gebäude stieg eine Dampfsäule pfeilschnell in den Himmel. Die Fenster zum Hof hin, alle vergittert, waren dicht besetzt, die Kranken standen Kopf an Kopf und starrten wie wir die unaufhörlich in den Morgenhimmel hinaufstoßende Dampfsäule an. Ich regte mich maßlos auf über die mittelalterliche Weise, mit der man die Kranken hier noch zu wecken pflegte. Meine Frau teilte meine Empörung, wir waren überzeugt, in eine von anderen Gesetzen bestimmte Welt geraten zu sein. Beim Frühstück erfuhren wir, das Ventil des Heizkessels sei weggesprengt worden, zum Glück sei niemand verletzt. Auch das, der Eindruck, den mir diese Irrenanstalt damals machte, dieses doch so scheinbar Nebensächliche, Anekdotische, gerade gut genug, um an einem Stammtisch erzählt zu werden, ist mehr als es ist, bedeutet mehr, wie in der Ästhetik des Grotesken der Identitätssatz nicht mehr gilt. Es sollte darum nicht nur unlösbar mit meinem Besuch in Sierre verbunden bleiben, mehr, es wucherte in mir weiter, verdichtete sich Jahre später zur Atmosphäre einer Komödie, zu den *Physikern*; so sehr hängt in meinem Leben alles voneinander ab, ist alles miteinander verfilzt, erscheint die Literatur vom Leben und das Leben von der Literatur her gesehen ein einziger Schachtelsatz. Dann holte uns Kassners Freund, ein älterer Herr, im Wagen ab. Ein greller Sommertag, ich war ungeduldig, das Wallis wiederzusehen, wir fuhren durch Sion, am Café vorbei, wo ich oft, Jahre vorher, Fendant getrunken hatte, die zwei Burgen, später die Rhone, die Weinberge, endlich Sierre, wo uns Kassner in einem Hotel empfing, unvermutet standen wir vor ihm, noch betäubt vom Land, vom Licht, aus dem Dunkel einer Hotelhalle wurden wir geradewegs zu ihm geführt. Er erwartete uns in einer grellen Veranda, ein kleiner Mann, gelähmt, an zwei Krücken, scharfe Gesichtszüge, scharfer Blick, wie oft bei Gelähmten. Ich wurde durch den Wechsel von der unbarmherzigen Sonnenglut des Rhonetals in die Kühle des Hotels, die wiederum mit der Treibhaushitze der Veranda vertauscht wurde, schlagartig müde. Ein großer Tisch war gedeckt, Kassner bat uns Platz zu nehmen. Er war lebhaft, charmant, ein Causeur, wie ich ihn seitdem nie wieder erlebt habe. Er sprach so, wie er schrieb; auch was er schrieb, war Causerie, begriff ich plötzlich erstaunt, ernüchtert, entzaubert, verzweifelt gegen meine Müdigkeit ankämpfend. Dick – besonders damals –, an eine ewige Diät gebunden, konnte ich vom kalten Buffet, das serviert wurde, nur etwas Fleisch essen. Kassner forderte mich auf, Käse zu essen, ich müsse Käse lieben, er sehe es mir an, ich widersprach, Kassner wurde unwillig, aber ich liebte Käse damals wirklich nicht, wohl noch eine Folge meiner Gelbsucht, in die Kassner, ohne es zu wissen, ja verstrickt war und der ich meine Fettmassen verdankte, die mich zum Schwitzen brachten. Die Hitze in der Veranda war groß, der Schweiß lief mir über das Gesicht, was Kassner inspirierte, nun seinerseits über das Schwitzen zu reden, aber nicht von meinem Schwitzen, sondern von Hamanns Schwitzen, vom Schwitzen eines Denkers, von dem ich damals eine sehr undeutliche Vorstellung hatte und noch jetzt habe: wie von einem fernen Berg, den man eigentlich einmal besteigen sollte, weil viele die Aussicht von diesem Berg aus so ungemein rühmen. Sogar Hamanns sämtliche Werke habe ich danach gekauft, wahrscheinlich bloß aus einer unbewußten Wirkung des Kassnerschen Gesprächs heraus – so sehr ist alles verquickt –, während in Wirklichkeit damals natürlich nicht diese Werke Kassner interessierten, nicht der Gipfel dieses fernen Berges, sondern Hamanns Schwitzen, denn auch der habe immer geschwitzt, besonders wenn er Sauerbraten gegessen habe – was ich auch lieber gegessen hätte als die kalte Platte, die uns serviert wurde –, jedenfalls habe Hamann leidenschaftlich gern Sauerbraten gegessen und dabei geschwitzt, doch gerade dieses Hamannsche Schwitzen habe wiederum Kant ungemein gestört, Kant, der sich aus Sauerbraten nichts gemacht habe, der vielmehr ein Liebhaber des Kaffees gewesen sei. Und wenn am Schluß des Diners, nach dem Sauerbraten, der Diener den Kaffee hereintrug, habe Kant die Hände zusammengeschlagen – und nun schlug auch Kassner die Hände zusammen – und ausgerufen: »Land, ich sehe Land!« Dann kam Kassner von einem ins andere, ein Stichwort ergab das nächste – wobei ich Kassner die Stichworte selber lieferte – durchaus kein Schwätzer, alles exakt, gestochen. In Kassners Welt des Gesichts, in der der Identitätssatz nicht gilt, in der alles etwas anderes bedeuten kann, gibt es bloß Beziehungen, ist alles aufeinander bezogen, es gibt keine Geheimnisse; aber gleichzeitig ist es auch gleichgültig, ob etwas sei oder nicht sei, setzt doch die Bedeutung kein Sein voraus; wobei mich einige Passagen ungemein verwunderten, so ein hartes Urteil über irgendeine Meinung Rilkes – nicht daß es mich gestört hätte, ich konnte mit Rilke nie etwas anfangen, aber ich wunderte mich, trotz meiner Schläfrigkeit, dieses Urteil von Kassner zu hören. Am meisten erstaunte mich jedoch seine Schilderung des Mount Everest, und zwar so sehr, daß ich, indem ich jäh aus meiner Müdigkeit aufschreckte, jetzt nicht mehr weiß, was ich da durcheinanderbringe, eine wirkliche Erzählung Kassners oder eine Stelle aus seinen Schriften. Er habe, behauptete er, von der Bahn aus den Mount Everest gesehen, und dann schilderte er auf eine ganz außerordentliche Weise *den* höchsten Berg der Erde als den höchsten Berg, der eben nicht anders aussehen konnte als der Mount Everest und nicht etwa wie der nach den Fotografien viel imposantere K2. Seine Schilderung war eine physiognomische Meisterleistung, wobei ich mir einfach nicht vorstellen kann, daß Kassner je von einem Bahncoupé aus den Mount Everest gesehen hat, und gleich noch als höchsten Berg; aber in seiner Vorstellung vermochte er eben alles. Endlich kam er auf Brecht zu sprechen, und nun war er plötzlich nur noch ein Fragender, er wisse mit Brecht nichts anzufangen, das Phänomen sei ihm unerklärlich. Er wollte meine Meinung über Brecht wissen, und ich faßte plötzlich den Verdacht, meine Begegnung mit Kassner sei nur zu diesem Zweck inszeniert worden: zur Information.

Nun war ich nie ein besonderer Brecht-Kenner, persönlich begegnete ich Brecht nur zweimal. Das eine Mal im Büro Kurt Hirschfelds im Schauspielhaus Zürich. Ich hatte eben den *Romulus* geschrieben. Brecht kam herein, unrasiert, in einer Lederjacke, schüttelte mir die Hand, es freue ihn, mich kennenzulernen, und ging wieder, worauf ich Kurt Hirschfeld fragte, wer denn das gewesen sei; das zweite Mal in Basel, nach einer Aufführung des *Romulus* 1949. Wir gingen nachher essen. Wer noch dabei war, weiß ich nicht mehr. Brecht setzte sich zu mir. Er war überaus liebenswürdig und meinte, es freue ihn besonders, wie ich die Germanen dargestellt habe. Ich war schüchtern. Nicht gewohnt, über meine eigenen Arbeiten zu diskutieren, pflegte ich schon damals am liebsten Stoffe zu erzählen, an denen ich meist nur angeblich und selten wirklich arbeitete. Auch war ich mißtrauisch, stand Brecht damals besonders fremd gegenüber, die Spannung zwischen dem Stadttheater Basel und dem Schauspielhaus Zürich spielte mit hinein, dazu war ich voller Opposition und Ressentiment gegen jedermann. Außerdem kam mir Brechts Marxismus allzu doktrinär vor, ich begriff noch nicht, daß seine politische Doktrin eine seiner Verkleidungen war, die er als Menschenkenner brauchte, als eine List seiner Weisheit oder als eine Weisheit seiner List, entstammte er doch einer derart schrecklichen Zeit, wo List und Weisheit Synonyme waren. Sein Unglück bestand darin, daß er das Auseinanderfallen der beiden Begriffe nicht zu realisieren vermochte: er hätte die List nicht mehr nötig gehabt. So war ich denn froh, daß Brecht bald auf Zigarren zu sprechen kam, sei es in der richtigen Einsicht, daß mir nicht zu helfen war, weil ich mir selber helfen mußte, oder sei es, daß er mich zu wirr, zu verschwommen empfand. Zu meiner Verwunderung war er der Meinung, die Brasil sei die stärkste Zigarre; daß die Havanna stärker ist, wollte er mir nicht glauben – daß ich in dieser Streitfrage recht hatte, mußte ich im Laufe der Zeit teuer genug bezahlen: finanziell und gesundheitlich. Brecht habe ich danach nie mehr gesehen, und wenn der Band bei der Bibliothek Suhrkamp *Bertolt Brecht, Schriften zum Theater* mit dem Satz beginnt: »Mit Interesse höre ich, daß Friedrich Dürrenmatt in einem Gespräch über das Theater die Frage gestellt hat, ob die heutige Welt durch Theater überhaupt noch wiedergegeben werden kann«, so kann ich nur beifügen, daß ich mich nicht mehr erinnern kann, die Frage gestellt zu haben, die Brecht dort beantwortet. Das von Brecht gewürdigte Theatergespräch fand in Baden-Baden statt, 1955 denke ich. Schon im Zug überfiel mich ein jähes Fieber, die Masern, wie sich später herausstellte. Während der Diskussion, die auf der Bühne stattfand, war ich verwundert, daß der Theatersaal sich immerzu drehte und nur manchmal stehenblieb, die Decke unten, die Zuschauer oben, so daß ich befürchtete, die Leute könnten nach unten auf die Decke prasseln. Ich hörte meine Gesprächspartner nur undeutlich, verschwommen, irgendwo. Es war auch das einzige Mal, daß ich mit Piscator zusammenkam, wenn es überhaupt Piscator war; hatte ich doch mit Berühmtheiten meistens Pech: Thomas Mann sah ich nur einmal, in der Pause der Uraufführung eines meiner frühen Stücke, aber ich wurde ihm nicht vorgestellt, das Stück gefiel ihm offenbar nicht. Mit Benn prallte ich beinahe zusammen, als er im Radio-Studio Bern aus dem Lift kam und ich in den Lift hinein wollte, erst später erfuhr ich, daß es Benn gewesen war. Den alten Jürgen Fehling traf ich in Berlin anläßlich eines offiziellen Empfangs. Er lief mir durch die Menge entgegen, wie alle ein Glas Sekt in der Hand, und schrie mir begeistert zu: »Endlich wieder einmal ein perverses Gesicht! Schlafen Sie auch so gern mit Ihrer Mutter wie ich mit meiner?« Wenn es aber Piscator war, den ich damals in Baden-Baden kennenlernte, so weiß ich nicht mehr, was er redete, auch nicht, was ich redete oder was andere redeten oder wer diese anderen waren, keine Ahnung; sicher war ich anderer Meinung, sicher fand ich die Welt nicht darstellbar durch Theater, obgleich ich nicht mehr weiß warum, aber das sind nur nachträgliche Schlüsse auf mein wahrscheinliches Verhalten damals.

Doch in Sierre, fünf Jahre früher, in der heißen Veranda mit Rudolf Kassner, galt es weder Brecht zu verteidigen noch abzulehnen, noch Brecht gegen Brecht in Schutz zu nehmen. Es galt, Brecht Rudolf Kassner vorzustellen. Ich sagte ihm, daß ich Brecht für einen der größten modernen Lyriker halte, obgleich nicht so bedeutend wie Heym, Trakl oder Benn; daß ich über seine Dramen schwer urteilen könne, weil ich selber Dramatiker und somit parteiisch sei; daß ich Kassner jedoch vor allem *Der gute Mensch von Sezuan* empfehle, weil ich dieses Stück für Brechts bestes halte. Ich mußte ihm versprechen, das Stück nach Sierre zu schicken. Ich besaß es als Verlagsexemplar in Schreibmaschinenschrift. Nach dem Gespräch über Brecht brachen wir auf. Ich ging enttäuscht und beeindruckt. Wenn ich heute *Zahl und Gesicht* lese, erscheint mir Kassners Ästhetik des Grotesken bemerkenswert. Was er damals, indem er nur eine unendliche Welt akzeptieren konnte, als groteske Fiktion entwarf, muß heute die physikalische Kosmologie als paradoxe Theorie aufstellen – so etwa, daß die Welt einen Anfang genommen habe, aus dem Urknall heraus, aus dem Big Bang –, von den Merkmalen gezwungen, die die Wirklichkeit aufzeigt – etwa die Expansion des Weltalls oder die Hintergrundsstrahlung –, während Kassner, der nichts erklären, sondern alles nur deuten will, der Bedeutung einer fiktiven Zahlenwelt zuliebe, schon 1918 folgert:

»Wenn wir uns eine Schöpfung aus dem Nichts vorzustellen hätten, so ginge das wohl nur so: Aus dem Spielball, aus dem Roulett der göttlichen Willkür. Das Weltall müßte vor der Schöpfung so ein Ball gewesen sein, Zahl, nichts oder, wie ein Monist meinen sollte, ein Atom, ein einzelnes, ein entsetzlich einsames, ein im Unendlichen zufälliges Atom.« Ein Satz, der nachträglich, indem ihn die Wissenschaft heute als durchaus nicht unsinnig erklärt, bewiese, daß die Ästhetik des Grotesken mit der Wirklichkeit zusammenfiele, mehr noch, er bewiese, weil das Adjektiv ›göttlich‹ als Floskel erscheint – die Zahlenwelt braucht keinen Gott –, daß Gott nicht existiere; so daß Kassner, im Gegensatz zu Kant, der bewies, daß Gott nicht zu beweisen ist, bewiesen hätte, daß es Gott nicht gibt: Solche Aspekte Kassners, in welchen er sich unfreiwillig gegen sich wendet, sind unheimlich, doch unvermeidlich, da in der Physik die Grenze zwischen Begriff und Anschauung verwischter und vager ist, als man glaubt. Bei Kassner dagegen sind Gott, sein Gottmensch, seine Chimäre, sein Zahlenwesen, aber auch seine Gegensätze konstruiert, sein Sinn ist konstruiert wie sein Unsinn, sie sind Resultate seiner Konstruktionen, genauer, seiner Axiome. Was ihn von Kierkegaard trennt, ist der Glaube, die Dialektik zwischen dem Religiösen und der Verzweiflung. Kierkegaards Dialektik ist existentiell, Kassner dagegen ist ein reiner Logiker wie Hegel, der Unterschied zwischen den beiden ist der zwischen ihrer Logik. Hegel ist ein aristotelischer, Kassner ein nichtaristotelischer Logiker, der die aristotelische Logik verteidigt. Hegel ist ein Dialektiker innerhalb seiner Logik, Kassners Dialektik spielt sich zwischen zwei logischen Methoden ab. In Kassners Sprache ausgedrückt: Was Kassner als Gegenwelt zu seinem Denken darstellt, stellt ihn selber dar. Was er getrennt haben will, stürzt aufeinander zu, Gesicht und Zahl verschmelzen sich gegen seinen Willen in einer einzigen Kernfusion zum Begriff: Seine Ästhetik des Grotesken und seine Ästhetik des Religiösen, die man bei ihm rekonstruieren könnte, fallen zusammen. Daß er jedoch die Identität (Begriff) von der Individualität (Anschauung) trennt – auch wenn sich diese Unterscheidung im rein Begrifflichen abspielt und nicht, wie Kassner glaubt, eine Angelegenheit einer niederen und einer höheren Denksphäre ist –, scheint mir gerade heute eine wichtige politische Aussage. Für Kassner fallen in der Identität System und Ordnung zusammen, die Individualität dagegen unterscheidet zwischen System und Ordnung. Als Begriff sind System und Ordnung identisch, als Anschauung verschieden; da nun aber auch, trotz aller Kassnerschen Bemühungen, die Anschauung ein Begriff ist, wäre es vielleicht genauer zu sagen, daß ein System ein rationaler und damit ein totaler Begriff ist, daß die Ordnung dagegen einen emotionalen und damit einen individuellen Begriff darstellt. Auf das Politische bezogen: Als System ist der Staat eine Institution, als Ordnung ein Vaterland. Unsere politische Misere besteht darin, daß der Staat weder als reine Institution noch als reines Vaterland menschenwürdig ist. Wird der Staat zur reinen Institution, wird er zum reinen System; und Kassner hat recht, wenn er bemerkt: »Es kommt im System nicht auf das Dasein, sondern auf die Funktion und die Beziehung an, es kommt in einem System nicht auf uns, sondern darauf an, daß wir uns nicht spüren. Es ist darum sinnlos zu sagen, wir wären in einem System frei oder unfrei.« Das System ist logisch ein Ideal und existentiell ein Notzustand. Immer mehr Staaten neigen daher dazu, System und Ordnung gleichzusetzen und so, nach Kassner, Identitäten zu werden, nur Institutionen und nichts weiter. Kassners Bemerkungen über die Begriffssysteme sind eine prophetische Voraussage gewisser heutiger Machtsysteme, politischer, wirtschaftlicher und technischer Natur, und vielleicht – wie ein unterirdisches Gewässer – nachträglich an der Entstehung meiner Erzählung *Der Sturz* beteiligt, als ein geheimer Zufluß von Einsichten, deren Herkunft ich vergessen hatte. Daß ich Kassner mehr verdanke, als ich ahnte, wird mir erst jetzt bewußt.

Bei der Eröffnungszeremonie des Schriftstellerkongresses am 22. Mai 1967 im großen Kremlsaal saß wenige Meter vor mir, unbeweglich, steinern, todernst, das versammelte Politbüro der Sowjetunion – Breschnew, Kossigyn, Podgorny, Suslow usw., das ganze Machtkollektiv an einem langen Tisch, hinter ihm ein immenses Leninprofil, überall Blumenstöcke, Schnittblumen, ein Arrangement von monumentaler Spießbürgerlichkeit. Nach der Eröffnung – ein kultisches Begrüßungszeremoniell der verschiedenen Völkerstämme mit endloser Händeklatscherei – las eines der Politbüromitglieder eine endlose dogmatische, vulgärmarxistische Rede über Literatur vom Blatt herunter, trocken, eintönig, leidenschaftslos. Dann lasen ein Lyriker, ein Epiker und ein Dramatiker ebenso endlose, ebenso dogmatische, ebenso vulgärmarxistische Reden über ihre dichterischen Branchen herunter, eintönig, leidenschaftslos, trocken wie Geschäftsberichte. Alle, Politbüromitglied, Lyriker, Epiker, Dramatiker, hatten die Bourgeoisie bereits meilenweit hinter sich gelassen, bloß der Epiker konstatierte leicht beunruhigt, daß im sowjetischen Dorfroman das Problem der Kolchosenflucht aufgetaucht sei, der Sowjetmensch zeige eine leichte Tendenz, zu verstädtern, wenn nicht gar eine zwar noch kaum bemerkbare Neigung, zu verbürgerlichen, was unerhörte neue Probleme aufwerfe. Diese Geschäftsberichte wurden gleichzeitig ins Englische, Deutsche, Spanische, Italienische, Französische übersetzt, wir brauchten nur zu wählen und an den Kopfhörern mitzulauschen, was wir bisweilen auch taten – überflüssigerweise, denn wir hatten längst begriffen, daß wir nicht einem Kongreß beiwohnten, sondern einer politischen Messe mit einer festgelegten heiligen Liturgie. Es galt hier nicht, über Literatur zu diskutieren, sondern politische Glaubensbekenntnisse abzulegen, wobei das Glaubensbekenntnis wiederum identisch mit der politischen Tat, das heißt Politik, war. Innerhalb eines Systems sind Politik, der Glaube an sie und das Bekenntnis dieses Glaubens identisch. Man braucht diesen Glauben nur zu bekennen, ob man ihn wirklich glaubt, ist nebensächlich. Darum der unerträgliche Zynismus jener, die diese Systeme regieren, und leider immer mehr auch jener, die von ihnen regiert werden. Das Politbüro, das da vor uns thronte, unwahrscheinlich nahe und doch unwahrscheinlich fern, das über das Schicksal dieser Erde mitbestimmte und das den Geschäftsberichten, die identisch waren mit Glaubensbekenntnissen, steinern, götzenhaft zuhörte, oder vielleicht auch dabei schlief, indem es so tat, als höre es zu, war in Wirklichkeit nur der Beginn eines Zahlensystems, zum Beispiel eines Riesendreiecks, gebildet von ungeraden Zahlen, wobei die Bedeutung von oben nach unten abnimmt. Der Zahl Eins kommt alle Bedeutung zu, den nächsten neun ungeraden Zahlen eine noch entscheidende, aber doch abgestuft niederere, bis, etwa nach der dreihundertsten ungeraden Zahl, die Zahlen jede Bedeutung verlieren. Die Menge der unbedeutenden ungeraden Zahlen, der Parteimitglieder, beträgt je nach der Größe der Partei Hunderttausende, zwei, drei Millionen. Die Bewegung innerhalb eines solchen Systems geschieht durch die Verschiebung der Positionen: fällt Eins, wird Drei oder Fünf oder Sieben zu Eins, identisch mit Eins, je nach der Affinität wird von der Spitze des Dreiecks Richtung Basis umnumeriert. Ein solches System ist mit einem Schema zu vergleichen, innerhalb dessen die Menschen aufsteigen und fallen, Karriere machen und über ihre Karriere stolpern – gleichsam über ihre eigenen Beine –, wo sie vernichtet, verurteilt und rehabilitiert werden können – sogar noch als Tote. Darum auch diese lähmende Langeweile damals in Moskau, spielte es doch keine Rolle, daß wohl die wenigsten der etwa zweitausend Schriftsteller, welche diesem System ihre Opfer darbrachten – und wohl auch die wenigsten Mitglieder des Politbüros, die dieses Opfer entgegennahmen –, an dieses System überhaupt noch glaubten. Wozu auch? Sie glaubten als ›Zahlenwesen‹ an die Position, die sie dank ihrer Zahl innehatten, und nicht an die dogmatisch-pythagoräischen Eigenschaften, die das System seinen Zahlen beilegte, um als ›Ordnung‹ zu erscheinen, als das Vaterland aller Werktätigen. Ein System funktioniert am besten ohne Glauben. Nicht vollkommen, gewiß nicht – vollkommen vermöchte auch das vollkommenste System nicht zu funktionieren –, sondern, im Gegenteil, mit ständigen Pannen, die um so vollkommener ausfallen, je vollkommener das System zu sein scheint. Aber es hält sich in Schwung, so stumpfsinnig wie eine Maschine, mit Teilen, die sich abnutzen und ständig ersetzt werden müssen. Ein solches System existiert daher nicht kraft eines Glaubens oder kraft einer Philosophie. Seinen Inhalt, der einmal die Hoffnung war, es könnte zur Ordnung einer neuen Welt werden, hat es ausgestoßen, auch wenn darin einmal seine Revolution und seine Sprengkraft lag. Es existiert nur noch, indem es, nach Kassner, zu einer bloßen Identität geworden ist. So gab es denn diese zweitausend Schriftsteller in der Sowjetunion nur dank dieser Identität, der sie unterworfen waren: Ein Schriftsteller ist identisch mit einem Mitglied des Schriftstellerverbandes; wer nicht Mitglied des Schriftstellerverbandes ist, ist auch kein Schriftsteller. Als wir nach der Eröffnungssitzung mit einigen Schriftstellern ins Hotel zurückfuhren – mit Schriftstellern, die noch keine waren, die erst Anwärter waren, die erst hoffen durften, vielleicht einmal Mitglieder des Schriftstellerverbandes zu werden; inzwischen sind sie zwar Mitglieder des Sowjetischen Schriftstellerverbandes und damit Schriftsteller geworden, aber schon wieder aus dem Schriftstellerverband ausgestoßen, so daß sie jetzt keine sowjetischen Schriftsteller mehr sind, überhaupt keine Schriftsteller mehr –, erhob sich unter diesen Anwärtern des Sowjetischen Schriftstellerverbandes eine aufgeregte Diskussion über die Sitzordnung des Politbüros. Sie war anders als sonst gewesen, irgendeiner hatte gefehlt, was als günstiges Zeichen aufgefaßt wurde, daß, vielleicht – der Aufstieg Andropows war nicht aufzuhalten, und er hatte mit einem der im Auto Zusammengepferchten studiert. Als wir das Auto verließen, hatte ich den *Sturz* konzipiert, zwar bloß als Einfall, ohne Verpflichtung, ihn niederzuschreiben, denn mit meinen Gedanken war ich in Israel: Jeden Augenblick konnte der Krieg ausbrechen, die Juden galten auch bei meinen russischen Freunden als Faschisten, und ich wußte, daß dies wahrscheinlich das letzte Mal war, daß ich mit diesen Menschen hier zusammen sein konnte, die liebenswürdig waren, die Unsägliches mitgemacht hatten, die sich an die alte Freundschaft klammerten. Es war das letzte Mal. Drei Tage später brach der Arabisch-Israelische Krieg aus, jubelnd rannte in Warschau ein Hoteldiener durch die Korridore; die Juden würden siegen. Anderthalb Jahre später wurde die Tschechoslowakei besetzt. Ich wurde die Koexistenz müde.

»Im System«, schreibt Kassner, »ist stets Stolz ohne Demut, Strenge ohne Milde; wer hier ist, geht in seiner Tiefe unter, und der Scharfsinnige verletzt sich an seiner eigenen Schärfe. Das liegt am System oder vielleicht daran, daß hier ein Mensch nicht zum anderen kann, es sei denn durch das System. Es gibt im System weder einen Weg noch ein Vorbild, vielmehr sucht das System, selbst alle Wege und Vorbilder zu sein. Ordnung ist, daß Einer vollkommen sei; dieser Eine macht dann, daß Ordnung sei. Im System müßten Alle vollkommen sein« – oder alle schuldig, könnte man beifügen. Kassner sah 1918 den Stalinismus voraus – der immer wieder droht –, aus der verhängnisvollen Tendenz jedes sozialistischen Gebildes zum System hin, das es heute zu vermeiden gilt. Doch, muß man hinzufügen, auch Hitler sah er voraus, und zwar, mit echt Kassnerischem Pech, als etwas Positives, was er sicher nicht wollte. Sein Katholizismus stellte ihm im Reich der reinen Begriffe wieder einmal ein Bein. »Ordnung ist, daß Einer vollkommen sei, dieser Eine macht dann, daß Ordnung sei« ist ein gefährlicher Satz! Politisch interpretiert kann er nur bedeuten, daß er dem Stalinismus als System den Nationalsozialismus als Ordnung gegenüberstellt, der doch von einem vollkommenen Führer abhängt. Kassner meint es natürlich nicht so, er setzt dem System die Kirche gegenüber, die, mit ihrem Unfehlbarkeitsanspruch, hergeleitet vom vollkommenen ›Gottmenschen‹, stets behauptet, eine Ordnung zu sein,

Gottes Ordnung. Nun, wir kennen diese Ordnung, versucht sie sich politisch zu manifestieren: sie wird zwangsweise zum System; gerade deshalb halte ich christliche Parteien für besonders verhängnisvoll. Gott als Erfahrung des subjektiven Denkens kann nicht ein Objekt der objektiven Erkenntnis werden, er kann als objektivierte Fiktion nur den Ausgangspunkt eines Systems darstellen. Ausgangspunkt einer politischen Ordnung vermag nur der Mensch zu sein in seiner Unvollkommenheit: diese Ordnung nennen wir Demokratie. Habe ich während des Zweiten Weltkriegs den Kampf zwischen Hitler und Stalin als Kampf zweier Religionen, einer mystischen und einer dogmatischen, interpretiert, so neige ich heute mehr dazu, indem ich Kassner überdenke, ihn als Kampf zwischen zwei ästhetischen Richtungen zu sehen: Der Faschismus wollte die Vollkommenheit der Anschauung, einen vollkommenen Führer, ein vollkommenes Volk, ein vollkommenes Reich, eine vollkommene Ordnung. Der Stalinismus wünschte die Widerspruchslosigkeit des Begriffs, eine widerspruchsfreie Lehre, eine widerspruchsfreie Partei, ein widerspruchsfreies System. Auf Vollkommenheit und Widerspruchslosigkeit fallen jedoch die Ästheten am leichtesten herein – die Opfer, welche die Sucht nach Vollkommenheit und Widerspruchslosigkeit fordern, bedauern sie höchstens als Notwendigkeit der Geschichte –, und die natürliche Unvollkommenheit und Widersprüchlichkeit der Demokratie stößt sie am meisten ab, liegt doch deren Unvollkommenheit in jener des Menschen und deren Widersprüchlichkeit darin, daß ihre Ordnung Systeme braucht, Gesetze und Institutionen, vor denen alle Bürger im Kassnerschen Sinne identisch sind. Wenn es nun heute notwendigerweise darum geht, den Kapitalismus zu überwinden, so müssen wir uns klar darüber sein, daß der Kapitalismus ursprünglich kein System darstellt, sondern eine Ordnung – wenn auch eine jetzt ausgespielte –, die darum, weil sie ausgespielt hat, dazu neigt, abstrakte Systeme zu erzeugen; und daß es darum geht, diese alte, zum System gewordene Ordnung nicht durch ein weiteres System, sondern durch eine neue Ordnung zu ersetzen, indem nur ein Sozialismus den Staat als Demokratie und nicht als System weiterzuentwickeln vermag, der eine Demokratisierung der Demokratie darstellt; und schließlich, konkreter vielleicht, daß wir heute vor der politischen Aufgabe stehen, den Staat als Individualität zu erhalten und ihn nicht zum System zu erniedrigen. Wir haben den Staat auch heute noch als etwas Unauswechselbares (z. B. die Schweiz ist nicht Österreich), als etwas Gewachsenes, historisch Entstandenes zu betrachten, etwas, das zwar keinen Geist besitzt (den vermag nur ein Individuum zu besitzen), aber das dem Individuum und damit dem Geist als Rahmen, als Spielfeld, als Heimat dient. Der Staat ist gleichzeitig zweitrangig und doch wesentlich – wie das Zweitrangige oft dialektisch etwas Wesentliches darstellt –, indem sich der Staat, noch konkreter diese Schweiz oder dieses Deutschland usw. aus Individuen zusammensetzt und nicht aus Begriffen oder Zahlen. Nur so hat die Demokratie noch einen Sinn, im Kampf gegen den Staat für den Staat, in der Auseinandersetzung mit der Institution für die Institution, als Versuch, den Staat zu vermenschlichen. Mehr, als den Staat zu humanisieren, vermag keine Politik, sonst wird sie zum Abenteuer. Doch diese Betrachtungen sind nachträglich aufgestellt, nachträglich in Erwägung gezogen, auf Einsichten hin, die ich damals in Sierre, vor nun bald dreißig Jahren, noch nicht gewonnen hatte, noch nicht gewonnen haben konnte, aber die, in ihrer

Nachträglichkeit, dennoch auf eine verschlungene Weise zu Kassner gehören, als eine seiner Emanationen (nicht umsonst galt eine seiner letzten Schriften Plotin). Sie gehören zu diesem kleinen, freundlichen, überaus elegant gekleideten Grandseigneur, bezaubernd zu meiner Frau und nicht ohne Humor gegenüber mir, dem dicken Schwitzenden, Unförmigen. Als wir von Sierre heimfuhren, war ich niedergeschlagen. Kassner war mir wie ein Schauspieler vorgekommen, wie einer, der eine Spur zu geistreich ist, um noch glaubhaft zu wirken, als ob einer zu sicher in einer Rolle wäre, die er täglich spielen muß, vielleicht aus Schutz. Doch auch das war wohl eine Täuschung, eine notwendige optische Verzerrung, weil ich in dieser Begegnung etwas gesucht hatte, das sich nicht wiederholen konnte, das Ereignis eben, das sich damals in Zürich in meinen Fieberträumen abspielte, während ich den *Rebell* konzipierte, das Erlebnis einer erstmaligen Begegnung mit einem einmaligen Denker, das sich nur im Geiste abzuspielen vermag und unwiderruflich ist.

Der Rebell

Die Geschichte der Hauptperson sollte schon in deren Jugend beginnen. A (sein Name ist mir entfallen) wächst in irgendeiner größeren Ortschaft auf, nehmen wir an in einer Stadt von hunderttausend Einwohnern; vorwiegend bürgerliches Milieu, ländliche Umgebung, mitteleuropäisch, doch das ist unwichtig – der Anfang der Erzählung ist unbestimmt, vage, als habe der Erzähler nur unvollständige Nachrichten über A's Jugend. A ist das einzige Kind eines wohlhabenden Kaufmanns. Er hat seinen Vater nie kennengelernt. Dieser trat während der Schwangerschaft seiner Frau eine Reise in ferne Länder an und kehrte nicht mehr zurück. Der Sohn wohnt mit seiner Mutter und einer alten Magd in einem weiträumigen Haus in der Innenstadt. Die Magd ist taubstumm, nur die Mutter kann sich ihr mit Zeichen verständlich machen. Die Mutter ist eine schöne Frau. Sie ist gleichgültig gegen ihren Sohn, tagsüber bleibt sie auf ihrem Zimmer, nur das Abendessen nimmt sie gemeinsam mit A ein, von der alten Magd bedient, schweigend, höchstens daß sie sich manchmal nach seinem Unterricht erkundigt, den der Knabe von einem buckligen Hauslehrer erhält. Von ihrem verschollenen Mann spricht die Mutter nie. Wenn A nach seinem Vater fragt, bekommt er keine Antwort; nur einmal erwähnt sie, als etwas offenbar völlig Unwichtiges, sein Vater sei schon siebzig gewesen, als sie ihn geheiratet habe. Nach dem Abendessen zieht sich die Mutter zurück, um später in kostbarer Kleidung das Haus zu verlassen und erst gegen Morgen zurückzukehren. Einmal, in einer Vollmondnacht, schleicht ihr der Junge nach. Sie durchquert die Innenstadt, geht über eine der Brücken in die Vorstadt jenseits des Flusses, verläßt auch sie, nur noch einzelne Villen sind anzutreffen, dazwischen Waldpartien. Die Mutter öffnet eine Gittertüre, läßt sie weit offen, der Knabe folgt ihr unbemerkt. Zwischen den uralten Bäumen taucht ein kleines hellerleuchtetes Palais auf, sie steigt eine Rampe hoch, livrierte Diener empfangen sie, verbeugen sich. Aus dem Palais dringen die Töne eines Konzerts, dann erlöscht das Licht in den Fenstern nach und nach. Nur im Obergeschoß bleiben die Scheiben einer Flügeltür erleuchtet, die auf einen Balkon führt. Der Knabe schleicht im Schatten der Bäume zum Palais, versucht den Balkon hochzuklettern, ein riesiger livrierter Diener mit

Schlitzaugen und mächtigen Backenknochen verscheucht ihn, eine große schwarze Dogge trottet dem Jungen knurrend nach, treibt ihn zum Park hinaus, durch die Vorstadt über die Brücke in die Innenstadt, bis der Knabe wieder zum väterlichen Haus zurückfindet, die Haustüre hinter sich zuschlägt, sich bleich und zitternd gegen sie lehnt. So vergehen die Jugendjahre. Nach den Unterrichtsstunden durchstöbert A den riesigen Dachboden voll Gerümpel und Reiseandenken, offenbar von seinem Vater: blutrote asiatische Masken, kleine steinerne Dämonen mit gewaltigen Genitalien, vergilbte Stiche mit seltsamen Landschaften. Später, älter geworden, hält er sich am liebsten in der Bibliothek seines Vaters auf, durchblättert Atlanten, liest Reisebeschreibungen und findet unter alten Scharteken die Grammatik einer seltsamen Sprache. An wen er sich auch wendet, an den buckligen Hauslehrer, an den Pfarrer, der ihn konfirmierte und ihm schon eine höhere Instanz zu sein scheint, später an Spezialisten, vergleichende Sprachforscher – die Sprache bleibt unbekannt und ist keiner anderen bekannten Sprache zuzuordnen. Die Sprache kennt keine Substantive und Adjektive, sie verwendet nur Verben, unterscheidet jedoch mehr als fünfhundert Konjugationen, mit denen sie neben den Tätigkeitswörtern auch die Hauptwörter und die Eigenschaftswörter ausdrückt; so nehmen die Verben, die in der erstarrten Gegenwartsform stehen, den Sinn von Substantiven an, etwa ›hasse‹, ›der Haß‹, während die erstarrte Mitvergangenheit einerseits der ›vergangene Haß‹, anderseits als sogenannte reaktivierte erstarrte Mitvergangenheit ›Liebe‹ bedeutet. A lernt die überaus komplizierte Sprache mühsam, da ihm niemand zu helfen vermag, beginnt mit seinem Studium immer wieder von vorn, radebrecht, spricht sie flüssiger, endlich fließend, ohne zu wissen, ob er sie auch richtig spreche, sie ist für ihn die Sprache seines unbekannten verschollenen Vaters, obgleich er weiß, daß dieser Gedanke absurd ist, eine fixe Idee – die Familie seines Vaters stammt seit Menschengedenken aus der Stadt, mehrere seiner Vorfahren waren Bürgermeister, und auch die Eltern seiner Eltern stammen aus der Gegend, und so fort. A beginnt, seinem Vater nachzuforschen. Er treibt einen alten Prokuristen auf, der bei seinem Vater angestellt war. Der Prokurist schildert ihn als unnahbaren, strengen, aber gerechten Kaufmann alter Schule. A forscht weiter. Ein noch älterer Einkäufer, der für seinen Vater tätig war, gibt dem Jüngling ein entgegengesetztes Bild: sein Vater habe sich nie um das Geschäft gekümmert; ein anderer, uralter Angestellter schildert mit wilden Flüchen den Vater als den größten Schürzenjäger der Stadt, der auch mit seiner Frau geschlafen habe; ein vierter Greis, noch älter als der uralte, glaubt sich zu erinnern, der Vater sei überaus fromm gewesen. A vernimmt über seinen Vater nur Widersprüchliches, überdies sind die weiteren Zeugen, die er noch in einigen Altersheimen auffindet, so alt, daß sie seinen Vater möglicherweise mit einem anderen verwechseln, er gibt die Nachforschungen auf. A wird zwanzig. Er geht auf die Universität, er will Mathematiker werden, am meisten interessiert ihn Riemanns nichteuklidische Geometrie. Immer noch nimmt er das Abendessen mit seiner Mutter ein, immer noch verläßt sie – stets in gleicher unveränderter Schönheit – des Nachts das Haus, bis sie eines Morgens nicht zurückkommt. Als der Sohn beunruhigt das Palais aufsucht, das er nur mit großer Mühe wiederfindet, ist es leer. Nachforschungen ergeben, es habe immer leergestanden. Die Nachbarn in den nächsten Villen haben nie etwas bemerkt, allerdings ist der Park, der das Palais umgibt, ausgedehnt, der Besitzer unbekannt, eine Bank verwaltet das Gebäude, sie ist an das Bankgeheimnis gebunden; im übrigen sei es unverkäuflich. Außerdem ist A durchaus nicht sicher, ob es sich um das gleiche Palais handelt, das seine Mutter aufzusuchen pflegte. Er geht nach Hause. Auch die alte Magd ist verschwunden.

A verkauft das Haus und verläßt die Heimat, ohne ein bestimmtes Ziel, aber aus dem dumpfen Gefühl heraus, die Reise antreten zu müssen, von der sein Vater vor mehr als zwanzig Jahren nicht mehr zurückgekehrt ist. Er durchstreift den Balkan, Kleinasien, Persien, hin und wieder glaubt er eine Landschaft wiederzuerkennen, die er auf einem der alten Stiche auf dem Dachboden gesehen hat. In einer Waldschlucht findet er in der Ruine eines alten Tempels einen kleinen steinernen Dämon mit gewaltigen Genitalien, der jenen Dämonen gleicht, die sein Vater besaß. Er ist nun sicher, auf der richtigen Spur zu sein, doch brechen von da an alle weiteren Hinweise und Zeichen ab. Er irrt umher. Schluchten, unerforschte Gebirgsmassive, Wüsteneien, mehrmals steigt er, ohne es zu bemerken, über den gleichen öden Bergpaß, er bewegt sich im Kreis. Schon denkt er daran, aufzugeben, sein Unternehmen scheint ihm hoffnungslos, ja selbst seine Rückkehr wird in Frage gestellt – Räuber überfallen ihn, seine Diener werden erschlagen, seine Pferde, sein Gepäck, seine Waffen, seine Karten und sein Kompaß gestohlen –, als er durch Zufall an eine Grenze gelangt, ohne zu wissen, wo er sich befindet, zu Fuß, hinkend, in Lumpen. Ein Zollhaus, schäbig, windschief, ein Zöllner, klein, schlitzäugig, mit großen Backenknochen, der ihn anhält und ihn in der seltsamen Sprache anredet, die er in der Jugend gelernt hat: Die ›Sprache seines Vaters‹ ist Wirklichkeit geworden, wenn sie auch rauher, zischender tönt, als er sie sich vorgestellt hat. A stutzt, antwortet in derselben Sprache, der Zöllner ist verwirrt, verneigt sich immer wieder, behandelt A mit Respekt, ja, wie ihm vorkommt, mit geheimer Furcht, gibt ihm zu essen und zu trinken, beschenkt ihn mit einem Pelzmantel, nötigt ihm einen Maulesel auf. A beschließt, das unbekannte Land zu erforschen. Er reitet durch weite winddurchheulte Hochebenen, die von niedrigen baumlosen Hügeln begrenzt werden, an deren Hängen Dörfer kleben, die einstöckigen Häuser aneinandergepreßt. Der Himmel ist wolkenlos und unermeßlich, manchmal von einem derart dunklen Violett, daß auch am Tag Sterne sichtbar werden. Sirius funkelt noch, am Horizont ein heller Stern, den er zuerst für einen Planeten hält und erst allmählich als Canopus erkennt: so weit nach Süden ist er gekommen. Die Vegetation ist karg, hin und wieder Sträucher, selten einige verkrüppelte Bäume. Hirten, unbeweglich an ihre Stöcke gelehnt und ihn schweigend beobachtend, hüten kleine Schafherden, manchmal einige Ziegen; Kühe oder Büffel sind nie zu sehen. Die Dörfer liegen abseits der staubigen Straße, doch kommen Menschen, klein, schlitzäugig, mit großen Bakkenknochen wie der Zöllner, von weither, um A zu sehen, stellen sich beiderseits der Straße auf, schweigsam, demütig, offenbar arm, die Frauen heben kleine Kinder in die Höhe. A nähert sich langsam der Hauptstadt, die Dörfer häufen sich, werden größer, auch zeigen sich Anzeichen eines gewissen Wohlstands, die Straße ist nun gepflastert. Die Eingeborenen, wie A in Pelzmänteln, die bis zum Boden reichen und die sie in den Häusern nicht ausziehen, behandeln ihn immer respektvoller. Hat er zuerst in kleinen

Steinhäusern übernachtet, in dunklen, rauchigen Höhlen, die Bewohner stumm an den Wänden hockend, ihn die ganze Nacht beim Feuer eines rohen Kamins beobachtend, übernachtet er nun bei Landadeligen und Großbauern, die ihm auf Mauleseln entgegenreiten und ihn einladen in ihre Häuser, die äußerlich zwar mit der gleichen Einfachheit gebaut sind wie die der armen Bevölkerung – wenn sie auch eine größere Fläche einnehmen –, doch innen ein Genist von kleinen ineinandergeschachtelten Zimmern aufweisen, auf dem Boden Teppiche und weiche Kissen. A's Reise in die Hauptstadt verlangsamt sich immer mehr, immer neue Würdenträger suchen seine Bekanntschaft, er muß bei jedem übernachten, die Leute sind leicht beleidigt, und A will niemanden beleidigen. Seine Aussprache gleicht sich mit der Zeit immer mehr der landesüblichen Aussprache an, er fühlt sich wie zu Hause, alles ist seltsam heimatlich und fremd zugleich, wenn ihm auch nicht die Unrast entgeht, von der alles befallen scheint. Die politische Lage ist chaotisch. Das Land wird von einem Herrscher regiert, der die Einwohner grausam unterdrückt; täglich werden Leute verhaftet, öffentlich hingerichtet, um dann von der Bevölkerung in langen feierlichen Leichenzügen unter leisem melodischem Summen zu Grabe geleitet zu werden, der Sarg mit einem blauen Teppich bedeckt. A schaut mehreren dieser Hinrichtungen zu, empört, doch verwundert, denn trotz der Schrecken ist das Land von einer glühenden, irrationalen Hoffnung erfüllt, die eine offene Empörung unmöglich macht, weil sie sinnlos wäre angesichts der gewaltigen Veränderung aller Dinge, die unmittelbar bevorsteht: Die Einwohner glauben an einen geheimnisvollen Rebellen, der einmal auftauchen werde, das Land zu befreien. Sie setzen alles auf diese Erwartung, sie können ohne diese

Hoffnung nicht leben. A beschließt, dieser merkwürdigen Erwartung auf einen Erlöser nachzugehen. Er spricht mit Kleinbauern, Handwerkern und Handlangern, freundschaftlich, gerührt von der Achtung, die ihm die Leute entgegenbringen, doch ohne bestimmte Absicht, etwas zu ändern, aus bloßem Interesse an der kindlichen Hoffnung, die in allen lebt, der Rebell werde kommen, ja, sei vielleicht schon gekommen, lebe schon unter ihnen. Er kommt in die Hauptstadt, auch sie ist von außen gesehen primitiv, um einen Felsen herum gebaut, dessen Kuppe der Palast des Herrschers einnimmt, eine schmucklose quadratische Burg, ohne Fenster, bloß mit unregelmäßig eingesetzten Schießscharten, am Fels kleben die Häuser, schieben sich übereinander hoch, einige rohe Paläste, darunter steil abfallende Gassen und Plätze. Er wird in den Palast des kirchlichen Oberhauptes eingeladen, eines über hundert Jahre alten Theologen, der A freundlich empfängt und ihn bittet, bei ihm Wohnung zu nehmen. Die Religion ist ein seltsames Christentum, oder genauer, das Gemisch einer unbekannten, offenbar einheimischen Religion mit dem Christentum, man glaubt an einen sechsfaltigen Gott, an die Einheit Gott des Vaters, Gott des Sohnes und Gott des Heiligen Geistes, wozu noch der Gott der heiligen Energie, der Gott der heiligen Materie und der Gott des heiligen Nichts treten, ebenfalls als Wesenheiten gedacht, so daß sich die Einheit Gottes aus sechs Wesenheiten zusammensetzt. Doch ist das Oberhaupt dieser absonderlichen Kirche durchaus kein sturer Dogmatiker, wie A zuerst befürchtet, im Gegenteil, der ehrwürdige Theologe legt A seine Lehre mit einer gewissen frommen Ironie dar, höflich, als halte er es für seine Pflicht, einen immerhin Fremden über eine absonderliche Seite des Landes aufzuklären. Mehr als das kirchliche Dogma scheint ihn das Schicksal seines unglücklichen Volkes zu bewegen, auf das er gleich bei seiner ersten Audienz zu sprechen kommt. Er nimmt A bei der Hand und führt ihn in eine Halle. Die Politiker des Landes sind versammelt, das Geheime Parlament, wie das kirchliche Oberhaupt sich ausdrückt: Konservative, Reformer, Revolutionäre, Idealisten, Atheisten, Anarchisten. Der Theologe stellt A vor und eröffnet die Versammlung. Ein jeder beginnt, seinen Standpunkt zu vertreten, die Meinungen widersprechen sich, der Theologe nimmt keine Stellung. Er scheint nur der Führer der Opposition zu sein, doch unfähig, die verschiedenen Strömungen in eine einheitliche Richtung zu lenken, dazu ist er politisch zu unerfahren und zu naiv, doch schart man sich um ihn, weil seine Position unantastbar ist, als geistiges Oberhaupt der Kirche steht er rangmäßig über dem Herrscher, wenn ihm auch keine politische Macht zukommt. Der Theologe zieht sich zurück. A ist mit den Politikern allein, er kommt mit ihnen ins Gespräch, fordert einen jeden auf, noch einmal zu sprechen, geht auf ihre Argumente ein, auch hier nicht, um zu verhandeln, sondern aus bloßer, manchmal sogar belustigter Neugier, als Nichtbeteiligter. Alle sind sich zwar einig, daß eine Revolution stattfinden müsse, alle geben A zu erkennen, eine Revolution stehe unmittelbar bevor, weil allem Anschein nach der Rebell nun bald komme, aber jeder will mit der Revolution etwas anderes erreichen: der eine einen Staat nach europäischem Muster, mit Großindustrie, das Land sei voller Bodenschätze; ein anderer bestreitet das Vorhandensein dieser Bodenschätze, das Land müsse wieder zu seiner urtümlichen freiheitlichen Hirtenkultur zurückfinden; ein Dritter, jung, hitzig, sympathisch, roter Schopf, springt auf, die christlichen Elemente müßten aus der Religion eliminiert werden, die Sechseinigkeit habe nicht nur dazu geführt, daß einer nur noch sechs Äcker und sechs Frauen haben dürfe und nicht so viele Frauen und Äkker, wie er wolle und haben könne, sondern das artfremde Christentum sei auch der Grund, warum jetzt nur ein Herrscher das Land regiere, als falsche Auslegung des sechseinigen Gottes; dem Dritten entgegnet ein Vierter, ein Riese, gerade so werde die Sechseinigkeit falsch ausgelegt, sie bedeute nämlich, daß die sechs Klassen, die Regierenden, die Beamten, die Theologen, die Soldaten, die Hirten und die Gewerbetreibenden eine Klasse bilden, daß somit alles allen gehört und alle über alle regieren, jäh schnellt eine untersetzte Fleischmasse hoch, die Schlitzaugen unter den Fettwülsten kaum sichtbar: genug mit dem ideologischen Klimbim, was wir brauchen, ist ein Parlament und eine ihm verantwortliche Regierung sowie einen vom Volk gewählten, repräsentativen Staatspräsidenten. Du willst gewählt werden, du, schreien einige, Demokratie ist Plutokratie, brüllen andere, Tumult, einer blutet. Man trennt sich erst im Morgengrauen, doch tritt das Geheime Parlament schon in der nächsten Nacht wieder zusammen und auch in den weiteren Nächten. Ohne Absicht, bloß durch seine Gegenwart, versöhnt A die verschiedenen Revolutionäre, gleicht die Gegensätze aus. Seine Unbeteiligtheit, seine Ruhe, ja sein Humor, da ihn viele allzu radikale Ansichten belustigen, wirken versöhnlich, schaffen Einigkeit, so daß man endlich nur noch vor der Frage steht, ob der Hauptmann der Palastwache, dem auch die Geheimpolizei untersteht, ins Vertrauen zu ziehen sei. Und wie man sich voneinander trennt, ohne diese Frage entschieden zu haben, weil die meisten dem Hauptmann mißtrauen, andererseits aber auch, weil es unmöglich erscheint, den Handstreich ohne den Hauptmann der Palastwache zu wagen, ruft der Theologe A zu sich. A will berichten. Er sei im Bilde, unterbricht ihn der Theologe, doch bevor das Geheime Parlament handle, sei es seine Pflicht in seiner Eigenschaft als Oberhaupt der Kirche, A über gewisse Sonderbarkeiten des Herrschers – bei allem Respekt vor diesem – aufzuklären. Diesen habe nämlich noch niemals jemand gesehen. Der Herrscher empfange niemanden, der Herrscher lebe in völliger Abgeschlossenheit, einige Theologen und Politiker mutmaßten, es gebe ihn vielleicht nicht, er sei eine reine Fiktion entweder des Hauptmanns der Palastwache oder gar des ganzen Volkes. Auf die Frage A's, wie denn ein Herrscher regieren könne, von dem man nicht wisse, ob er existiere, antwortet der Greis, er selbst habe noch nie eine Anordnung bekommen, andere beteuerten, sie hätten ihre Befehle durch den Hauptmann der Palastwache erhalten, der Hauptmann jedoch hätte, wie sie behaupteten, auch nicht gewußt, von wem die Befehle nun eigentlich stammten, vom Herrscher selbst oder von einer untergeordneten Stelle, die Administration im Regierungspalast sei unübersichtlich. Doch gerade das sei das Bedrückende, der Herrscher übe seine Tyrannei durch die bloße Ungewißheit, ob es ihn gäbe oder nicht, aus. Er selbst als das Oberhaupt der Kirche sehe aber ein, daß es nicht anders sein könne, daran werde auch die Revolution nichts ändern, weil die Unsichtbarkeit des Herrschers die Wesenheit des heiligen Nichts in der Sechsfaltigkeit Gottes verkörpere. Verwirrt von dieser Rede des Theologen zieht sich A in sein Gemach zurück. Auch hier nach Landessitte keine Möbel, nur kostbare Teppiche und weiche Kissen auf dem Fußboden, eine große Kerze erhellt den Raum. A sinkt in tiefen Schlaf, schreckt plötzlich auf, ein warmer Atem weht über sein Gesicht, vor ihm steht eine große schwarze Dogge, wie jene, die ihn einst in seiner Jugend verfolgte, ihre Augen blinken im Kerzenlicht wie geschliffene Steine, die Dogge knurrt, als wolle sie zuschnappen, dann wendet sie sich ab von A, springt zur Tür hinaus. A alarmiert den Palast des kirchlichen Oberhauptes, junge Theologen durchsuchen das Gebäude, ergebnislos, das Hauptportal und die Nebentüren sind verschlossen. Am nächsten Tag, wie A durch die Hauptstadt streift, glaubt er in einer Nebengasse den riesigen Diener wiederzuerkennen, der ihn einst aus dem Park des Palais wies, das seine Mutter immer besucht hatte; an einem anderen Tag geht die taubstumme Magd an ihm vorüber, die ihn zu Hause bediente, er kann sich natürlich getäuscht haben, wie auch beim Diener und bei der Dogge, sicher ist er durchaus nicht. Er geht der Alten nach, sie steigt zum Palast des Herrschers hinauf, eine steile Treppe, plötzlich ist das Weib verschwunden. Als A zurückkehrt, erwartet ihn der Hauptmann der Palastwache, ein intelligenter, hochgewachsener Offizier mit beinahe europäischen Gesichtszügen. Der Hauptmann ist über die Opposition im Bild, sein Geheimdienst hat ihn unterrichtet. Er äußert sich abschätzig über das Oberhaupt der Kirche, der Theologe sei ein abergläubischer Mystiker, der Herrscher sei durchaus nicht das Abbild des sechsfaltigen Gottes, oder wie diese unsinnige Ansicht auch laute, sondern ein höchst skrupelloser Mensch, der sich mit einer aufgeblähten Verwaltung tarne; allein im Herrscherpalast seien über zweihundert Schreiber beschäftigt, alles sei hoffnungslos korrupt, ein mittelalterliches Relikt. Das ganze Nest sei auszuräuchern, man müsse handeln, das sei alles. Der Unfug habe vor etwas mehr als zwanzig Jahren begonnen, leider sei er damals noch zu jung gewesen, so daß er nichts Sicheres wisse. Aber soviel sei ihm bekannt, daß einmal ein Fremder von irgendwoher gekommen sei, in Lumpen, zu Fuß, der durch irgendeinen Zufall der Landessprache mächtig gewesen und aus diesem Grunde vom Volk als der prophezeite Herrscher betrachtet worden sei, worauf sich der Fremde der Hauptstadt bemächtigt habe, was ihm um so leichter gefallen sei, als sich das Land damals in höchster Anarchie befunden habe, in wilder Unordnung, in einem Kampf aller gegen alle. Darum habe die Bevölkerung die neue straffe Ordnung als vom sechsfaltigen Gott verheißen begrüßt; es sei immer derselbe Schwindel, auf den die Bevölkerung aller Schichten hereinfalle. Diese Ordnung sei jedoch wieder in eine unerträgliche Diktatur entartet, die ebenso willkürlich sei wie vorher die Anarchie und die ebenso viele Opfer fordere, niemand sei vor einer Verhaftung und Verurteilung zum Tode sicher, auch er, der Hauptmann nicht. Der Herrscher sei offenbar wahnsinnig geworden, vielleicht auch ein Gefangener der Verwaltung, die niemanden zu ihm vorlasse, ihn isoliere; das Volk setze deshalb seine ganze Hoffnung auf den Rebellen, der ja inzwischen eingetroffen sei und den das Volk auch als von Gott gesandt betrachte, wie vor mehr als zwanzig Jahren den Herrscher, religiös wie es nun einmal sei. A stutzt. Er antwortet endlich, er wisse nichts von der Ankunft eines Rebellen. Der Hauptmann lacht, verneigt sich und schweigt. Die Politiker finden sich im Palast des kirchlichen Oberhauptes ein, stutzen, als sie den Hauptmann sehen. Doch dieser erklärt sich mit ihnen einig, man dürfe nicht mehr zögern, schon im Morgengrauen sei der Staatsstreich durchzuführen, die Palastwache sei eingeweiht und bereit zu handeln. Da der Rebell nun eingetroffen sei und da er alle Gegensätze im Volk und unter den Politikern durch weise Vermittlung bereinigt habe, sei weiteres Zögern sinnlos. Ob der Rebell nun vom sechsfaltigen Gott persönlich gesandt worden, wie das Volk glaube, oder ein Mensch wie sie alle sei, der eine einmalige, vielleicht zufällige Gelegenheit wahrnehme, um dem Volk die Freiheit wiederzuschenken, wie er als Hauptmann der Palastwache glaube, spiele keine Rolle; ja nicht einmal, was der Rebell von sich selber halte, sei wichtig, entscheidend sei, daß er eine politische Realität darstelle, die man ausnützen müsse, es gehe um den Sturz des verhaßten Herrschers und um nichts anderes. A erkennt plötzlich, daß er von allen als der Rebell betrachtet wird. Er versucht vergeblich, das Mißverständnis aufzuklären. Niemand glaubt ihm, alle lächeln, niemand ist vom Mißverständnis zu überzeugen. A kennt die Landessprache, A ist der längst erwartete Rebell, der Messias. Die Politiker und der Hauptmann ziehen sich um Mitternacht zurück. Das Oberhaupt der Kirche bleibt ernst und traurig vor A stehen. »Du bist der Rebell«, sagt der Theologe zu A, »versuche es nicht mehr zu leugnen. Nimm dein Schicksal auf dich, es kann dir kein Mensch mehr helfen.« Dann hebt der Greis seine rechte Hand wie zum Segen, verläßt die Halle und zieht sich in seine Privatgemächer zurück. A geht verwirrt auf sein Zimmer, dort wird er von einem jungen Priester erwartet, der A schon verschiedentlich aufgefallen ist, immer schien er A etwas mitteilen zu wollen. Auch jetzt zögert er, ist verwirrt, bittet endlich A, ihn auf etwas hinweisen zu dürfen. A nickt. Der junge Priester führt A in die Halle zurück, geleitet ihn in die Gemächer des kirchlichen Oberhauptes. Sie sind leer. A schaut den jungen Priester an, begreift immer noch nicht, was man von ihm will. »Das Oberhaupt der Kirche befindet sich nicht mehr in seinem Palast«, sagt der junge Priester. »Nun?« fragt A. Das Oberhaupt der Kirche sei der Herrscher selbst, antwortet der junge Priester. Er habe zwar keine eigentlichen Beweise, fügt er bei, aber alle seine Nachforschungen ließen keinen anderen Schluß zu. Das Oberhaupt der Kirche sei der Fremde gewesen, der vor mehr als zwanzig Jahren in Lumpen und zu Fuß das Land betreten habe, von irgendwoher kommend, aus einem fremden Lande. Auf einem Maulesel sei er in die Hauptstadt eingeritten, wie jetzt A, und habe sich gleichzeitig der Kirche und des Staats bemächtigt, weil ihn alle für den vom sechsfaltigen Gott prophezeiten Herrscher gehalten hätten, wie nun alle in A den verheißenen Rebellen sähen. Doch das Oberhaupt der Kirche habe sich gleichsam in zwei Erscheinungen geteilt, einerseits in einen unnahbaren, unbarmherzigen Herrscher, andererseits in einen gütigen Theologen, der jedem zugänglich sei, der jeden empfange und allen Trost spende, als dieser habe er die Hoffnung des Volkes genährt, als unsichtbare, schreckliche Macht dessen Schrecken. Das sei Unsinn, entgegnet A. Der junge Priester verneigt sich: »Spuren der Wahrheit, Herr«, antwortet er, er werde A wieder auf sein Zimmer begleiten. Den Weg finde er selber, entgegnet A, noch immer entrüstet über das unsinnige Gerücht. Doch schon in der Halle wird er von zwei Soldaten der Palastwache verhaftet. Wer den Befehl gegeben habe, fragt A gelassen. »Der Herrscher«, antwortet der eine. Ob er den Herrscher denn gesprochen habe, fragt A weiter. Den habe niemand je gesprochen, entgegnet der andere. A läßt nicht locker. Woher sie denn wüßten, daß der Befehl vom Herrscher komme. Das wisse man eben, ist die Antwort. A läßt sich abführen. In der Türe, die zu den Privatgemächern des Oberhauptes der Kirche führt, steht schweigend der junge Priester, teilnahmslos.

Die beiden Soldaten führen A durch die nächtliche Stadt zum Palast des Herrschers hinauf, wo er vom Hauptmann empfangen wird, der ihm zuflüstert, alles sei nur eine vorsorgliche List, die beiden Soldaten, abergläubisch wie alle, glaubten, der Herrscher habe die Verhaftung A's angeordnet. In Wahrheit sei sie auf seinen, des Hauptmanns Befehl, geschehen, um den Herrscher zu täuschen, Vorsicht sei geboten. In wenigen Minuten sei A wieder frei, die Rebellion beginne noch vor dem Morgengrauen, jeden Moment, noch früher als geplant, alles sei schon bereit, alle im Anmarsch. Doch kaum ist der vermeintliche Rebell im Untersuchungsgefängnis, häufen sich die Mißverständnisse unter den Verbündeten, sie behindern sich selbst, die alten Gegensätze machen sich wieder bemerkbar, die konservativen gläubigen Politiker beginnen zu zweifeln, ob A wirklich der vom sechsfaltigen Gott verheißene Rebell sei, sonst hätte er sich doch selbst befreien können. Die Politiker der progressiven revolutionären Richtung befürchten, A werde wie der alte Herrscher bloß eine neue Diktatur errichten, er sei schließlich ebenfalls aus der Fremde und in Lumpen ins Land gekommen. Schließlich zögert auch der Hauptmann. Die Diskussionen und Verhandlungen ziehen sich bis gegen den Morgen hin, dauern dann den ganzen Tag über, den nächsten Tag. Die Verwaltung weiß nicht, ob sie verhaftet wird oder nicht, der Herrscher bleibt wie immer unsichtbar, das Oberhaupt der Kirche schweigt, und das Volk wartet, wie es immer gewartet hat. Die Rebellion unterbleibt. Zuerst vorläufig, dann endgültig. Die Politiker verlassen die Hauptstadt, ziehen sich auf ihre Landgüter zurück, die ersten Verhaftungen werden vorgenommen, die ersten Hinrichtungen, die Leichen mit leisem Summen zu Grabe getragen, die Särge mit einem blauen Teppich bedeckt. A ist ohne Nachricht, wartet auf seine Befreiung, noch ist er überzeugt, jede Sekunde, jede Minute könne der Hauptmann wiederkommen: dann wird A vor das Volk treten, vor *sein* Volk, ihm die Freiheit zu verkünden. Die Sekunden, die Minuten vergehen, die Stunden, die Tage, er ruft, niemand antwortet. A ist in einem kompliziert angelegten Spiegelsaal gefangen, sieht sich tausendfach widergespiegelt. Auch die Decke und der Fußboden sind aus Spiegeln. Er sucht die Tür. Da auch sie ein Spiegel ist, bleibt sie unauffindbar. Die Zeit vergeht, kein Verhör, keine Nachricht von außen. A irrt in seinem Gefängnis umher, bald scheint es ihm ausgedehnt, bald nur aus einem kleinen Raum zu bestehen, bald aus vielen ineinandergehenden Räumen. Er verliert nach und nach den Verstand. Er hält die widergespiegelte Menge seiner eigenen Gestalt für eine unübersehbare Menschenmasse, die versammelt ist, um die Rebellion gegen den Herrscher durchzuführen. Er hält der vermeintlichen Masse immer wildere Anklagereden gegen die Willkür und Ungerechtigkeit des Herrschers, verheißt in immer glühenderen Worten Freiheit und Gerechtigkeit für alle, fordert in immer wahnsinnigerer Rhetorik, daß sich Freiwillige melden sollen, um den Sturm gegen den Palast, der den unsichtbaren Herrscher verbirgt, zu wagen, die Mauern niederzurennen, die Verwaltung niederzumetzeln, die Akten zu verbrennen, die Verliese zu öffnen und ihn zu befreien. So sehr hat sich sein Geist verwirrt, daß er sich gleichzeitig draußen und drinnen, in Freiheit und in Gefangenschaft wähnt. Doch niemand meldet sich, wenn er unbeweglich auf Antwort wartet, sein tausendfach widergespiegeltes Spiegelbild anstarrend: die Masse der Rebellen ist er selbst, und sie bleibt unbeweglich wie er selbst. Er verzweifelt, er glaubt, daß seine Anhänger ihn verlassen haben, brüllt ihnen ihre Freiheit entgegen. Er gibt den Kampf allmählich auf, stiert vor sich hin, tagelang, wochenlang. Niemand bringt ihm Nahrung, manchmal leckt er eine Pfütze auf, die sich von Zeit zu Zeit auf dem Fußboden aus hartem Spiegelglas bildet durch Tropfen, die hin und wieder von irgendwoher die Spiegel herablaufen. Und irgendwo hinter den Spiegeln verbirgt sich vielleicht, ihn beobachtend, nur wenige Meter von ihm, der, gegen den er rebellierte, wenn es ihn überhaupt gibt, vielleicht der Herrscher, vielleicht das Oberhaupt der Kirche, vielleicht sein Vater, es ist ihm gleichgültig. Es ist wirklich gleichgültig. A bleibt liegen, vergißt die Rebellion, die Außenwelt, die Spiegel, sich selbst. Irgendwann krepiert er wie ein Tier, seine Leiche vertrocknet, wird zur Mumie, wird, vergessen, auch von den Politikern, auch vom Volk, das einen neuen Rebellen erwartet oder einen neuen Herrscher, in immer gleichbleibender frommer Hoffnung, daß sie sich irgendeinmal erfülle, vielleicht bald, vielleicht in einem Jahr, vielleicht in zehn, vielleicht in irgendeiner der kommenden Generationen.

Namen- und Titelregister